당신은
행복해지려고

이혼을 결심했다

이인철 지음

당신은
행복해지려고

이혼을 결심했다

민음인

차례

이혼은 '마침표'일까, '느낌표'일까?

요리하는 남자가 늘고 있습니다. 저도 처음엔 서툴렀지만 점점 실력이 쌓여 이젠 제법 먹을 만하게 요리하는데요. 얼마 전 식재료를 사러 마트에 갔더니 1인분 포장 음식이 유독 많이 눈에 띄더군요. '혼밥', '혼술' 등 주변에 혼자만의 삶이 많아졌다는 것을 실감할 수 있었습니다. 이런저런 이유로 '혼자'가 늘고, 평생 결혼하지 않고 살겠다는 '비혼'이 '미혼'보다 더 주목을 받는 시대입니다만, 아무래도 저는 이혼전문변호사이다 보니 둘에서 다시 하나가 된 존재들이 마음에 더 남습니다.

결혼만이 가족을 완성하는 것도 아니고, 이혼해서 혼자가 되어도 엄연히 하나의 가족입니다. 스스로 살아가는 방식을 선택한 것이니 누구도 이래라저래라 간섭할 권리는 없습니다. 자유와 권리보다 책임과 의무가 강한 결혼이 하나의 선택지이듯 이혼 또한 하나의 선택

지인 것입니다. 다만, 이혼은 결혼을 전제하므로 결혼의 결과 중 하나가 되고, 따라서 우리가 이혼 이야기를 할 때는 결혼 이야기를 먼저 꺼내지 않을 수 없습니다.

결혼은 이인삼각 경기와 비슷합니다. 하나와 하나가 만나 불완전한 하나를 이루어 같은 곳을 바라보며 나아갑니다. 다소 우스꽝스러운 모습에 동상이몽이라는 비아냥거림도 있지만, 함께 행복을 찾아나서겠다는 결의를 행동으로 옮긴 의미 있는 결합입니다. 다만, 처음 마음과는 달리 속도가 느려 답답하고 자칫 호흡이 엉키면 둘 다 넘어질 수 있어 불안해 보입니다. 또 둘 중 하나라도 낙오하면 영락없이 완주를 포기할 수밖에 없습니다. 이처럼 애초의 다짐이 무색하게 둘의 맞닿은 발목에 묶인 끈을 풀어 버리는 일이 이혼입니다.

이혼은 비극 서사가 아니다

결혼식을 올리며 흔히 "기쁠 때나 슬플 때나 건강할 때나 아플 때나, 검은 머리가 파뿌리 되고 죽음이 갈라놓을 때까지 사랑하고 아낄 것을 맹세합니다!" 외치며 혼인서약을 합니다. 그래서인지 이혼하면 무슨 죄라도 지은 것처럼 자책하며 눈치를 살피고, 주변에서도 결혼할 때처럼 축하는커녕 곱지 않은 시선을 보냅니다. 그렇다고 이혼이 반드시 비극 서사가 되어야 할 이유는 없습니다. 이혼은 더 이상의 불행을 막고 자신을 지키는 최후의 방법입니다. 이혼은 고통과 상처를 안기지만 치유와 희망의 사다리가 되기도 합니다.

결혼에 대한 판타지가 저물면서 이혼은 더 나은 행복을 찾기 위한 과정의 하나로 받아들여지고 있습니다. 당사자가 겪을 슬픔과 상실감을 위로해야 하고, 누구나 그럴 수 있다는 공감과 인정 그리고 응원이 필요합니다. 아무리 참고 같이 살아 봐야 갈등과 불평, 고통의 연속이라면 이혼은 그야말로 축하할 일인 것입니다. 우리 헌법 제10조에서도 "모든 국민은 인간으로서의 존엄과 가치를 가지며, 행복을 추구할 권리를 가진다."며 개인의 '행복추구권'을 보장합니다.

어느 90대 할머니가 이혼을 결심하자 주변에서 "이제 얼마 살지도 못하실 텐데 그냥 참고 사시면 어떻습니까?"라고 만류했다고 합니다. 그러자 할머니가 화를 내면서 "50년을 참았어! 저 인간하고 나란히 합장하는 것은 도저히 참을 수 없어!"라고 당차게 말씀하셨다고 하지요.

결혼을 꿈꾸듯 이 할머니처럼 "내일 죽더라도 오늘 이혼하겠다."며 이혼을 꿈꾸는 사람 역시 존재합니다. 비혼 가정과 다양한 형태의 혼인이 늘고 황혼 이혼과 졸혼이 유행하는 현상 모두 행복을 바라는 마음에서 비롯됩니다. 인생을 살면서 가정불화를 겪는다면 밖에서 아무리 성공하고 인정받는다고 해도 반쪽짜리 행복에 불과합니다. 반대로, 남자든 여자든 사회생활이 힘들어도 집에서 가족들이 편안하게 해 준다면 안정을 찾고 힘을 얻어 성공할 수 있습니다. 사람은 인간관계에서 상처를 받고 힘들어하기 마련입니다. 그런데 가장 가깝게 존재하는 가족, 특히 배우자로부터 받는 상처와 아픔만큼 혹독한 시련은 없겠지요.

사실 부부라는 특수 관계는 제3자가 개입하기 참 애매한 영역입니다. 아니, 웬만해서는 끼어들면 안 됩니다. 하지만 대개 악화일로만 걷는 관계를 개선하겠다며 스스로 친구나 지인을 끌어들이고, 또 누군가는 자발적으로 훈수를 두기도 합니다. 그러다가 마지막 조력자 이혼전문변호사가 등장합니다.

변호사는 민사, 형사사건 등 다양한 분야에서 법률 서비스를 제공하며 사건을 해결합니다. 그런데 이혼 분야는 단순히 법률만 잘 안다고 사건이 해결되지는 않습니다. 무엇보다 상담이 매우 중요한데, 법적 조력과 함께 의뢰인을 향한 위로와 공감, 세심한 배려가 병행되어야 할 때가 많기 때문입니다.

"변호사님 제가 이혼해야 할까요?"라고 묻는 의뢰인에게는 카운슬러가 되어야 하고, "결혼생활이 너무 불행해서 죽고 싶어요!"라고 호소하는 의뢰인에게는 정신과 의사가 되어야 합니다. 또 "너무 억울하고 열 받아서 미치겠어요!"라며 발끈하는 의뢰인에게는 마음의 화를 진정시키는 소방관 역할도 해내야 합니다. 의뢰인이 힘들게 털어놓는 온갖 감정의 응어리를 들어 주며 능히 견디려면 웬만한 각오와 정신력 가지고는 이혼전문변호사로 성공하기 어렵습니다.

이혼상담을 하다 보면 부부 상담이 되기 십상이고, 관계 회복에 대한 믿음만 뒷받침된다면 이혼이 아닌 결과로도 이어집니다. 이혼소장과 각종 서면을 작성하다가 갑자기 의뢰인으로부터 이혼을 안 하기로 마음을 바꿨다며 죄송하다는 연락을 받을 때가 있습니다. 이처럼 이혼을 해야 하는 이유도 많지만, 같이 살아야 하는 이유도 만만치 않게 많습니다. 그러다 보니 "미워도 다시 한 번" "부부싸움은 칼로 물 베기" "부부싸움은 베개싸움" 같은 말들이 나오는 것입니다.

사랑은 변하는 것

부부 사이만큼 애증이 고루 섞인 관계가 또 있을까 싶습니다. 한번 관계가 틀어지면 어디서부터 잘못된 건지 곰곰 따져 보지도 않고 무조건 상대방에 대한 불만을 터뜨립니다. "저 인간 때문에 내 인생 망했어! 내가 왜 저 인간하고 결혼했을까? 저 인간만 없었으면 내 인생은 행복했을 거야!"라며 그동안 켜켜이 쌓였던 분노가 화산 폭발하듯 분출합니다. 이렇게 보면 '사랑'이라는 개념은 어딘가 모호하고 다소 미화된 감이 없지 않아 보입니다. '사랑'이라는 허울 아래 온갖 포악질이 일어나고 그 상처와 피해는 상상하기 힘들 정도이니 말입니다.

부부는 애초 남남에서 시작되었습니다. 수십 년 동안 다른 환경에서 다른 가치관을 가지고 살아왔으니 서로 맞지 않는 것은 너무나 당연한 일입니다. 친구에서 연인을 거쳐 마침내 부부가 되어 관계가 진화한 듯 보이지만 꼭 그런 것도 아닙니다. 언제든 관계가 틀어져 둘이 다시 하나가 될 수 있습니다. 보통 결혼을 '둘이 만나 하나가 되는 일'이라고 합니다. 하지만 이것은 낭만적 수사에 불과하고, 하나 더하기 하나는 엄밀히 둘인 것이 수학적 답이자 엄연한 현실입니다. 부부가 된다는 것은 두 인생이 포개진다는 뜻이지만, 살다 보면 하나인지 둘인지 불분명한 상태로 남을 때가 허다합니다. 평생을 각자 일정한 거리를 두고 평행선을 그으며 눈도 맞추지 않고 달려갈 수도 있습니다. 그저 '나'와 '너'로 남는 것입니다. 이렇게 보면 사랑은 기껏 불연속적으로 감정이 교차하는 순간만을 일컫는 말이 됩니다.

존 그레이의 명저 『화성에서 온 남자 금성에서 온 여자』는 남녀의 태생적인 차이를 강조합니다. 책 제목처럼 남녀는 각각 다른 행성에서 와서 다른 언어를 쓰는 존재이기 때문에 갈등을 해결하려면 먼저 '다름'을 인정해야 합니다. 요즘은 뇌 과학이 발달해 이런 차이가 과학적으로도 입증됩니다. 여기에 목성에서 온 시부모와 토성에서 온 장인 장모까지 합세하면 결혼을 감행하는 일은 거의 무모에 가깝고, 평생을 같이 사는 것은 기적이 아닐 수 없습니다.

연애할 때는 밥 먹으면서 입에 묻은 밥풀도 사랑스럽게 보이지만 결혼하면 그렇게 꼴 보기 싫을 수가 없습니다. 함께 같은 공간에서 살아가다 보니 배우자의 단점이 쉽게 드러나 정이 떨어지기 시작합니다. 눈에 콩깍지가 씌어 열병을 앓다가 서서히 콩깍지가 벗겨지면서 드디어 상대방의 본래 모습이 보이고 현실을 직시하는 것입니다. 보통 결혼을 지탱하는 현실적인 요소로 경제, 자녀, 체면을 꼽습니다. 주로 여기에서 예기치 않은 차이와 갈등이 발생하지만, 사랑을 쟁취했다는 안일함에 젖어 점점 애정이 식어 간다는 데 가장 큰 문제가 있습니다.

이별에도 기술이 필요하다

이렇게 표면적인 문제든 내면적인 문제든 갈등과 다툼이 생겨 이혼에 이르려면 법이 개입해야 합니다. 그렇다고 법이 남녀 관계를 내내 모른 척하다가 갑자기 등장하는 것은 아닙니다. 최소한 약혼부터는 공식적인 계약 관계로 진입하기 때문에 이때부터 남녀는 사랑이 아닌 법 앞에서 약속하는 것입니다. 헌법 제36조 1항에 "혼인과 가족생활은 개인의 존엄과 양성의 평등을 기초로 성립되고 유지되어야 하며, 국가는 이를 보장한다."는 조항이 있습니다. 또 민법 제826조는 "부부는 동거하며 서로 부양하고 협조하여야 한다."며 부부간의 의무를 규정하고 있습니다. 법적으로 부부는 상호 존엄과 평등을 바탕으로 서로 믿고 보살피고 협조해야 하는 계약 관계입니다. 결혼식에서 외친 그 흔한 혼인서약도 엄중한 약속이자 법적 계약인 것입니다.

어떤 약속이든 지켜야 하고, 더욱이 법적 약속인 계약은 반드시 지켜야 합니다. 그런데 약속과 계약은 일정한 요건이 갖춰지거나 사정변경 등을 이유로 해지가 가능합니다. 결혼도 마찬가지여서 권리를 남용한다든지 의무에 소홀하면 파기가 가능합니다. 이혼소송을 진행하다 보면 가끔 이혼가정만 늘린다며 변호사를 원망하는 사람이 있습니다. 그러나 이혼전문변호사는 이혼을 조장하는 사람이 아닙니다. 혼인을 유지하기보다는 이혼하는 것이 당사자 모두에게 정신적·물질적 이득이 된다는 판단하에 부득이 이혼을 돕는 것입니다. 반대로 원치 않는 이혼소송을 당한 사람에게는 이혼을 막아 주고 가정을 지키는 역할도 합니다.

지금 한창 낭만적 사랑에 빠져 있는 연인이라도 약혼과 결혼 더 나아가 이혼에 대한 지식과 지혜를 미리 갖추는 것이 필요합니다. 이혼 때문에 현실적인 고민을 하고 있거나 이혼을 꿈꾸는 사람은 말할 것도 없습니다. 이혼전문변호사로서 그동안 쌓아 왔던 풍부한 상담과

소송 사례를 토대로 우선 사랑과 법의 관계를 짚고, 이혼에 이르는 '원인'과 이혼에 따르는 '결과'를 조목조목 살펴볼 것입니다.

다시 한 번 강조하지만 이혼은 비극 서사가 아닙니다. 그 수렁에 스스로 빠져서 몸과 마음을 소모하기보다는 자신의 행복을 찾기 위해 새로운 출발을 준비하는 게 더욱 현명합니다. 아름다운 이별, 행복한 이혼의 기술을 미리 익혀 둘 현실적 필요가 갈수록 커지고 있습니다. 이 책을 읽고 '사랑의 기술'과 '이별의 기술'을 겸비해 이혼을 마침표가 아닌 느낌표로 만들기 바랍니다.

이혼은 결혼의 실패도 인생의 실패도 아닌, 성공으로 가는 도약의 한 과정입니다.

1부

가깝지도 멀지도 않은
사랑과 법의 거리

'다름'을
극복하지 못하면

결혼 1년 차 신혼부부입니다. 남편은 결혼한 지 얼마 되지도 않았는데 살이 찌기 시작하더니 이젠 아예 몸 관리를 포기한 듯합니다. 무엇보다 건강이 걱정되지만 연애하면서 느꼈던 남자로서의 매력도 점점 떨어져서 실망이 큽니다. 주변에선 결혼해서 안정을 찾으니 살이 찌는 거라며 너무 신경 쓰지 말라는데, 그들도 분명 속으로는 놀리고 있을 거란 생각에 부끄럽기까지 합니다.

저는 주말에는 교외든 어디든 밖으로 나가 바람도 쐬고 운동도 해야 스트레스가 풀립니다. 하지만 남편은 달라도 너무 다릅니다. 외출은커녕 집구석에서 손가락 하나 까딱하지 않고 멍 때리는 게 휴식이랍니다. 또 남편이 지나치게 권위적이고 무뚝뚝한 사람이란 사실까지 깨닫게 되었습니다. 연애할 때는 하다못해 밥을 먹으러 갈 때도 제게 먼저 뭘 먹고 싶은지 물었는데 이제는 모든 걸 자기 혼자 결정하고 밀어붙입니다. 혈액형이 바뀌었나 싶을 정도로 심각하게 달라졌는데 어쩌면 원래 그런 사람이었는지도 모르겠습니다. 결혼 전과 결혼 후가 하늘과 땅만큼 차이가 나는 사람과 한 이불 덮고 사는 게 너무도 괴롭습니다.

 몇 해 전 어느 남녀 배우가 세기의 결혼식을 올리며 주목을 끌었습니다. 드라마에 주인공 커플로 나와 두 사람 모두 좋아하고 있었는데 결혼 소식까지 들으니 마치 제 일인 양 기뻤습니다. 진심으로 행복을 바라던 중 얼마 전 이혼 소식을 들었습니다. 이혼 역시 결혼 못지않게 세계적인 관심을 끌며 화제가 되었습니다. 모범적인 스타 부부로 잘 살 줄 알았는데 파경을 맞게 돼 너무나 슬프고 아쉬웠습니다.

 그런데 소속사에서 배포한 입장문을 살펴보니 이혼 사유가 '성격 차이'였습니다. 양측이 '다름'을 극복하지 못해 부득이 이혼 결정을 내리게 되었다는 것입니다. 구체적인 내용은 두 배우의 사생활이기 때문에 확인해 줄 수 없다고 덧붙였습니다.

 사실 이번 사례 말고도 연예인이 이혼했다는 소식에는 항상 그 원인에 '성격 차이'가 단골처럼 등장합니다. 저 역시 요즘 남편의 결혼 후 모습이 달라도 너무 달라 보여 원래 성격 차이 때문인가 하던 차입니다. 그 차이를 그대로 받아들여야 할지 아니면 더 늦지 않게 이혼을 결행해야 할지 정말 심각하게 고민 중입니다. 사람 일은 모르니 미리 알고 있어야 할 듯싶은데요, 과연 '성격 차이'가 정말로 이혼원인이 될 수 있는지 궁금합니다.

매일 상담을 하면서 "왜 이혼하려고 하시나요?", "어떤 점이 힘드셨나요?" 묻지만 일반적으로 이혼한 사람에게 이혼사유를 묻는 것은 실례입니다. 그럼에도 많은 사람들이 유명인의 이혼사유를 궁금해합니다. 그런데 연예인들의 이혼사유는 한결같이 '성격 차이'입니다.

성격이 도대체 얼마나 유별나기에 거의 대부분의 결별 사유가 되는지 고개를 갸우뚱하게 됩니다. 성격 차이는 주로 협의이혼에서 등장하는 단골 소재지만 민법상 이혼사유로 따로 규정되어 있진 않습니다. 가장 가까운 조항을 찾는다면 제840조 6호 '기타 혼인을 계속하기 어려운 중대한 사유가 있을 때'에 해당합니다.

'기타 중대한 사유'라는 규정 자체가 모호한데, 법원은 혼인의 본질인 원만한 부부생활이 회복할 수 없을 정도로 파탄되어 계속 함께하라고 강제하는 일이 일방 배우자에게 참을 수 없는 고통이 되는 것으로 해석합니다. 즉 단순히 성격이 맞지 않는다고 이혼사유가 되는 것은 아니고, 성격 차이가 극심해서 도저히 같이 살 수 없을 정도가 되어야 재판상 이혼사유가 될 수 있습니다.

성격 차이로 이혼한다는 것은 결국 이혼원인이 불분명하다는 말과 같습니다. 어차피 성격은 사람들 모두 다르기 때문입니다. 부부만 알고 있는 내밀한 문제를 다른 사람에게 굳이 공개할 필요까지는 없으니 그저 뭉뚱그려 말하는 관용적인 표현이라고 보시면 됩니다. 다만 그 안에는 엄청난 비밀과 고통, 불행이 숨어 있을 것으로 짐작하면 됩니다.

민법을 지배하는 대표적인 원칙으로 '계약 자유의 원칙'이 있습니다. 누구든지 원하는 것을 원하는 방법에 따라 자유롭게 얻을 수 있습니다. 결혼 역시 계약입니다. 법은 사랑하는 사이인지 여부는 묻지 않습니다. 형식적인 요건만 갖춰진다면 누구나 혼인에 이를 수 있습니다. 결혼에 계약 자유의 원칙이 적용되듯 당사자 간 합의만 있다면 자유롭게 이혼할 수 있습니다.

'협의' 또는 '재판'으로 이혼한다

'혼인'은 남녀 개인 간 엄숙한 약속이자 양가 가족이라는 공동체의 결합이고 사회적으로도 중요한 문제입니다. 그러므로 이러한 약속을 파기하는 이혼은 법적으로 엄격한 요건을 거쳐야만 인정됩니다. 이혼의 방법으로는 당사자 간 합의로 성립되는 '협의상 이혼'과 합의가 되지 않을 때 재판으로 해결하는 '재판상 이혼'이 있습니다.

민법 제834조(협의상 이혼)

부부는 협의에 의하여 이혼할 수 있다.

민법 제836조(이혼의 성립과 신고방식)

① 협의상 이혼은 가정법원의 확인을 받아 '가족관계의 등록 등에 관한 법률'의 정한 바에 의하여 신고함으로써 그 효력이 생긴다.
② 전 항의 신고는 당사자 쌍방과 성년자인 증인 2인의 연서한 서면으로 하여야 한다.

부부는 이혼에 합의한 경우 '협의상 이혼'을 할 수 있습니다. 재산 분할, 위자료, 자녀의 친권자 및 양육권자 지정 등을 당사자 스스로 합의할 수 있고, 이를 합의서에 기재하거나 공정증서로 만들어 신고하면 법적 효력이 발생합니다. 합의가 이루어지지 않는 경우에는 부득이 소송절차인 '재판상 이혼'을 할 수밖에 없습니다.

재판상 이혼은 협의상 이혼이 어렵거나 불가능할 때 부부 중 한 사람이 법원에 이혼소송을 제기함으로써 판결을 받아 이혼하는 것을 말합니다. 헌법은 제27조 1항에서 "모든 국민은 헌법과 법률이 정한 법관에 의하여 법률에 의한 재판을 받을 권리를 가진다."며 명문으로 재판청구권을 보장하고 있습니다. 이혼도 개인의 권리이고 이혼재판도 재판의 일종입니다. 현재 서울을 비롯해 부산, 대전, 광주 등 대도시 중심으로 이혼, 상속 등 가정사건을 전담하는 가정법원이 설치되어 있으므로 관할 주소지 법원에 소송을 제기하면 됩니다. 이혼소송을 제기하면 법원은 사실 관계를 확인하고 법률을 적용합니다. 즉 재판상 이혼이 가능하려면 법에서 정한 요건이 갖춰져야 합니다.

민법 제840조는 배우자의 부정, 유기, 기타 중대한 사유 등 여섯 가지 재판상 이혼원인을 마련해 두고 있습니다. 과거에는 주로 배우자의 외도나 폭행, 장기 가출 등 도저히 혼인을 유지할 수 없을 정도의 사유가 있어야 이혼이 인정되었습니다. 그런데 최근에는 성격 차이, 가치관 차이, 대화 단절, 섹스리스 등의 이유로 이혼재판을 청구하는 경우가 늘고 있습니다. 각종 통계에 따르면 이혼사유로 '성격 차이' 비중이 가장 큽니다. 성격 차이는 협의이혼의 단골 소재이지만 이혼재판에서 주장하는 성격 차이는 더욱 내밀한 측면이 있습니다.

협의와 재판의 중간지대

보통 이혼재판을 '진흙탕 싸움'으로 표현합니다. 재판 과정에서 치열한 공격을 주고받으며 서로 상처를 주기 때문입니다. 그런데 이혼소송을 진행하다가 지치거나 힘들면 서로 조금씩 양보하여 신속하게 재판을 마무리할 수 있는 방법이 있습니다. '재판상 화해'와 '조정'이 바로 그것입니다.

민사조정법 제2조(조정사건)

민사에 관한 분쟁의 당사자는 법원에 조정을 신청할 수 있다.

민사조정법 제29조(조정의 효력)

> 조정은 재판상의 화해와 동일한 효력이 있다.

한창 다투다가도 당사자 간 합의가 이뤄져 '화해'나 '조정'으로 재판이 끝날 수 있습니다. 이렇게 작성한 화해조서나 조정조서는 재판에서 받은 판결문과 법적으로 같은 효과를 갖습니다. 재판상 이혼을 하기 위해서는 조정 절차를 거쳐야 하는데, 이를 '조정전치주의'라고 합니다. 가족 간 분쟁이라는 특성을 감안해 원만하게 합의로 사건을 해결하자는 취지입니다.

조정이혼은 당사자 간 합의로 절차가 마무리되기 때문에 비교적 신속하게 결론을 내릴 수 있고, 대립이 심하지 않기 때문에 감정의 응어리가 덜 남는다는 장점이 있습니다. 과거에 일부 변호사들은 조정보다 재판을 선호하는 경향이 있었지만, 최근에는 법원도, 변호사도, 당사자도 조정절차를 선호합니다. 무엇보다 당사자들이 길고 힘든 재판절차에서 신속히 벗어날 수 있고 더 이상의 분쟁을 예방할 수 있기 때문입니다.

우리 이혼했어요

이혼전문변호사로 활동하면서 오랜 기간 방송에도 많이 출연했습니다. 사실 예전에는 방송에서 이혼을 다루는 일이 무척 조심스러웠습니다. 이혼 얘기를 너무 하다 보면 자칫 이혼을 조장한다는 오해를 불러일으킬 수 있기 때문입니다. 이혼이라는 소재가 시청률을 올리긴 했지만 마치 줄타기라도 하듯이 늘 긴장할 수밖에 없었지요. 그런데 TV 프로그램 「우리 결혼했어요」가 큰 인기를 끌고 최근에는 「우리 이혼했어요」라는 프로그램까지 등장하는 것을 보고 시대가 참 많이 변했다는 생각이 들었습니다. 이처럼 TV 프로그램만 봐도 사랑과 결혼, 이혼 문화는 물 흐르듯 계속 바뀐다는 것을 알 수 있습니다.

요즘 부부의 결혼 만족도는 독신이나 비혼자, 동거인, 이혼자보다 점차 낮아지는 추세입니다. 더 이상 결혼은 해 보고 후회할 일이 아니고 어차피 후회할 일을 왜 하느냐는 입장이 우세합니다. 이제 "꼭 결혼하고 싶다."는 사람을 찾기가 어려운 시대입니다. 혼자 사는 남자, 혼자 사는 여자는 분명 무슨 문제가 있을 거라는 편견도 거의 사라졌습니다.

사랑에 빠져서 연애하고 약혼하고 결혼에 이르는 과정에는 다양한 약속들로 가득합니다. 지키지 않더라도 그만인 것들도 있고, 지키지 않아서 법적 분쟁을 일으키는 일도 적지 않습니다. 한번 뒤엉킨 결혼의 실타래는 풀어내기 힘든 게 사실입니다. 이따금 관계가 곤두박질치는 기분이 들 때면 과연 결혼생활이 언제쯤 내구성을 갖출는지 회의가 들고 갈 길은 멀어 보입니다. 결혼해서 하나가 되면, 즉 결혼해서 '싱글'이 된다면 얼마나 좋을까요? 그저 말장난 같고 실제로도 공허한 바람일 따름입니다.

다르니까 만나는 것

　이혼하려는 사람들의 공통점은 결혼 전 상대방 속마음이나 진짜 모습을 알지 못하고 결혼했다는 것입니다. 물론 누구나 상대방의 모든 것을 알고 결혼할 수는 없습니다. 결혼 후 소소한 일상에서조차 자신의 기대와 너무 다른 현실에 실망하는 일은 자연스러울지 모릅니다.

　다만 그 '다름'을 틀린 것으로 여기지 않고 '복'으로 여기며 끌어안아야 문제 해결의 실마리가 나타납니다. 자기만 아는 '나뿐' 사람은 본의 아니게 '나쁜' 사람이 될 가능성이 큽니다. 인간미가 없는 매정한 사람으로 보일 수 있는 것입니다. 특히 가족과 같은 공동체 생활을 영위할 때는 더욱 그렇습니다.

　함께 살다 보면 상대방의 이기심이 더 커 보이기 마련입니다. 아무래도 스스로에게 더 관대할 수밖에 없는 게 인간이기 때문입니다. 관계에 문제가 생겼을 때 먼저 자기 자신과 맞서서 싸우는 일은 그만큼 기대하기 힘듭니다. 지나치게 자기중심적이고 이기적이어서 공감 능력이 떨어지는 사람은 차라리 결혼하지 말고 혼자 사는 것이 낫습니다.

　결혼생활에 성공하려면 부부 관계는 '손해 보는 게 오히려 이익'이라는 신념으로 과감하게 헤쳐 나가야 합니다. 무엇이든 두 사람이 힘을 합쳐 문제를 해결하려는 자세를 가져야 합니다. 결혼도 대부분 '처음' 하는 것이기 때문에 당연히 서툴 수밖에 없습니다. 결혼 이후의 삶이 진짜입니다. 시작보다 끝이 더 멋진 결혼을 기대합니다.

부부는
연극 중입니다

　남편은 중소 건설회사 대표입니다. 현장 기사로 입사한 후 소장을 거쳐 회사를 세우고 대표에 이르기까지 승승장구했습니다. 직업 특성상 전국을 누비며 일할 수밖에 없어 신혼 때부터 자주 떨어져 있었고, 저는 멀리서나마 조용히 남편을 내조해 왔습니다.

　결혼생활이 오래됐지만 아무래도 함께 있는 시간이 별로 없었던 터라 가끔 남편이 집에 들러 둘만 있게 되면 많이 어색했습니다. 남편은 집에서도 주로 자기 취미 생활과 일만 했는데, 제 근황을 묻기는커녕 말을 붙이기가 무섭게 신경질적이고 거친 반응을 보였습니다. 건설 현장 일이 워낙 거칠고 남자들끼리 쓰는 표현에 익숙해서 그러겠지 그냥 넘기다가도 갑자기 모욕감이 치밀고는 했습니다.

　남편이 회사 대표가 되면서부터는 부부동반 모임이 잦아졌습니다. 그때마다 옷은 이렇게 입어라, 머리는 저렇게 해라, 나가서는 말 많이 하지 마라며 이러쿵저러쿵 간섭이 심했습니다. 모임 중에는 어찌나 자상한 남편 연기를 잘하는지 속으로 코웃음이 나와 참기 힘들 정도였고, 어색한 스킨십을 할 때는 마치 뱀의 살갗이 닿는 듯 불쾌했습니다. 모임이 끝나면 제 갈 길 가느라 바빠 저는 늘 혼자 집에 돌아와야만 했습니다. 안 그래도 불만이 쌓이는 상태에서 일거수일투족 완벽한 연출까지 주문하니 지칠 수밖에 없었습니다. 남들은 능력 있는 남편 덕에 호의호식한다며 부러워했지만 정작 집안 살림에는 신경을 쓰지 않았고, 저와 아이들은 근근이 살아가는 형편이어서 처량하기 그지없었습니다. 주변에 이런 속사정을 터놓고 말할 친구도 마땅치 않아 정말 답답했고 남편의 꼭두각시에 불과한 제 인생이 한스러웠습니다.

참고 참다가 더 이상 새장 속의 새로 살아가선 안 되겠다 싶어 이혼을 결심하고 남편에게 어렵게 말을 꺼냈습니다. 그런데 마땅히 환영할 줄 알았던 남편은 들은 척도 안 하고 뒤돌아 자기 할 일만 했습니다. 그러고는 며칠 후 자기는 끝까지 가정을 지킬 거라며 한 번만 더 이혼 얘기를 꺼내면 가만두지 않겠다고 협박까지 했습니다. 아니, 전국 여기저기에 내연녀를 두고 있다는 소문까지 파다한 마당에 남편 입에서 가정을 지키겠다는 말이 나오다니요. 먼저 이혼 얘기를 꺼낸 저를 오히려 파렴치한 사람으로 몰아가는 남편의 행태에 분노하지 않을 수 없었습니다.

이혼까지 마음대로 할 수 없을 정도로 저의 자유의지는 모두 무시당하고 있습니다. 제 인생을 송두리째 빼앗은 남편으로부터 하루라도 빨리 도망치고 싶습니다.

우리 주변에는 무늬만 부부이고 실상은 남남처럼 지내는 부부가 의외로 많이 있습니다. 소위 '쇼윈도 부부'인 이들은 한집에 살면서도 대화가 없고 식사도 따로 하고 각방을 쓰며 심지어 별거하기도 합니다. 기껏 생사만 확인하는 관계이고 바깥의 눈을 의식해 부부가 함께 참석해야 하는 자리에서만 열심히 부부 시늉을 합니다. 부부 중 일방이 이혼을 원하지만 상대방이 이혼을 거부하는 상황이라 이혼하지 못한 채 형식상 부부로 남는 경우도 있습니다.

부부 모두 이혼에 합의하면 이혼을 허용하는 것은 우리나라나 외국이나 유사합니다만, 문제는 이처럼 일방만이 이혼을 원할 때입니다. 이럴 때는 어쩔 수 없이 재판상 이혼으로 갈 수밖에 없는데 관련 입법 태도가 크게 두 가지로 갈립니다. 바로 '파탄주의'와 '유책주의'입니다.

파탄주의 vs 유책주의

영화나 드라마 속 부부 일방이 "나는 더 이상 당신을 사랑하지 않아 이혼한다."고 선언하는 장면을 본 적 있을 것입니다. 이렇게 그대로 이혼이 성사되는 경우를 '파탄주의'라고 합니다. 시시비비를 가릴 필요 없이 이미 부부 관계에 금이 갔다면 이혼을 허락한다는 의미입니다. 말 그대로 '파탄'이라는 객관적인 사실만 존재한다면 유책성은 따지지 않고 이혼을 넓게 인정하는 입법 태도입니다. 여기서 파탄이란, 부부 관계가 원만하게 이어지지 못하고 중도에서 어긋나 깨어진 상태를 말합니다.

미국을 비롯한 상당수 선진국들은 파탄주의를 적용해 부부 중 일방이 이혼을 원할 경우 특별한 사정이 없는 한 이혼을 허용하고 있습니다. 부부 사이에 파탄이 생기면 굳이 그 잘못이 누구에게 있는지를 밝힐 필요 없이 이혼이 인정되는 것입니다. 심지어 잘못이 있는 '유책배우자'가 이혼을 청구해도 이혼할 수 있습니다.

반면 '유책주의'는 이혼원인을 한정하고 상대방의 유책성이 존재해야만 이혼을 인정합니다. 당사자 간 이혼에 합의가 되지 않는 경우 재판상 이혼을 해야 하는데, 상대방이 이혼을 당할 만한 법률상 이혼원인이 있어야 이혼할 수 있는 제도입니다. 그러므로 반드시 잘잘못을 따져야 하고, 잘못한 쪽에서는 이를 사유로 아무 잘못 없는 상대방에게 이혼소송을 제기할 수 없습니다.

민법은 제840조에서 외도, 폭행, 유기 등 여섯 가지 이혼원인을 규정하고 있습니다. 이러한 사유에 해당돼야만 재판상 이혼이 인정됩니다. 그리고 유책배우자가 이혼을 청구할 경우, 상대방이 이에 준하는 잘못이 없는 한 아무리 파탄되었더라도 이혼을 허용하지 않고 기각시킵니다. 최근 어느 유명 영화감독이 여배우와 사랑에 빠져 부인을 상대로 이혼소송을 제기했지만 결국 기각된 사건이 화제가 되었는데, 바로 이 유책주의에 입각한 대표적인 판결인 셈입니다.

> ### 민법 제840조(재판상 이혼원인)
>
> 부부의 일방은 다음 각 호의 사유가 있는 경우에는 가정법원에 이혼을
> 청구할 수 있다.
> 1. 배우자에 부정한 행위가 있었을 때
> 2. 배우자가 악의로 다른 일방을 유기한 때
> 3. 배우자 또는 그 직계존속으로부터 심히 부당한 대우를 받았을 때
> 4. 자기의 직계존속이 배우자로부터 심히 부당한 대우를 받았을 때
> 5. 배우자의 생사가 3년 이상 분명하지 아니한 때
> 6. 기타 혼인을 계속하기 어려운 중대한 사유가 있을 때

그동안 법원은 유책주의를 바탕으로 특별한 사정에만 일부 파탄주의를 인정해 왔습니다. 부부 사이가 실질적으로 파탄이 나도 상대방의 잘못이 없는 이혼청구에 대해서는 이혼을 좀처럼 인정하지 않았습니다. 하지만 대개 파탄은 부부 중 일방의 책임만으로 발생하지 않고 파탄에 이른 원인 또한 다양해서, 배우자 가운데 과연 누가 이혼원인 제공자인지 가려내기가 쉽지 않습니다. 학계에서도 이 문제를 지적하며 꾸준히 파탄주의를 도입해야 한다는 주장이 제기되어 왔고, 지난 2015년 헌법재판소가 "결혼과 성에 대한 국민의 인식이 달라졌다."(헌법재판소 2015. 2. 26. 2009헌바17)며 간통죄에 대해 위헌결정을 내리면서 파탄주의 채택에 더욱 힘이 실리고 있습니다.

이런 비판을 고려하여 법원 역시 구체적인 사건마다 합리적인 결

론을 도출하기 위해서 노력하고 있습니다. 그동안 법원에서 이혼청구를 기각한 사례를 분석해 보면 이혼을 반대하는 피고가 결혼생활을 유지하기 위해 적극적으로 노력한 흔적이 많았습니다. 또 별거 기간이 짧고 원고의 유책성이 입증되었을 때는 원고의 이혼청구가 기각되었습니다.

하지만 이제는 비록 상대방의 잘못이 입증되지 않아도 부부가 모두 혼인 파탄의 책임이 있다거나, 혼인 기간이 짧고 자녀가 없는 경우, 별거 기간이 길고 부부 모두 혼인을 지속하려는 의지가 약하고 자녀가 동의한 경우 등에는 이혼청구가 인용되기도 합니다.

시대가 변한 만큼 법도 변해야

아직까지 유책배우자의 이혼청구는 배우자가 오기나 보복의 감정에서 이혼을 거부하는 경우가 아니라면 기각한다는 것이 법원의 원칙입니다. 하지만 시대가 변하면서 판결 내용도 점차 변하고 있습니다.

남편과 다른 여성 사이에서 혼인 외 자녀가 출생하자 남편이 부인을 상대로 이혼소송을 제기한 사건이 있었습니다. 대법관 13명 중 6명이 파탄주의 전환을 주장했으나 7명은 여전히 유책주의를 고수했지요. 하지만 유책배우자의 이혼청구를 받아들일 수 있는 세 가지 예외를 공식적으로 밝혀 눈길을 끌었습니다. 상대방 배우자도 이혼을 원할 때는 당연하고, 아무리 유책배우자라 하더라도 파탄 후 배우자와 자녀 부양을 소홀하지 않았거나, 파탄 후 시간이 많이 지나 오히려 파탄의 고통이 거의 사라진 경우 등에는 이혼을 인정한다는 것입니다.(대법원 2015. 9. 15. 2013므568)

유책주의 고수의 이유는 파탄주의를 허용하면 혼인 제도가 요구하는 근본적 도덕성을 해치고, 배우자 일방에 의한 축출이혼을 시인하는 부당한 결과가 되며, 또 협의상 이혼 제도가 존재하기 때문에 굳이 법원이 나설 필요가 없다는 것입니다. 어쨌든 위 판례는 유책주의 예외를 그 전보다 폭넓게 인정하여 파탄주의로 가는 과도기를 마련했다고 평가할 수 있습니다.

미국, 영국, 독일, 프랑스 등은 아예 처음부터 파탄주의를 채택하거나 유책주의의 부작용이 나타나 파탄주의 요소를 병행하기도 합니다. 유책주의를 따르면 법정에서 진흙탕 싸움을 피할 수 없어 서로의 감정을 악화시키고 위증이 만연한다는 지적이 있었습니다. 사회적으로 봐도 부부 관계가 완전히 파탄되어 회복될 전망이 없는데 억지로 법으로 묶어 두는 것이 무익하다는 주장이 우세했습니다.

미국은 1969년 캘리포니아주를 시작으로 1985년까지 모든 주에서 파탄주의를 도입했습니다. 법으로 정한 이혼원인으로는 '화해할 수 없는 차이' '회복할 수 없는 파탄' '일정 기간 별거' 등이 있습니다. 따라서 일정한 별거 기간만 충족해도 이혼을 청구하고 인정받을 수 있습니다. 독일 역시 "부부가 3년 이상 별거한 경우에는 그 원인에 관계없이 혼인이 파탄된 것으로 보아 이혼을 허용한다."고 규정하고 있습니다. 법원은 부부의 파탄을 객관적 별거 상태로만 인정하고 국가가 부부의 사생활까지 간섭하지 않는 것입니다. 프랑스는 자유 이혼을 막기 위해 1804년 나폴레옹 민법에서 유책주의를 도입했습니다. 하지만 유책주의 이혼의 폐해로 1975년 파탄주의로 대폭 전환하는 법 개정을 단행했습니다.

우리나라 역시 현재 상당수의 법조인이 파탄주의를 지지합니다. 특히 이혼 사건을 많이 다룬 법조인일수록 그런 경향이 짙게 나타납니다. 제가 존경하는 어느 대법관의 다음 의견은 깊게 생각해 볼 만합니다.

"유책배우자의 이혼청구를 기계적으로 기각할 것이 아니라 유책을 '가치형량' 하는 파탄주의를 인정해야 한다. 유책배우자가 이혼 소송을 내더라도 어느 당사자의 유책을 더 많이 인정하는지 '계량화' 할 것이 아니라 실질적으로 혼인 관계가 파탄에 이르렀는지 가치적으로 평가해야 하는 것이다. 유책배우자로 인정된 원고의 이혼 청구를 받아들이지 않더라도, 두세 번 계속된 소송으로 결국 이혼하는 것이 현실이기 때문에 파탄주의를 인정하는 것이 바람직하다. 사회의 인식이 변하고 제도가 바뀐 만큼 법 해석과 적용도 달라져야 한다."(민유숙, 2013, 「이혼 사유에 대한 회고와 전망」 중에서)

일반 국민의 인식도 변하고 있습니다. 이따금 강의나 방송에서 의견을 물으면 늘 과반수 이상이 파탄주의를 지지합니다.

유책주의가 여성을 보호한다고?

그동안 우리나라가 유책주의를 확고히 다졌던 것에는 이혼을 엄격하게 인정하는 사회적 인식과 더불어 약자인 여성을 보호한다는 명분이 있었습니다. 즉 남편이 아내를 버리는 축출이혼을 방지하겠다는 측면이 강했던 것입니다. 그러나 이제는 시대가 변했고 오히려 이런 제도로 인해 여성인 아내의 자유의지를 억압하는 부작용이 생겨났습니다. 아내가 아무리 남편으로부터 부당한 대우를 받아도 남편이 이혼을 거부하고 증거가 없으면 이혼할 수 없기 때문입니다.

유책주의는 배우자의 외도와 폭행, 유기 등이 인정되어야 이혼할 수 있기 때문에 증거를 수집하느라 혈안이 될 수밖에 없습니다. 대개 '흥신소'라고 불리는 불법영업소에 부탁해 배우자의 부정행위 현장을 잡아서 증거를 입수합니다. 폭행의 경우 그때마다 바로 진단서를 떼어야 하며 욕설 역시 바로 녹음을 해서 증거를 제출해야만 재판상 이혼이 가능할 수 있습니다. 증거를 얻지 못하면 평생 이혼도 못 하고 억울하게 살아가야 하는 것입니다.

이처럼 배우자의 잘못을 주장하고 입증하는 과정이 필수적이기 때문에 치열한 감정 대립은 불가피합니다. 불필요한 소모전이 되어 당사자 모두에게 치명적인 상처를 주는 부작용을 낳는 것입니다. 이혼하더라도 원수보다 더한 앙금이 남는 것은 물론이고, 자녀에게도 '나쁜 아빠' '나쁜 엄마'로 낙인이 찍힐 수밖에 없습니다. 가끔 뉴스에서 이혼소송 중 상대방을 폭행하거나 심지어 살인하는 끔찍한 사건이 전해지기도 하는데, 바로 이것들이 유책주의의 어두운 단면인 셈입니다.

유책주의를 택하는 이상 이혼이 기각되었다고 사건이 종국적으로 마무리되지도 않습니다. 이혼이 기각되더라도 또다시 소송을 제기할 수 있기 때문입니다. 실제로 재판을 여러 번 제기하여 이혼이 성사되는 경우가 많습니다. 어떤 부인은 재판에서 남편의 잘못을 입증하지 못해 계속 패소했지만 포기하지 않고 소송을 반복해 결국 5년 만에 이혼에 이르기도 했습니다. 또 어떤 남성은 열 차례나 이혼소송을 진행했음에도 이혼이 되지 않다가 20년 만에 가까스로 이혼 판결을 받고 감동의 눈물을 흘린 경우도 있었습니다. 이혼이 선언되어야 지긋지긋한 파탄의 고통도 종료되는 것입니다.

솔직히 유책주의는 사건이 많아지기 때문에 변호사에게는 좋은 제도입니다. 하지만 가장 중요한 당사자들의 고통을 외면한다는 면에서 치명적입니다.

헤어질 부부는 결국 헤어진다

위 사연 속 쇼윈도 부부도 지난한 과정을 거쳐 언젠가는 이혼에 이를 것입니다. 다만 유책주의를 고수하는 현행법 때문에 결코 쉽지는 않습니다. 남편이 이혼을 거부하고 있고 아내는 가정을 유지하느라 남편의 유책 증거를 제대로 모으지도 못했을 것입니다.

상당수 부부는 파탄의 조짐이 보여도 배우자를 믿는 편이라 미리 이혼을 대비하지 않습니다. 앞서 언급했듯, 재판상 이혼은 당사자가 원하는 대로만 결론이 나지 않습니다. 잘잘못을 따지기 위해 이를 뒷받침하는 증거를 반드시 준비해야 합니다. 이혼을 떠올린다는 것 자체가 이미 불행한 일인데, 유책주의가 또 한 번 이혼에 발목을 잡는다면 그 고통은 이루 말할 수 없습니다. 시대가 변한 만큼 법과 제도도 변해야 합니다. 파탄주의는 거스를 수 없는 역사적인 흐름이자 세계적인 추세입니다.

잃어버린
돈을 찾아서

저는 나름 재력가 집안에서 자란 30대 초반의 외동딸입니다. 부모님은 제가 어릴 적부터 꼭 의사와 결혼해야 한다고 강권하셨습니다. 저한테 의사가 되라는 말씀도 아니었기에 야속하기까지 했는데, 결국 중매로 30대 후반의 의사 남성을 만나 짧은 연애 후 결혼하게 되었지요. 물론 부모님의 전적인 성원과 지원에 힘입은 성과(?)였습니다.

평생소원이던 의사 사위를 맞는다는 설렘에 부모님은 사돈이 서운해하면 안 된다며 전폭적인 지원을 해 주셨습니다. 서울 강북 남편 직장 근처에 전셋집을 얻어 주셨고, 고가의 혼수와 예물을 장만하셨으며, 결혼 비용까지 거의 도맡으셨습니다. 너무 불공평한 처사 아닌가 싶어 시댁 쪽에 따져 볼까도 했지만, 부모님이 기뻐하는 표정을 보니 선뜻 물리기가 어려웠습니다.

이런 사정을 아는지 모르는지 남편은 결혼식이 끝나자마자 야멸차게 신세 한탄을 늘어놓기 시작했습니다. 다른 의사 동료는 처가에서 강남 아파트와 외제 차는 물론 병원 개업까지 밀어줬다는데 자기가 받은 것들은 너무 약소하지 않느냐며 노골적으로 저를, 아니 저희 부모님을 타박했습니다. 성질대로라면 당장 뒤엎어 버렸겠지만 이대로 신혼 분위기를 망치기도 싫었고 앞으로 살면서 차차 나아지겠지 기대하며 그저 어린애 투정으로 참고 넘겼습니다.

하지만 날이 갈수록 투정은 심해졌고 이제는 우리 집안 전체를 괄시한다는 생각에 이르게 되었습니다. 자존심이 상해 더 이상 참기 힘들었고, 부모님이 그토록 바라던 의사이지만 중매로 만나 석 달 남짓 짧은 연애만 하고 결혼을 결심한 것을 후회했습니다. 길게 시간을 가지며 서로를 알아 가도 충분했는데 너무 부모님 기대에 부응하겠다는 욕심이 앞서 섣부른 판단을 했던 것입니다. 그 사람이 진짜로 원하는 것이 무엇인지 우리 사이에 과연 사랑은 있는 건지 심각하게 고민하다가 혼인신고 후 불과 6개월 만에 이혼소송을 제기하게 되었습니다.

부모님이 아시면 펄쩍 뛰실 것이 불을 보듯 훤하지만, 그보다는 이혼을 통해 그동안 결혼식을 위해 들였던 모든 비용을 돌려받고 싶습니다. 저희 부모님의 순박한 희생을 아무 보상이나 대가 없이 그냥 없던 일로 만들 수 없기에, 더욱 그렇습니다.

요즘은 인터넷 속도뿐만 아니라 연애, 결혼, 이혼의 속도까지 모두 빠릅니다. 현대인의 의사 결정은 5세대 이동통신 못지않게 신속하고 단호합니다. 그렇다고 속도가 빠르다는 게 뭐든 좋은 것은 아닙니다. 인류지대사의 하나인 결혼이 특히 그렇습니다. 사람의 일인 만큼 서로를 충분히 겪어 가며 신중하게 선택하고 결정하는 것이 바람직합니다.

배가 항구에 닻을 내리기 직전 가장 많이 흔들리듯, 결혼 준비 단계부터 이미 아슬아슬한 결혼생활이 시작되는지 모릅니다. 흔히 혼수와 예물 등 전체 혼비를 정하면서 양가 사이에 갈등이 생깁니다. 꼭 금전이 아니라도 취향에서 차이가 생겨 서로 난감해집니다. 신나게 혼수를 구하러 다니다가 벌써부터 의견 차이가 생겨 다투기 시작하는 게 보통 있는 일입니다. 연애와 결혼은 다르다는 방증입니다.

연애할 때와는 달리 약혼과 혼인에 이르면 두 사람 모두 법적 관계로 들어섭니다. 따라서 파경에 이르더라도 모든 것이 법적 문제로 남습니다. 결혼을 위해 들였던 비용 모두를 원상회복하고 싶은 심정은 충분히 이해합니다. 혹시 빚까지 내서 혼비를 마련했다면 더욱 원상회복에 집착할 수밖에 없습니다. 하지만 따져 봐야 할 쟁점이 있습니다.

얼마나 오래 함께 살았는가?

혼인 기간이 오래됐으면 이혼할 때 부부 기여도에 따라 재산분할로 해결하면 됩니다. 하지만 위 사연처럼 반년 남짓이라면 기여도를 논할 상황이 아닙니다. 이럴 경우 각자 들인 비용은 각자 알아서 회수하는 방법이 적당합니다만, 자칫 불공정할 수 있어 문제입니다. 남편이 집을 장만하고 아내가 혼수와 예물을 마련했다고 가정해 보겠습니다. 각자 몫을 회수한다고 해도 집은 손해 볼 일이 거의 없지만 혼수나 예물은 감가상각 성질이 있어 가치가 떨어집니다.

서울가정법원은 남편 가족에게 예단비로만 10억 원을 쓰고 결혼 5개월 만에 파경에 이른 부부의 이혼소송에서, 남편이 아내에게 8억 7000만 원과 함께 아내가 신혼집 인테리어 비용으로 쓴 4000만 원과 위자료까지 지급하라고 결정한 바 있습니다. 결혼 전후 주고받은 예물과 예단은 혼인이 성립하지 않으면 반환하기로 조건이 붙은 증여와 유사하다고 보고, 결혼이 단기간에 파경에 이른 것은 혼인이 성립하지 않은 것과 같다는 판단입니다. 사회 통념상 얼마 안 되는 혼인 기간임을 감안하면 지극히 합리적인 판결이라고 볼 수 있습니다.

또 결혼정보업체 소개로 만난 의사 남편이 부당한 대우와 부정행위를 일삼자 아내가 결혼 1년여 만에 이혼소송을 제기한 사건이 있습니다. 1심과 2심 모두 아내의 주장을 대부분 받아들이면서 혼인 파탄의 주된 책임자를 남편으로 봤고, 이혼을 인정하며 아내가 결혼 당시 제공한 억대 외제 차 구입비와 현금 예단의 반환을 인정했습니다. 1년이라는 기간은 혼인 생활을 했다고 인정할 수 없을 만큼 단기간이며, 결혼을 위해 지출한 비용이 모두 무용하게 됐다며 남편에게 결혼 비용 상당의 손해배상책임을 인정한 것입니다.

하지만 대법원의 판결은 이와 달랐습니다. 부부 공동체로서 공동 생활을 했다고 보기 힘든 단기간이며 혼인 파탄의 주된 원인이 남편에게 있다 하더라도, 그동안의 혼인 생활을 부정하고 혼인이 성립하지 않은 것과 동일하게 처리해야 할 정도의 특별한 사정이 있다고 단정할 수 없다면서 짧게라도 혼인 생활을 했다면 재산분할청구 외에 혼인 생활을 위해 지출한 비용 또는 예물, 예단의 반환을 구하거나 그 상당액의 손해배상을 구할 수 없다고 판결했습니다.(대법원 2014. 6. 12. 2014므329)

이런 대법원 판결은 선뜻 동의하기 어렵습니다. 오히려 하급심인 가정법원의 판결이 더 타당하다고 생각합니다. 대법원의 논리를 따른다면, 혼인 기간이 조금이라도 지속됐다면 아무리 배우자가 부정을 저질러도 결혼 비용이나 손해배상을 청구하기 어렵다는 얘기가 되기 때문입니다.

굳이 "열 길 물속은 알아도 한 길 사람 속은 모른다."는 속담을 내세우지 않더라도 사람은 그 속마음을 알 수 없는 존재입니다. 백년해로한 부부도 서로 알까 모를까 하는데, 불과 1년을 살고 배우자의 폭력성이나 각종 나쁜 습관을 발견하기란 너무나 어렵습니다. 실제로 이혼소송을 제기하는 대부분의 의뢰인은 자녀들이 장성할 정도로 오래 함께 산 부부가 많습니다. 뒤늦게 배우자의 악질적인 습관과 부정행위를 인지하고 용기를 내어 이혼을 결심하게 되는 것입니다.

단기간이든 장기간이든 구별 없이 혼인 파탄의 책임이 있는 사람

에게는 단호하게 각종 비용 및 손해배상을 물을 수 있어야 한다고
봅니다.

줬다 뺏기?

여기서 참고로 '약혼'에 대해 살펴보겠습니다. '약혼'은 두 사람이
미래에 부부가 되기로 약속하는 법률행위입니다. 요즘은 약혼식 풍
경을 보기 힘들지만, 약혼은 양가 부모와 친지 앞이 아니라 법 앞에
서 하는 것입니다. 약혼은 민법의 대상이지만 특별한 형식이나 절차
규정이 없고 강제이행도 청구할 수 없습니다. 두 사람이 합의하면 그
만이고 사랑을 법으로 강제할 수도 없는 노릇이기에 약혼이 깨지면
애매한 분쟁이 자주 일어납니다.

민법 제800조(약혼의 자유)

성년에 달한 자는 자유로 약혼할 수 있다.

민법 제803조(약혼의 강제이행금지)

약혼은 강제이행을 청구하지 못한다.

아무리 고가의 선물을 자주 한 연인이라고 해도 서로 결혼 약속을 하지 않았다면 약혼으로 볼 수 없습니다. 하지만 양가에 결혼할 사람을 소개하고 양가 상견례까지 마쳤다면 약혼으로 보는 것이 타당합니다. 예전에는 예비 시어머니가 예비 며느리에게 결혼을 전제로 약혼식 때 집안의 가보로 내려오는 반지를 선물하는 일이 많았습니다. 이러다가 파혼하게 되면 손가락에 끼고 있던 반지를 다시 돌려줘야 하는지 무척 애매해집니다.

30대 어느 여성은 약혼식에서 무려 3000만 원 상당의 다이아몬드 반지를 선물로 받았지만, 결혼식을 며칠 앞두고 파혼을 당했습니다. 약혼자가 오래전부터 사귀던 다른 여자가 있었는데 그새 마음이 바뀌었고, 설상가상으로 시어머니도 이에 동조하며 반지를 되돌려 달라고 했습니다. 이때 여성은 반지를 돌려줘야 할까요? 관계의 흔적을 모두 없애 버리고 싶겠지만 값이 값인 만큼 갈등이 생기지 않을 수 없습니다.

민법은 약혼해제에 관해 상대방에 대한 의사표시만으로 가능하다고 규정하고 있습니다. 약혼해제에 일방이 과실이 있는 경우에는 상대방은 손해배상을 청구할 수 있으며, 이때 정신적 고통에 대한 손해배상인 위자료도 포함됩니다.

민법 제804조(약혼해제의 사유)

당사자 한쪽에 다음 각 호의 어느 하나에 해당하는 사유가 있는 경우에는 상대방은 약혼을 해제할 수 있다.

1. 약혼 후 자격정지 이상의 형을 선고 받은 경우
2. 약혼 후 성년후견개시나 한정후견개시의 심판을 받은 경우
3. 성병, 불치의 정신병, 그 밖의 불치의 병질이 있는 경우
4. 약혼 후 다른 사람과 약혼이나 혼인을 한 경우
5. 약혼 후 다른 사람과 간음한 경우
6. 약혼 후 1년 이상 생사가 불명한 경우
7. 정당한 이유 없이 혼인을 거절하거나 그 시기를 늦추는 경우
8. 그 밖에 중대한 사유가 있는 경우

  민법은 약혼해제 사유를 이처럼 총 여덟 가지 유형으로 규정하고 있으며, 이 사례가 '그 밖에 중대한 사유가 있는 경우'에 해당하는지 살펴볼 필요가 있습니다. 사실혼, 법률혼을 불문하고 다른 이성과의 부정행위는 손해배상책임 사유로 충분하고, 민법에서 규정한 재판상 이혼 사유에도 해당하는 것이므로 약혼도 다르게 볼 이유는 없습니다. 따라서 합리적인 이유 없이 부정행위 상대방이 일방적으로 파혼을 선언했다면 손해배상책임이 있다고 보입니다. 여성이 먼저 일종의 유책당사자인 약혼자를 상대로 일방적 의사표시만으로 약혼을 해제할 수도 있습니다.

  유책당사자가 상대방에게 손해배상청구를 할 수 없음은 일반 상식에만 비춰 봐도 당연합니다. 그런데 이 사례처럼 예물의 반환도 청구할 수 없는지는 쟁점이 될 수 있습니다. 판례에 따르면 약혼은 결

혼으로 종결되는 것이므로 일단 결혼을 하면 잘잘못을 떠나 약혼 예물을 돌려 달라고 하기는 어렵습니다.(대법원 1994. 12. 27. 94므895) 따라서 약혼이 해제되었다면 책임 없는 당사자는 예물 등 반환청구권을 가진다는 데는 이견이 없습니다. 다만 유책당사자가 반환을 청구할 경우는 이를 방어할 논리가 필요합니다.

약혼 시 수수된 예물은 단순한 선물이 아니라 약혼의 성립을 증명함과 동시에 혼인의 불성립을 해제조건(법률행위의 효력을 소멸시키는 조건)으로 하는 증여의 성질을 갖습니다. 따라서 혼인이 이루어지지 않는다면 증여의 효력도 소멸하여 돌려줘야 합니다. 그런데 민법 제150조 2항은 "조건의 성취로 인하여 이익을 받을 당사자가 신의성실에 반하여 조건을 성취시킨 때에는 상대방은 그 조건이 성취하지 아니한 것으로 주장할 수 있다."고 규정하고 있습니다. 즉 여성은 약혼자가 신의성실에 반하여 부정행위를 저질렀다는 것을 입증하여 해제조건이 성취되지 않고 약혼이 해제되었다고 주장할 수 있습니다. 따라서 예물의 반환을 거절할 수 있고 유책당사자는 예물의 반환을 적극적으로 청구할 권리가 없어지는 것입니다.(대법원 1976. 12. 28. 76므41)

그렇다면 위자료는 어느 정도 받을 수 있을까요? 실무상 이혼과 약혼해제에 따른 위자료는 그다지 크지 않습니다. 정신적 피해를 객관적으로 계량하여 금액을 산정하는 것이 쉽지 않기 때문인데, 통상 1000~2000만 원 내외의 위자료가 인정됩니다. 최근에는 아예 위자료를 인정하지 않는 경우까지 발생하고 있습니다.

차라리 안 하고 말지

　갈수록 결혼뿐만 아니라 연애마저도 경제 원칙에 입각해 기회비용을 꼼꼼히 따져 결정합니다. 연애도 결혼도 기를 쓰고 노력하고 희생할 각오가 없다면 포기해야 합니다. 처음 다짐이 무색하게 남녀가 만나 사랑하다 보면 싸우기 마련인데, 특히 결혼을 목전에 두고 이것저것 준비하면서 가장 많이 싸우고 심지어는 결혼 후에도 이 문제로 다투거나 이혼하는 경우가 있습니다. 조금이라도 비용을 아끼겠다며 요즘 유행하는 스몰웨딩에 맞춰 '스드메(스튜디오, 드레스, 메이크업)' 3종 세트를 최소한으로 해도, 싸울 부부는 싸웁니다.

　위 사연에서 장인 장모는 최선을 다해 결혼을 지원했지만 사위가 과한 요구를 하고 있습니다. 사실 이것만 봐도, 설령 두 사람이 이혼하지 않는다 해도 평탄한 결혼생활을 장담하기 어렵습니다. 간혹 결혼하고 나서야 배우자가 낭비와 사치가 심다하는 사실을 알게 되기도 하는데, 이런 습관은 쉽게 고쳐지지 않습니다. 부부 모두 혹은 일방이 호화로운 생활을 좋아하고 사치스러우면 아무리 돈을 많이 벌어도 결국 가정경제는 파탄될 수밖에 없습니다. 돈이란 자기가 힘들게 벌어 봐야 아까운지 알게 됩니다. 남의 돈으로 쉽게 돈을 쓰던 버릇이 있는 사람은 절대 돈 아까운지 모릅니다. 그 돈을 벌기 위해 다른 사람이 얼마나 많은 피땀과 피눈물을 흘렸는지 전혀 모릅니다.

　사실 법적으로 부모는 결혼하는 성인 자녀를 위해 집이나 예물 등을 해 줄 의무가 없습니다. 우리나라 현실상 특히 집값이 너무 비상식적인 가격이라 부모까지 팔을 걷고 나서고 있는데, 그것에 미안하고 감사한 마음을 가져야 합니다.

부모의 입장에서도 자식 생각하는 거야 뭐라고 할 수 없지만, 너무 과도하게 퍼 줄 필요는 없습니다. 이혼 법정으로 간다 해도 이미 증여한 집과 예물, 결혼 비용 등은 반환받기 어렵습니다. 또 친자식에게 증여한 집도 자식이 불효한다고 반환받기 어렵습니다.

아직도 열쇠 3개?

예전에는 의사, 법조인 사위를 얻으려면 최소한 열쇠 3개를 준비해야 한다는 말까지 있었습니다. 집, 병원, 자동차 열쇠를 혼수로 갖고 가야 한다는 것입니다. 남자 집안에서는 "그동안 우리 아들에게 들어간 돈과 정성이 얼마인데, 당연히 이 정도는 받아야지!" 목소리를 높였습니다. 그러나 아들이 열심히 공부해서 의사나 법조인이 된 것은 그 자체로 기특하고 칭찬받을 일이지, 며느리로부터 그동안의 희생을 보상받아야 한다는 논리는 어불성설입니다.

의사 사위가 억대의 지참금을 요구해 장인이 부득이 분할로 지급하겠다는 각서까지 썼는데, 그만 이혼에 이르자 사위가 지참금 청구 소송을 제기한 일이 있었습니다. 법원은 혼인이 파탄된 후에 지참금 소송을 내는 것은 법을 떠나 사람의 예의를 지키지 않는 염치없는 짓이라며 기각했습니다. 의사 사위의 철없는 행동을 법과 사회통념, 인륜에 반한 권리 남용으로 본 것으로 참으로 타당한 결정이라고 하지 않을 수 없습니다.

종잇조각에
불과한 각서?

　전생에 무슨 죄를 지었는지 결혼한 지 20년이 되었는데도 남편, 아니 이 '원수' 때문에 속 터져 죽겠습니다. 그동안 골프 친다며 전국은 물론 해외를 다니며 집안일은 나 몰라라 하더니만 최근에 경기가 안 좋아지니 이 양반이 집에만 처박혀 있습니다. 이럴 때 건강이라도 챙길 겸 등산을 다니거나 동네에서 소일거리라도 찾아서 하면 좀 봐줄 텐데, 집만 지키고 있으니 답답해서 제가 먼저 죽게 생겼습니다. 하루 삼시세끼를 꼬박꼬박 챙겨야 해서 마치 시아버지라도 모시고 있는 듯하고, 그 탓에 저를 위한 시간이 부쩍 줄어들어 스트레스가 이만저만이 아닙니다.

　그 마음을 알아챘는지 어느 날부터 남편이 점심을 먹고 나면 슬며시 옷가지를 챙겨 입고 외출하기 시작했습니다. 나름 외모에 신경을 쓴 듯 보이지만 분명 일하러 가는 모양새는 또 아니어서 대체 어딜 그렇게 다니는지 궁금했습니다.

외박과 밤늦게 술이 오른 상태로 귀가하는 일도 잦아져 언제 한번 잔소리를 퍼부을 참이었습니다. 그래도 저녁은 꼬박 챙겨 먹고 와서 그냥 내버려 두던 차에 우연히 남편의 휴대전화를 보고는 뒷골을 잡았습니다. 늦은 오후 시간대에 하트 모양으로 저장된 수상한 사람과의 통화기록이 거의 대부분을 차지하고 있었습니다. 낌새가 수상해서 곧바로 전화를 해 봤더니 누군지 묻지도 않고 "자기야 무슨 일이야?"애교 섞인 여자 목소리가 들려왔습니다. 바로 전화를 끊고 낮잠 자던 남편을 일으켜 세워 추궁하기 시작했고, 어렵지 않게 자백을 받아 낼 수 있었습니다.

백수 주제에 먹고살 궁리는 안 하고 밖에서 여자나 만나고 돌아다니는 걸 누가 두 눈 뜨고 볼 수 있겠습니까? 당장 이혼서류에 도장을 찍으라고 하고 싶었지만, 그동안 살아온 세월이 억울하고 아까워 일단 참고 각서를 받아 냈습니다. "늦은 귀가와 잦은 외박, 음주, 외도 사실을 모두 인정하고 앞으로 재발하면 이혼에 동의하고 위자료 포함 지금까지 모은 전 재산 10억 원을 지급한다."

좀 과하다 싶을 정도의 내용이었지만 제 화에 비하면 별거 아니었습니다. 그런데 한 달 후 남편이 그 여자를 다시 만난 일이 발각되었고, 더 이상 참을 수 없어 이혼서류를 던지며 당장 10억 원을 내놓으라고 몰아붙였습니다. 하지만 남편은 종잇조각에 불과한 걸 가지고 웬 소란이냐며 적반하장으로 나왔고, 어쩔 수 없이 이혼소송을 제기하게 되었습니다. 각서의 내용대로 모두 받아 내고 싶은데 당연히 가능하겠지요?

꼭 부부간이 아니더라도 우리는 살면서 지불각서, 이행각서, 양해각서, 포기각서 등 여러 가지 종류의 각서를 쓰거나 받아 냅니다. 일반적으로 돈을 빌려 갚아야 한다거나 잘못을 해서 그에 대한 증거로 각서를 작성한다면 각서 내용대로 효력이 발생합니다.

그러나 부부간에는 상황이 조금 달라질 수 있습니다. 부부간 각서는 특히 부부싸움 후 작성하는 경우라면 대개 감정에 치우쳐 과도한 내용을 기록하는 일이 많습니다. 상식과 통념에 비춰 봐도 너무 지나친 내용, 예컨대 "다시 한 번 바람을 피우고 도박을 하면 전 재산을 아내에게 주겠다."와 같은 각서는 내용 그대로 효력이 발생하진 않습니다.

개정 전 민법 제828조는 "부부간의 계약은 혼인 중 언제든지 부부의 일방이 이를 취소할 수 있다."고 규정했습니다. 부부간의 계약이나 각서 내용을 혼인 중 언제든지 부부의 일방이 취소할 수 있었던 것입니다. 그런데 오히려 이를 악용하는 경우가 많아 비판이 일었습니다. 잘못한 사람이 그 상황을 모면하려고 일단 각서를 작성하고 나중에 각서 내용을 취소하며 말을 번복하는 문제가 발생했습니다.

이 조문은 민법 개정 시 삭제되었고 부부간의 계약이나 각서 역시 부부 일방이 임의로 취소할 수 없게 되었습니다. 부부간에 작성한 각서도 법의 일반 원칙이 적용되어 문서 서증의 증거력, 증명력에 의해 원칙적으로 효력이 발생합니다. 즉 각서의 작성이 특별히 사기나 강박, 협박에 의한 경우가 아닌 한 효력이 있고 함부로 취소할 수 없습니다.

한편 각서는 법정에서 각서를 작성한 사람이 바람을 피우고 도박을 했다는 사실을 뒷받침하는 증거자료로 활용됩니다. 약정금이 명시되어 있으면 그 내용과 상황을 구체적으로 살펴 효력을 인정할지 여부를 조심스럽게 판단합니다. 어쨌든 민법 개정으로 이젠 부부간 계약 취소가 예전처럼 자유롭지 않게 되었다는 점을 반드시 숙지해야 합니다.

없던 일로 하자고?

학원장인 남성이 결혼정보업체 주선으로 여성을 만나 동거하게 되었습니다. 하지만 불과 석 달여 만에 남성은 바람을 피웠다는 사실을 들켰고, 여성은 "복잡하고 더러운 여자관계를 학원가에 폭로하겠다."고 협박하며 각서 작성을 강요했습니다. 다시 한 번 외도를 하면 위자료 10억 원을 주고 헤어진다는 내용으로 공증까지 받았습니다. 그런데 얼마 지나지 않아 결국 둘은 결별하기로 했고, 여성은 남성을 상대로 각서 내용대로 10억 원을 달라며 법원에 약정금청구소송을 제기했습니다.

법원은 "공증 등 법적 절차를 거쳤더라도 각서의 공정성이 결여되어 무효이다."라며 여성의 청구를 기각했습니다. 재판부는 "협박에 의해 작성된 각서는 공정성이 없어 무효이고 3개월이 안 되는 짧은 동거 기간에 상대방에게 10억 원이나 되는 큰 금액을 부담시킨다는 것은 상당한 재력을 감안해도 지나치다."고 설명했습니다. 즉 아무리 각서를 작성했어도 그 내용이 심히 불공정하므로 각서대로 효력을 인정하지 않겠다는 것이었습니다.

왜 이런 결과가 나온 것일까요? 강요와 협박에 의해 작성한 각서인 데다가 그 내용이 심히 부당해 애초에 무효이기 때문입니다. 반대로, 강압에 의한 각서가 아닌 한 원칙적으로 부부간 작성한 각서는 법적인 효력이 발생합니다.

실제로 몇 년 전 어느 유명인의 남편이 바람을 피운 후 작성한 각서 내용대로 집행판결을 받은 사례가 있습니다.

각 서

남편 ○○○은 내연녀에게 준 선물과 생활비 등 1억 5천만 원과 장인 장모로부터 받은 1억 8천만 원 등 총 3억 3천만 원을 아내 ○○○에게 지급한다.

남편 ○○○는 아내 ○○○에게 신뢰감을 주지 못한 이유로 각서 사실 내용을 모두 인정하며 기술된 모든 사항을 지킬 것을 약속한다.

남편이 다른 여자와 2년간 바람을 피운 사실이 발각되자 작성하고 공증을 받은 각서입니다. 법원은 이를 근거로 남편은 아내에게 약정

금을 모두 지급하라고 판결했습니다. 만약 민법 개정 전 사건이었다면 이 각서대로 아내가 승소하기는 쉽지 않았을 것입니다. 하지만 이제는 법원 역시 부부간 약속도 일반적인 약속과 마찬가지로 반드시 지켜져야 한다는 입장이 지배적입니다. 부부라고 해서, 연인이라고 해서 약속을 다르게 판단할 이유는 없습니다. 오히려 가까운 사이일수록 더 확실하게 약속을 지켜야 합니다.

각서를 둘러싼 쟁점들

민법은 개인이 자유의사에 따라 스스로 법률관계를 결정할 수 있다는 '계약 자유의 원칙'을 바탕으로 삼고 있습니다. 하지만 계약 등이 '선량한 풍속 기타 사회질서에 위반한 사항'을 내용으로 하는 경우에는 무효가 될 수 있습니다. 개인의 자유를 심하게 제한하는 계약, 예컨대 "절대로 이혼하거나 재혼하지 않는다."는 내용은 헌법상 개인의 행동의 자유를 제한하므로 무효가 됩니다. 또한 심히 불공정한 내용, 예컨대 "이혼할 경우 아내는 재산을 한 푼도 받을 수 없다." 거나 "전 재산을 포기한다." 등도 무효가 될 수 있습니다.

한편 각서는 반드시 공증을 받을 필요는 없습니다. '공증'이란 어떤 서면을 작성한 사람이 그 서면을 작성한 것이 틀림없음을 변호사가 인정한 서류일 뿐입니다. 그러므로 공증을 받지 않아도 제대로 작성하면 효력이 발생합니다.

각서에 특별히 요구되는 양식은 없습니다. 다만 각서는 잘못한 사람이나 약속을 지켜야 할 의무자가 본인의 자필로 작성하는 것이 가장 좋습니다. 그래야 나중에 본인이 작성했다는 사실과 그 내용을 인정받기 쉽습니다. 물론 컴퓨터 문서로 작성하여 날인해도 효력이 인정됩니다. 다만 컴퓨터로 작성한 경우 본인이 작성한 사실이 불분명할 수 있으므로 최소한 이름, 주소, 주민번호 등은 자필로 기재하고, 날인은 막도장보다 인감도장이나 지장을 받는 것이 좋습니다.

각 서

작성자 성명 ○○○ (주민등록번호)

내 용

남편 ○○○는 상습적인 외박과 아내에 대한 폭행 3번, 폭언 5번을 행한 사실을 인정합니다. 앞으로 다시는 이러한 행동을 하지 않을 것을 약속합니다.

만약 위 잘못을 다시 저지른 경우 위자료를 다음과 같이 지급합니다.

폭행은 1회당 1억 원, 폭언은 1회당 3천만 원, 외박은 1회당 1천만 원입니다. 만약 이혼할 경우 아내에게 위자료로 1억 원을 지급합니다. 재산분할은 전 재산 기준 아내의 기여도를 50%로 인정합니다.

이 각서는 자발적인 의사로 작성했으며 내용에 대해 일체의 이의를 제기하지 않고 이행할 것을 약속합니다.

년 월 일

남편 ○○○(인)

여기서 한 가지 유의할 점은 각서 내용을 "앞으로 잘 하겠다."거나 "노력하겠다."와 같이 추상적이고 불분명한 문구로 작성하면 효력이 발생하기 어렵다는 것입니다. 언제 어디서 어떤 상황 때문에 폭행과 폭언을 했는지 구체적으로 기재할수록 나중에 더 유리합니다.

위 사연처럼 잘못한 사람에게 강요하며 "이혼 시 모든 재산을 포기한다."는 식으로 작성한 각서를 실제로 많이 봅니다. 그런데 결혼 생활을 하면서 이혼을 대비해 미리 재산분할청구권을 포기하는 것은 허용되지 않습니다. 재산분할청구권은 이혼이 성립한 때 비로소 발생하기 때문입니다. 즉 부부의 기여도를 평가하지도 않고 자기 몫을 미리 포기하는 것은 허용되지 않습니다. 그러나 이혼에 합의하거나 이혼소송 중에 작성한 재산분할약정은 기여도와 액수 등을 구체적으로 명시하고 심히 불공정하지 않는 한 효력이 있습니다.

상대방이 각서를 증거로 제출하면 유책배우자는 대개 강요에 의해 어쩔 수 없이 작성한 것이라고 항변합니다. 만약 실제로 그랬을 경우 당사자의 자유의사에 의해 작성되었다고 볼 수 없기 때문에 무효나 취소 사유가 될 수 있습니다. 다만 일방이 심한 폭행이나 협박을 행한 사실이 있어야 하고, 그것을 입증해야 합니다.

간혹 부부가 술자리를 가지며 화해하는 자리에서 각서를 작성하는 경우가 있습니다. 당사자가 만취 상태가 아니고 자유의사에 기해 작성한 각서라면 당연히 법적 효력이 있습니다. 술자리에서 함부로 각서를 작성하면 나중에 빼도 박도 못하는 큰 낭패를 볼 수 있으니 주의해야 합니다.

마지막으로 각서도 계약의 일종이기 때문에 당사자 합의로 취소하고 수정할 수 있습니다. 다만 이미 작성한 각서를 취소할 경우, 각서를 완전히 폐기하고 새로운 각서를 작성하는 것이 좋습니다. 새 각서에는 기존의 각서를 취소한다는 문구가 들어가는 것이 당연히 좋습니다.

굴레를 벗어나

우리 영화 「연애의 온도」에 이런 대사가 나옵니다. "헤어졌던 사람들이 다시 만날 확률이 82%래. 그런데 그렇게 다시 만나도 그중 잘 되는 사람들은 3%밖에 안 된대. 97%는 다시 헤어지는 거지." 이 말을 하며 주인공은 다시 헤어지는 이유와 처음 헤어졌던 이유가 똑같다고 한탄합니다. 그럼에도 불구하고 다시 연애를 시작합니다. 둘 사이 만남과 이별, 애증이 반복될 것을 뻔히 예견하면서도 서로에게 다시 빠져드는 것입니다. 결국 이들도 통계의 굴레를 벗어나지 못한 채 다시 똑같은 이유로 헤어집니다.

비록 연애 이야기지만 결혼생활도 마찬가지입니다. 아무리 잘못을 뉘우치고 각서를 쓰며 다짐해도 똑같은 일이 반복되지 않으리라는 보장이 없습니다. 하지만 연애와는 달리 혼인은 법적 구속을 받는 관계이므로 둘 사이 더욱 '신뢰'를 요합니다. 부부간 각서도 일단 작성되고 법원에 제출되면 그대로 효력이 발생하는 중요한 약속이자 강력한 증거입니다. 따라서 작성할 때는 당사자 모두 신중하게 숙고해야 합니다. 물론 각서대로 집행을 바라기보다는 반성을 촉구하고 재발을 미연에 방지하는 효과를 노리는 측면이 더 많은 게 사실입니다. 부디 예방적 차원에서 그치기를 바라고 그렇게 되려면 결국 약속을 지키는 방법밖에 없습니다.

문서는 증거의 왕이다

모든 분쟁에서 문서는 가장 확실한 증거입니다. 단, 문서를 제대로 작성해야 합니다. 문서에는 권리와 의무를 기재할 수 있습니다. 육하원칙에 따라 구체적으로 명시하여 그대로 인정하고 합의한다는 뜻을 담습니다. 자신의 의사로 권리와 의무를 작성한 이른바 '처분문서'는 법적 효력이 가장 강력합니다.

문서는 의무자가 작성해야 효력이 있다

각서나 차용증 등 각종 서면은 의무자가 서명하고 날인해야 효력이 있습니다. 의무자 대신 권리자가 서명하고 날인해야 아무 소용없습니다. 권리자 일방이 작성한 문서는 증거가 되지 못합니다. 채권자나 피해자가 상대방의 의무나 잘못을 기록한 메모도 증거가 될 수 없습니다. 채무자나 가해자 스스로 인정하는 문서만이 증거가 되는 것입니다.

차용증을 쓸 때는 다음 양식을 참고하시면 됩니다.

차 용 증

채권자 ○○○ (인)

채무자 ○○○ (인)

주민번호:

주소:

연락처:

차용금: 금   원

변제기: 년 월 일

이 율: 연   %

채무자는 채권자에게 위 금원을 변제할 것을 약속합니다.

년 월 일

채무자 ○○○(인)

서명보다는 날인, 도장은 인감도장이나 지장으로

문서로 작성한 사람의 신분이 확인되어야 합니다. 작성한 사람이 서명이나 날인을 부인하면 곤란해집니다. 서명보다는 도장이 좋고, 도장 중에서는 막도장보다는 인감도장이 낫고, 지장은 여러모로 확실합니다. 막도장은 누구나 쉽게 날인할 수 있고 위조가 가능하니 인감도장이나 위조가 불가능한 지장이 신분 확인용으로는 가장 확실한 것입니다. 그러므로 중요한 문서에는 서명, 인감, 지장을 이중, 삼중으로 받는 것이 좋습니다.

문서가 없다면 녹음이라도

문서를 남기는 것이 가장 확실하지만 그럴 수 없을 때는 대화를 녹음하는 것도 한 방법입니다. 아직 오래된 인정 문화 때문에 녹음을 어려워하지만, 상대방에게 문서와 서명, 날인을 요구하는 것보다는 수월합니다. 다만 녹음도 대화 당사자가 특정되어야 하고 내용이 구체적으로 진술되어야 합니다. 녹음은 상대방의 동의를 받고 하는 것이 원칙입니다. 상대방 동의 없이 녹음한 경우 바로 불법이 되는지 여부는 따져 봐야 합니다.

통신비밀보호법 제3조(통신 및 대화비밀의 보호)

① 누구든지 이 법과 형사소송법 또는 군사법원법의 규정에
의하지 아니하고는 우편물의 검열·전기통신의 감청 또는
통신사실 확인 자료의 제공을 하거나 공개되지 아니한
타인간의 대화를 녹음 또는 청취하지 못한다.

이 법의 해석상 제3자가 타인의 대화를 몰래 녹음(도청)하는 것은 불법이지만, 타인이 아닌 대화 당사자 간은 동의 없이 대화를 녹음해도 불법으로 처벌된다고 보기는 힘듭니다. 오히려 이러한 녹음파일과 이를 서면화한 녹취록은 실무에서 증거로 아주 널리 사용되고 있습니다.

요즘은 휴대전화로 통화하면서도 녹음 기능을 이용해 간단히 녹음할 수 있습니다. 참고로 미국 제품 아이폰은 녹음 기능이 없습니다. 미국에서는 통화할 때 상대방의 동의를 받아야 녹음할 수 있어 아예 그 기능이 없는 것입니다. 우리나라 제품은 기본적으로 녹음 기능이 탑재되어 있습니다. 그러므로 통화 내용 등 중요한 증거를 확보하려면 외국 제품보다는 국산 제품을 이용하는 것이 좋습니다.

문자, 톡 등 각종 메신저

요즘은 문자나 톡을 많이 사용합니다. 문자나 톡도 증거가 될 수 있습니다. 특히 메신저의 '내보내기' 기능을 활용하여 따로 모아 두거나 이메일이나 클라우드 등에 보관해 놓으면 효율적입니다. 대화 당사자의 성명, 날짜 등이 기록에 나오면 더 좋습니다. 사진도 날짜가 나오는 것이 좋고 문자를 보낼 때는 되도록 육하원칙에 맞춰 구체적으로 문장을 구성하는 것이 좋습니다.

폭행을 당했다면

반드시 가족이나 친구 등 제3자에게 이야기해서 증인을 확보하고, 병원에 가서 의사에게 진단을 받은 후 내용을 상세히 기록해 달라고 요청해야 합니다. 진단서는 일반진단서보다는 배우자 폭행 등 구체적인 원인을 명시한 '상해진단서'가 더 효력이 있습니다.

사랑도 계약이
필요할까?

결혼을 준비하고 있는 30대 후반의 남성입니다. 아버지는 중견기업을 운영하고 계시고, 저는 20대부터 10년이 넘게 다른 사업을 하다가 3년 전부터 그 밑에 들어가 일을 배우는 중입니다. 평소 부모님은 외아들인 제가 나이가 들어도 결혼도 하지 않고 일만 하고 있어 탐탁지 않게 여기셨습니다. 누구든 상관없으니 어서 여자를 데려오기만 하라고 단단히 벼르셨지요. 그런데 얼마 전 사랑하는 여자를 만나 결혼을 약속하고 부모님께 데려갔더니 제 예상보다 미적지근한 반응을 보이셨습니다.

그날 이후로 부모님은 '혼전계약서'에 대한 이야기를 꺼내셨습니다. 혼전계약서를 쓰라고 말씀하신 것은 아니지만 조심스럽게, "그래도 네가 나중에 기업을 물려받을 텐데, 혼전계약서에 대해서 알아보면 어떻겠느냐?"고 넌지시 말씀하셨습니다. 혼전계약서는 할리우

드의 연예인들이나 쓰는 줄 알고 있었던 저는 당황하지 않을 수 없었습니다.

혼전계약서가 별거인가 싶기도 하다가, 막상 계약서를 써야 한다고 생각하니 앞이 깜깜했습니다. 솔직히 혼전 계약서가 가능하고 유효한 건지도 아직 잘 모르겠습니다. 과연 사랑하는 사람과 결혼하는데도 계약서를 작성해야 할까요?

사랑과 신뢰로 이루어져야 할 결혼에서 혼전계약서를 쓰느냐 마느냐 문제로 충분히 혼란스러울 수 있습니다. 요즘에는 꼭 연예인이나 부자가 아니더라도 혼전계약서를 쓰는 부부가 날로 많아지고 있으니, 그 효력과 의미를 알아 두면 좋습니다.

과거에는 혼인이 일정 기간 지속되고 아내가 자녀까지 출산할 경우에도 아내에게 20~30% 정도의 재산분할만 인정했지만, 점점 아내의 기여도가 높아져 40~50%의 기여도를 인정하는 것이 현재 법원 판결의 추세입니다. 특히 재력가라면 10% 정도의 재산분할만 계산해도 어마어마한 금액이 될 수 있으니 부모님의 걱정도 이해는 됩니다. 더구나 상담자처럼 기업의 후계자인 경우 단순히 그 집안의 재산 문제만 있는 것이 아닙니다. 만일 사위나 며느리가 기업의 주식을 소유하면 기업의 경영권에도 영향을 줄 수 있는 중요한 사안입니다. 따라서 너무 속상해하지 않았으면 좋겠습니다.

혼전계약서는 공정하게

먼저, 어떤 내용으로 혼전계약서 작성을 원하는지 묻고 싶습니다. 정말 혼전계약서만 작성하면 이혼하더라도 재산을 지킬 수 있을까요? 물론 혼전계약서도 원칙적으로는 당사자 사이에 이루어지는 자발적인 계약이므로 일정한 요건만 충족되면 효력이 발생합니다. 하지만 그 내용이 현저히 불공정하거나 강압에 의해 작성된 경우에는 전부나 일부분이 무효가 될 수도 있습니다. 이를테면 '이혼을 할 경우 한 푼도 줄 수 없다.'는 내용으로 혼전계약서를 작성하면 불공정한 내용으로 무효가 될 수 있습니다.

혼전계약서도 쌍방이 공정하게 작성해야 하는 것입니다. 결혼 전원래 갖고 있던 재산이나 부모로부터 받은 재산은 상대방의 기여도가 없으니 그 부분은 이혼을 해도 각자의 재산으로 하여 재산분할을 청구할 수 없고, 다만 결혼한 이후에 형성되거나 증가된 재산에 한하여 5:5로 나누는 것으로 한다면 공정할 수 있습니다.

우리나라의 혼전계약 = 부부재산계약

미국 등 서구에서는 혼전계약서 작성이 그리 이상한 일이 아니지만, 우리나라에서는 혼전계약이라는 것이 상당히 생소한 개념이었습니다. '사랑해서 결혼하는 부부가 무슨 계약서를 작성하나? 그렇게 믿지 못하면 어떻게 결혼을 하나?'라는 부정적인 인식이 있는 것이 사실이었습니다.

그러나 최근에는 조금 양상이 바뀌고 있습니다. 얼마 전 한 결혼정보회사의 설문 조사에 따르면 예비부부 70% 정도가 혼전계약서가 필요하다 여기고 있다고 합니다. 혼전계약서에 들어가는 내용도 이혼을 전제로 한 재산 문제뿐만 아니라 여러 가지 내용을 기재할 수 있습니다. 혼인 기간 중에 서로가 지켜야 할 규칙은 물론 경제적 문제, 스킨십 문제, 사생활 문제, 가사 분배와 자녀 양육 문제 등 다양하게 들어갈 수 있습니다.

민법에도 혼전계약에 관한 조항이 있습니다. '부부재산계약'이 혼전계약과 비슷한 개념으로 혼인 성립 전에 부부가 혼인 중의 재산에 대하여 체결하는 계약을 말합니다. 관련 조항을 살펴보면 다음과 같습니다.

민법 제829조(부부재산의 약정과 그 변경)

① 부부가 혼인 성립 전에 그 재산에 관하여 따로 약정을 하지 아니한 때에는 그 재산관계는 본 관 중 다음 각 조에 정하는 바에 의한다.

② 부부가 혼인 성립 전에 그 재산에 관하여 약정한 때에는 혼인 중 이를 변경하지 못한다. 그러나 정당한 사유가 있는 때에는 법원의 허가를 얻어 변경할 수 있다.

③ 전 항의 약정에 의하여 부부의 일방이 다른 일방의 재산을 관리하는 경우에 부적당한 관리로 인하여 그 재산을 위태하게 한 때에는 다른

일방은 자기가 관리할 것을 법원에 청구할 수 있고 그 재산이 부부의 공유인 때에는 그 분할을 청구할 수 있다.

④ 부부가 그 재산에 관하여 따로 약정을 한 때에는 혼인 성립 전까지 그 등기를 하지 아니하면 이로써 부부의 승계인 또는 제3자에게 대항하지 못한다.

그러나 혼전계약서에 들어가는 내용이 모두 유효한 것은 아닙니다. 민법 제103조에 의거해 선량한 풍속이나 기타 사회질서에 위반한 사항을 내용으로 하면 무효가 될 수 있습니다. 예컨대 이중결혼을 인정하는 내용이나 상대방의 신체의 자유를 억압하는 내용은 무효가 될 수 있다는 것입니다. 사기나 강박 또는 착오의 경우에는 그 계약을 취소할 수 있습니다.

미국은 혼전계약서를 어떻게 쓸까?

미국의 경우 혼전계약(Pre-nuptial Agreements, 'Prenup')이 널리 이용되고 있습니다. 미국이야 워낙 이혼이 자유롭고 계약이라는 제도가 우리보다 더 널리 사용되고 있으니, 혼인의 경우에도 계약서를 작성하는 게 큰 거부감이 없는 것입니다.

할리우드 스타들이 혼전계약서를 작성했다는 소식은 더 이상 낯설지 않습니다. 영화 「원초적 본능」으로 유명한 마이클 더글라스는 여배우 캐서린 제타 존스와 결혼 조건으로 결혼일에 2000만 달러를 주고 '본인이 외도할 경우' 500만 달러, 동거하는 동안에는 매년 150만 달러를 준다고 계약했다고 합니다.

미국 헤지펀드의 제왕 조지 소로스는 이혼을 하면서 부인과 재산 분할로 8000만 달러를 주고 합의했다고 합니다. 그런 반면, GE 전 회장인 잭 웰치는 부인에게 무려 1억 8000만 달러를 지급했다고 합니다. 웰치보다 훨씬 부자이고 결혼생활 기간도 긴 소로스가 웰치보다 적은 금액을 지급한 이유는 바로 혼전계약서를 유리하게 작성했기 때문입니다. 또 도널드 트럼프 전 미국 대통령도 두 번 이혼을 하고 세 번 결혼을 했지만, 혼전계약서 덕분에 그나마 재산을 지킬 수 있었습니다.

미국에서는 혼전계약서를 작성하지 않으면 거의 모든 주에서 이혼할 때 재산의 50퍼센트씩 나누어야 합니다. 하지만 혼전계약서를 미리 작성한 경우 거기에 근거해서 재산을 나누게 됩니다. 예를 들어 "혼인 전의 재산은 각자의 소유로 하고 혼인 이후 늘어난 재산만 나눈다."고 계약을 하게 되면 재산의 상당 부분을 지킬 수 있는 것입니다.

혼전계약이 유효하려면 어떻게 작성해야 할까?

앞서 언급했듯, 혼전계약서를 작성한다고 모두 효력이 인정되는 것은 아닙니다. "부부간 성관계는 일주일에 한 번 이상 한다.""이혼

을 절대 하지 않는다." 등의 내용은 그냥 다짐의 의미일 뿐 법적으로
는 일반 행동을 제약하는 것이어서 무효가 될 수 있습니다.

그러나 특정 행위에 대해 배상액 등을 혼전계약서에 명시한다면
나중에 소송을 걸어 법원에서 인정받을 수 있습니다. 가령 "부정행
위가 드러날 경우 1억 원을 지급하기로 한다."는 계약이라면 재판하
는 데 참고가 됩니다. 그대로 인정되지 않고 '참고'가 된다는 것은
사회통념에 벗어나는 계약을 법원이 인정하지 않기 때문입니다. 일
반적인 위자료가 3000만 원 선입니다. 부정행위 적발 시 100억 원을
지급한다고 계약한다면 사회통념에 벗어나 실제 재판에서는 대폭
감액될 것입니다.

또 상속이 배우자가 사망했을 때 비로소 발생하는 권리이듯 재산
분할도 이혼 시에 발생하므로 미리 정해 놓을 수 없습니다. 실제로
혼전계약과 관련해 대법원은 "이혼으로 인한 재산분할청구권은 이
혼이 성립한 때에 비로소 발생하는 것으로 아직 구체화되지 않은 재
산분할청구권을 혼인이 해소되기 전에 미리 포기하는 것은 성질상
허용되지 않는다."는 입장입니다.(대법원 2003. 3. 25. 2002므1787)

그러나 아직 실무에서는 혼전계약의 효력과 특히 이혼재판에서의
영향에 대해서는 여전히 논란이 있습니다. 그래서 이혼을 전제로 하
지 않은 재산분할 제도 등을 도입해야 한다는 목소리가 나오기도 합
니다.

부부재산계약서(혼전계약서) 작성 양식은 다음과 같으니 참고하길 바
랍니다.

부부재산계약서(혼전계약서)

▶ 남편 :

▶ 아내 :

당사자는 혼인을 함에 있어 다음과 같이 계약을 체결한다.

다 음

1. 아래의 재산에 대하여는 혼인한 후에도 각자의 재산으로 하고 각자가 사용, 수익, 관리하기로 한다.

가. 남편의 재산 :

나. 아내의 재산 :

2. 만약 부부가 이혼할 경우 위 재산은 각자의 소유임을 확인한다.

본 계약을 증명하기 위하여 2통 작성하여 각각 서명 날인한 후 각자가 1통씩을 보관하기로 한다.

년 월 일

남편 :　　　 (인)

아내 :　　　 (인)

혼전계약서는 최소한의 안전장치

혼인 전이나 혼인 후에도 부부간이나 가족 사이에서도 계약서나 이에 준하는 서면을 작성하는 것은 긍정적으로 평가합니다. '계약'이라는 것은 일종의 당사자 사이의 약속입니다. 약속은 반드시 지켜야 합니다. 그런데 같은 약속이라도 그것을 그저 말로 한 구두상의 약속과 서면으로 증거를 남긴 약속은 그 느낌과 효력도 다릅니다. 만약 법적 분쟁까지 가게 된다면, 말로 해서 증거가 없는 약속은 '없는 약속'이나 마찬가지입니다. 당사자가 알고 하늘이 알아도 법정의 판사가 알지 못하는 약속은 아무 소용이 없는 것입니다.

이제는 우리나라도 외국처럼 혼전계약에 대한 인식에 변화가 필요하다고 생각합니다. 혼인 전에 작성하는 계약서는 상대방을 믿지 못해서 작성하는 것이 아니라 서로에 대한 약속을 확인하고 만약에 발생할 수 있는 분쟁에 대비해서 미리 작성해 두는 일종의 안전장치라고 생각했으면 합니다. 다만 그 내용이 부당하게 남녀를 차별하거나 불공정하면 안 됩니다. 결혼 전의 각자 재산은 청구할 수 없게 하더라도 최소한 혼인 이후의 재산은 반반씩 나누는 내용이 되어야 합니다.

'효도계약서'를 작성하라

여기에 부모님을 위한 구체적인 전략이 있습니다. 바로 '효도계약서'를 작성하는 것입니다. 자식에게 재산을 증여하는 경우 일정한 단서, 조건을 붙이는 부담부, 조건부 계약을 체결하는 것입니다. 이 방법이 혼전계약서보다 더 효력이 강합니다. 왜냐하면 "이혼을 하지 않는 조건으로 증여한 것이고, 만약 이혼할 경우에는 증여한 재산을 다시 반환한다."라는 단서, 조건을 기재한 경우 효력이 발생할 가능성이 있기 때문입니다. 아직 이러한 내용으로 재판까지 가서 판례가 축적되지는 않았지만, 안전장치를 받아 두는 것이 여러모로 효과적일 수 있습니다. 또 '상속포기서' 같은 서류는 사망 전에 미리 작성하는 것은 무효이니 작성해도 아무런 효력이 없습니다.

다시 정리하자면, 가장 효력이 강한 것은 효도계약서, 중간적인 효력은 혼전계약서, 그리고 효력이 없는 서류는 상속포기서입니다. 각자 자신에게 유리한 약정서를 작성하거나 상대방에게 작성을 권유하면 됩니다.

효도계약서(부담부, 조건부 증여계약) 양식은 다음과 같습니다.

효도계약서

당사자

부모:

자녀:

대상 부동산 목록

효도(부담, 조건) 내용(예시)

1. 자녀 부부는 부모님에게 효도할 것

2. 자녀 부부는 이혼을 하지 않고 혼인생활을 유지할 것

위반 시 내용

자녀 부부가 위 내용을 위반하여 불효하거나 이혼하게 될 경우

증여받은 위 목록 부동산을 즉시 부모에게 반환한다.

년   월   일

부모: (인)

자녀: (인)

이혼전문변호사이다 보니 별의별 부부를 다 만나게 됩니다. 마음속으로 '그래도 한때 열렬히 사랑해서 결혼한 사람들일 텐데 왜 저렇게 원수보다 못한 사이가 되어 치열하게 싸울까?' 회의가 든 적도 많습니다. 아내는 현모양처인데 철없는 남편을 만나 고생하기도 하고, 남편은 정말 점잖은 신사인데 악처를 만나 안타깝기도 합니다.

여기에 오랜 이혼실무를 바탕으로 분석한 '인생 최악의 배우자 TOP 10'을 소개합니다. '인연법'은 따로 없지만 이런 사람들은 확실히 존재합니다. "나는 곧 내가 만나는 사람이다."라는 말처럼 꼭 결혼이 아니어도 살면서 누구를 만나냐에 따라 내가 바뀌고 인생이 바뀝니다. 인연은 쉽게 찾아오지 않지만, 이런 유형의 사람을 보면 인연을 쉽게 만들어서도 안 된다는 것을 깨닫습니다. 지금 바로 곁에 있는 배우자는 어떤 사람인지 잘 살펴보고, 연인이나 예비부부라면 다시 한 번 숙고하기 바랍니다.

10위 혼자서는 아무것도 못 합니다

아직도 자기 밥조차 혼자 차리지 못하고 살림도 하나 돕지 않는 배우자가 있습니다. 무슨 일이든 하나하나 상대방에게 의존합니다. 평생 상대방 뒤에 숨어 모든 책임을 상대방에게 떠넘깁니다.

9위 그때그때 달라집니다

전형적인 이중인격 배우자입니다. 어느 장단에 춤을 춰야 할지 도통 알 수가 없는 사람입니다. 자기 기분이 좋으면 상대방에게 잘해주다가도 자기 기분이 나쁘면 그 화를 상대방에게 푸는 유형입니다.

8위 돈만 밝힙니다

돈, 돈, 돈 너무 돈만 밝히는 배우자가 있습니다. 돈을 밝히면서 자비나 동정이 있으면 그나마 중간은 가지만, 돈만 밝힌다는 의미는 '이기적'이라는 뜻입니다. 어느 여성이 부잣집 남성과 결혼하고 얼마 지나지 않아 이혼했습니다. 이제 안락하게 잘살 줄만 알았는데 구두쇠 남편이 쥐꼬리만 한 생활비만 주고 재산을 나누지 않았습니다. 남편은 아내가 돈만 보고 자기를 좋아하는 것 같다고 의심했기 때문입니다. 두 사람 모두 돈만 밝히다가 파경에 이른 셈입니다.

7위 잘못을 인정할 줄 모릅니다

상담을 하면서 "배우자가 너무 이기적인 사람이다."란 말을 곧잘 듣습니다. 실제로 이혼소송을 진행하다 보면 정말로 지독하게 이기적인 행태를 목격하기도 합니다. 자신의 이익과 욕구를 충족하기 위해서 결혼했고 이혼 과정에서조차 자신을 위해서라면 무슨 일이든 합니다. 상대방의 인격을 무시하고 상대방의 돈을 빼앗으려고 하고 심지어는 폭행, 협박 등 각종 범죄도 저지릅니다. 이런 사람들이 공통적으로 하는 말이 있습니다. "너 때문에 내 인생 망쳤어." 항상 남 탓만 하고 자신의 잘못은 전혀 인정하지 않습니다. 이들은 끝까지 진실은 외면하고 자신의 입장만 반복해 주장합니다.

6위 개념도 없고 배려도 없습니다

밖에서 일하고 들어와도 어김없이 집안일을 챙기는 사람들, 즉 상대방을 배려하는 개념 있는 배우자가 있습니다. 반면에 밖에서 쌓인 스트레스를 집 안까지 갖고 들어와 온갖 비난과 무시를 퍼붓는 사람도 있습니다. 결혼생활을 망치는 요인은 매일매일 반복되는 일상에서 드러나는 개념 없음과 배려 없음의 소행들 속에 있습니다.

5위 무능한데 낭비벽까지 있습니다

미국 영부인 중에 낭비벽이 심했던 사람이 둘 있다고 합니다. 다름 아닌 미국 역사상 가장 존경받는 대통령인 링컨과 케네디의 부인입니다. 남북전쟁 당시 링컨 대통령은 예산을 한 푼이라도 아끼려고 고군분투했는데, 영부인은 백화점에서 값비싼 옷을 구입하고 외상까지 였었다고 합니다. 케네디 대통령은 영부인에게 날아온 쇼핑대금 청구서 때문에 자주 싸웠고 측근에게 쇼핑중독 치료센터를 알아보라고 지시했을 정도였습니다. 케네디 대통령이 암살당한 후 영부인은 그리스 최고 부호와 재혼했지만 얼마나 낭비벽이 심했는지 그 역시 견디기 어려웠다는 이야기까지 전해집니다.

4위 강자에게 약하고 약자에게 강합니다

요즘 사회 곳곳에서 소위 '갑질' 하는 사람이 문제입니다. 부부 사이에서도 마찬가지입니다. 이런 사람은 강한 사람에게는 약하고 약한 사람에게는 강한 특성이 있습니다. 결혼 전 이런 유형인지 아닌지 어떻게 알 수 있을까요? 데이트를 하다 보면 식당이나 카페에서 종업원한테 함부로 대하는 사람이 있습니다. 결혼하고 나서 상대방에게 똑같이 행동할 가능성이 높으니 유의해야 합니다.

3위 지나치게 집착합니다

스토커도 관계가 이루어지기 전까지는 작은 집착에 머뭅니다. 그런데 관계가 확고해지면 이른바 '닻을 내렸다' 생각하고 본격적으로 정체를 드러냅니다. 특히 결혼하면 상대방의 인생을 스스로 재단하기 시작합니다. 이를 '인형이론'이라고 합니다, 상대방을 인형처럼 생각해서 상대방이 자신이 원하는 대로 행동하게 만드는 것입니다. 심지어 상대방의 외모와 옷차림은 물론 성적 취향, 대인 관계 등 모든 것을 자신의 기준에 맞추라고 강요합니다. 상대방이 이를 벗어나면 폭력 등 히스테리 증상을 보입니다. 이런 유형 역시 결혼 전에 대략 알 수 있습니다. 연애할 때 지나치게 전화한다거나 집 앞에 자주 예고 없이 찾아오고 휴대전화를 보여 달라고 조르는 사람은 특히 유의해야 합니다.

알코올, 도박, 섹스, 쇼핑, 약물, 유흥, 게임, 흡연 등 현대 사회에서 중독에 빠질 수 있는 대상은 다양합니다. 어떤 중독이든 결혼생활에 치명적인 해악으로 작용합니다. 사실 중독은 의지의 문제라기보다는 뇌 자체의 문제입니다. 뇌가 바뀌지 않는 한 중독은 혼자서 쉽게 고치기 어렵습니다. 각종 중독자와는 아예 결혼하지 않는 것이 좋습니다. 연애하면서 상대방의 행동이나 태도를 유심히 지켜봐야 합니다. 가령 알코올 중독 여부를 따져 보기 위해 일부러 술을 많이 권해보는 것도 한 방법입니다. 술에 만취했을 때 행동을 관찰하고 얼마나 자주 어느 정도로 술을 마시는지 봐야 합니다. 만약 중독자라고 판단되면 즉시 헤어지는 것이 좋습니다.

결혼생활 내내 폭력에 시달린 배우자가 이혼을 결심하고 찾아오면 대개가 결혼 전에는 이렇게 폭력을 휘두르는 사람인지 몰랐다고 하소연합니다. 요즘은 데이트폭력 사건이 자주 공론화되지만, 연애할 때는 폭력성을 깊이 감추는 사람이 있어 더 문제입니다. 결혼 후 본모습을 드러낼 가능성이 높은데, 싸울 때 차마 입에 담기 힘든 막말과 욕설을 내뱉는다든지 물건을 던지고 난폭운전을 하는 사람은 특히 유의해야 합니다.

'인생 최악의 배우자 TOP 10'을 보면 꼭 '소시오패스(Sociopath, 반인격성 질환자)'들 같습니다. 타인에게 막대한 피해를 주면서 정작 본인은 전혀 양심의 가책을 느끼지 않습니다. 어쩌다 불행하게도 이런 사람을 만나 결혼했다면 신속하고 완전하게 관계를 정리해야 합니다. 인연을 끝내지 않는다면 반복되는 고통 속에 평생을 살아야 할지 모릅니다. 이런 사람에게 소중한 시간과 감정을 낭비하기에는 우리 인생이 너무나 짧고 귀합니다.

운명적 재회를
꿈꾸다

저와 남편 그리고 아들딸 이렇게 네 식구가 무탈하게 잘 살아왔습니다. 그러던 어느 날 우연히 남편의 휴대전화를 보게 되었습니다. 사실 우연으로 가장한 의도적인 감찰이었습니다. 최근 남편의 행동이 부쩍 미심쩍었기 때문입니다. 남편이 샤워하는 사이 재빨리 휴대전화를 살폈습니다. 옆에 있을 때 몰래 패턴을 익혀 둔 터라 바로 잠금을 해제할 수 있었습니다.

남편은 요즘 전과 달리 집에서도 휴대전화를 손에 꼭 쥐고 다니고, 눈에 띄게 말수가 줄고 멍하게 있을 때가 많았습니다. 말을 붙이면 깜짝깜짝 놀라기도 했습니다. 평소 안 하던 운동을 열심히 나간 덕분인지 살도 많이 빠졌습니다. 한편으론 잘됐다 싶다가도 제게 무심할 때가 많아 의심 또한 커졌습니다. 갱년기 증상인가 싶다가도 외출할 때 한껏 멋을 내는 모습을 보면 그것도 아닌 듯했던 겁니다.

아니나 다를까 휴대전화 속 문자는 모든 이유를 말해 주고 있었습니다. '첫사랑'이라는 이름으로 저장된 번호로 나눈 문자가 수백 통에 가깝게 저장되어 있었습니다. 지금 한창 사랑을 나누는 연인처럼 애정 표현은 절정에 오른 상태였습니다. 낯이 뜨거워져 더 이상 볼 수 없었고, 몰래 상황을 알아보려던 애초 계획과 다르게 작심하고 남편을 몰아붙이기 시작했습니다.

남편은 왜 남의 휴대전화를 엿보느냐며 적반하장으로 화를 냈습니다. 남편의 말처럼 우리는 '남'이었습니다. 휴대전화 속 첫사랑이 남편의 연인이자 아내였습니다. 말로는 아니라고 했지만 주고받은 내용만 봐도 남편은 분명 그 여자에게 푹 빠져 있었습니다. 가정이 있는 유부남인 줄 뻔히 알면서도 그 여자가 진한 애정이 담긴 문자를 보낸다는 사실에 더 열불이 났습니다. 자존심까지 무너져 참담했습니다.

며칠 후 술에 취해 들어온 남편이 진지하게 할 얘기가 있다며 저를 불렀고 이미 엎어진 물로 여겼는지 남편은 모든 걸 털어놓았습니다. 결혼 10년 동안 한 번도 자신의 첫사랑을 잊은 적이 없었다고 고백했습니다. 지금도 저보다는 첫사랑을 더 사랑한다고 했습니다. 저는 망치로 한 대 얻어맞은 듯 정신이 나갈 지경이 되었습니다.

워낙 감성적인 사람이라 한편으론 그럴 수 있겠다 싶지만 결코 남편을 용서할 수 없습니다. 무엇보다 제 자존심이 허락하지 않기 때문입니다. 첫사랑을 잊지 못하는 남편을 이쯤에서 놓아주려고 하는데, 저의 이런 마음이 현실이 될 수 있을까요?

배우자가 첫사랑을 잊지 못한다는 사실만으로는 이혼원인이 될 수 없습니다. 이혼은 원칙적으로 혼인 이후 발생한 원인에 기한 것이지 혼인 전 관계까지 원인으로 삼기는 어렵습니다. 또 아무리 부정하더라도 마음만으로 그친다면 아무도 뭐라고 할 수 없습니다.

하지만 첫사랑을 못 잊어 사진과 연애편지를 보관하고 직접 만나 사랑을 고백하며 부정행위를 저지르면 이혼원인이 될 수 있습니다. 첫사랑에서 헤어나지 못하는 배우자 대부분이 첫사랑이 진짜 사랑이고 결혼은 어쩔 수 없는 선택이었다고 핑계를 댑니다. 여건만 되면 언젠간 첫사랑과 재회할 기대를 품고 살았던 것입니다. 그러니까 결혼생활이 순탄할 리 없습니다.

그들은 어떤 난관이 있더라도 미완성의 사랑을 완성하고 싶어 합니다. 바로 그 수단과 방법에 따라 첫사랑은 현재 결혼생활을 파탄에 이르게 만든 유책사유가 될 수 있습니다. 첫사랑의 파괴력은 생각보다 큽니다.

첫사랑은 힘이 세다

"우리 모두는 누군가의 첫사랑이었다."는 영화 카피처럼 누구나 세상에 나와 처음 사랑한 사람이 있기 마련입니다. 그 사람과 결혼에 이른다면 금상첨화겠지만 대부분 첫사랑은 실패합니다. 첫사랑은 너무 일찍 찾아오고 결혼이라는 결실을 맺기까지 시간적 거리가 너무 멀기 때문인 듯합니다. 그래서 더욱 애틋하고 아련합니다.

첫사랑, 생각만으로도 가슴 아픈 추억이 떠오르고 다시 그때로 돌아가고 싶다는 사람이 많습니다. 첫사랑의 기억은 가슴과 머리 깊숙한 곳에 숨어 있기 때문에 아무리 오랜 시간이 지나도 쉽게 잊을 수 없습니다. 불현듯 떠올라 그립고 아픕니다. 결혼 후에도 첫사랑을 잊지 못하고 추억에 빠져 지내는 사람이 많을 정도로 첫사랑은 힘이 셉니다.

첫사랑은 영화나 소설의 단골 주제여서 그런지 누구나 마음속에 환상을 품게 만듭니다. 그것도 현실과는 매우 동떨어지게 각종 편집과 분식으로 미화됩니다. 첫사랑과 재회하면 아련한 그때로 돌아갈 수 있을 것만 같은 노스텔지어가 함께 작동합니다. 그래서 더욱 한번 빠지면 벗어나기가 쉽지 않습니다. 게다가 요즘은 웬만하면 SNS로 연결되어 있어 첫사랑 찾기가 그 어느 때보다 수월해졌습니다. 그만큼 첫사랑 때문에 부부간 갈등이 발생할 위험도 커졌습니다.

첫사랑은 첫사랑일 뿐

첫사랑 때문에 이혼한 실제 사례가 있습니다. 첫사랑과 연애를 하다가 부모님의 반대로 집안 좋고 조건 좋은 남자와 결혼한 어느 여성 이야기입니다. 남편은 무척 권위적인 사람이었고 폭력까지 행사해 결혼생활이 내내 평탄치 않았습니다. 여성은 전에 만났던 첫사랑을 그리워했고 몇 차례 연락해 만나 넋두리하며 위로를 받았습니다. 그런데 남편이 이 사실을 알게 되어 여성을 심하게 폭행했고 결국 이들 부부는 이혼했습니다.

순수한 마음으로 첫사랑을 떠올렸다고 해도 막상 찾아가 만나면 문제가 커집니다. 처음에는 '그저 얼굴 한 번 보는 건데 어때.' '어떻게 사는지 궁금하니 만나서 이야기만 나누자.' 같은 마음으로 편하게 만납니다. 하지만 아무래도 남녀 사이다 보니 만나다 보면 감정도 다시 살아납니다. 이러다가 다시 연인으로 발전하면 혼인이 파탄될 가능성이 아주 높아지는 것입니다.

첫사랑의 위력은 실로 대단해 첫사랑의 추억을 다시 지금의 사랑으로 만들려는 의지를 북돋습니다. 다른 외도와 달리 첫사랑을 만나는 사람은 이것만이 진짜 사랑이라는 강력한 최면에 걸려 있기 때문에 둘을 떨어뜨려 놓기도 힘듭니다. 결국 부적절한 관계를 갖게 되고 더 이상 돌이킬 수 없는 파탄에 이릅니다. 첫사랑을 다시 만난다고 과거의 풋풋했던 시절로 돌아가는 것도 아닌데 말입니다.

흔히들 첫눈에 사랑에 빠졌다고 말합니다. 일면 낭만적으로 들리지만 곰곰 따져 보면 누군지도 잘 모른 채 무작정 사랑하기 시작했다는 의미이기도 합니다. 그 후 인연을 잘 가꿔 나가면 모르지만 대개 금방 바닥이 드러나서 현실을 자각하는 시간이 오게 됩니다. '사랑은 개뿔.' 하면서 말이지요. 이렇게 사랑은 연약한 구석이 있습니다. 첫사랑도 마찬가지입니다. 이루지 못했기 때문에 그저 아름답게 남은 것일 뿐입니다. 또 첫사랑에 빠져 있던 시절의 나와 지금의 나는 완전히 다릅니다. 즉 첫사랑을 그리워한다는 것은 그 당시 사랑에 빠진 자기의 모습을 그리워하며 사랑하는 것인지도 모릅니다. '첫사랑은 개뿔.' 첫사랑은 착각일지 모릅니다.

깨끗이 잊어라

첫사랑을 잊지 못하는 배우자를 위해⑵ 선뜻 이혼에 동의하면 모르겠지만, 만약 패씸죄를 적용하여 이혼에 동의하지 않는다면 해결책이 마땅치 않습니다. 이혼소송을 해도 이혼으로 결론이 날 만한 사유가 없다면 이혼 자체가 어렵고 첫사랑과의 사랑 역시 이루기 힘듭니다.

이혼에 동의하지 않는 입장을 이해하지 못할 바도 아닙니다. 얼마나 억울하겠습니까! 법원이 이혼을 기각한다고 해도 배우자는 곁으로 돌아오지 않을 것입니다. '이루지 못한 사랑'에 대한 마음이 더 애틋하고 깊어져 어떡하든 이혼하려고 고군분투할 것입니다. 따라서 이혼재판을 반복하거나 현재 배우자를 더 괴롭힐 가능성이 크고 그대로 고통스러운 결혼생활이 이어집니다. 이럴 경우 웬만해선 이혼에 동의하고 대신 재산분할과 위자료를 청구하는 편이 낫습니다. 경우에 따라 배우자의 첫사랑을 상대로도 위자료를 청구할 수 있습니다. 모두 잊고 새로운 인생을 출발하는 것이 모두에게 좋을 수 있습니다.

첫사랑인가 끝사랑인가

상담 사례 중 자그마치 30년 동안 첫사랑을 잊지 못하고 노년에 만나 재혼한 경우가 있습니다. 하지만 재혼한 지 1년도 되지 않아 파탄에 이르고 이혼하고 말았습니다.

첫사랑을 다시 만난다고 꼭 행복한 시절로 다시 돌아가는 건 아닌가 봅니다. 첫사랑이라 그저 애틋하고 사랑스러워 보이는 거지, 막상 결혼을 하면 '그 밥에 그 나물'이라고 한탄할 정도로 그 사람이 그 사람이어서 특별히 다를 것도 없는 게 현실입니다.

다시 말하지만 결혼은 현실입니다. 결혼은 동화가 아닙니다. 꿈에서 깨어나야 합니다. 첫사랑은 현재의 사랑이 아니라 소중한 추억일 뿐이고 그것을 다시 찾는 것은 현실을 외면한 채 신기루만 쫓는 일입니다. 영원히 '환상 속의 그대'로 남겨 두는 편이 훨씬 낫습니다.

당신이 어렵고 힘들 때 당신을 위로해 주던, 지금 바로 당신 곁에 있는 사람이 진짜 첫사랑이자 끝사랑입니다.

영원한 수수께끼,
부부의 세계

출산 후 육아에 전념하느라 스스로를 돌보지 못하며 살았습니다. 그러는 동안 남편 역시 바쁘고 지쳐서인지 저희는 부부관계가 거의 없었습니다. 잠자리에서 남편에게 "당신 요즘 나한테 손 하나 까딱하지 않는 걸 보니 다른 여자 생긴 거 같아."라며 농반진반으로 말을 걸어 봤습니다. 그러니 남편은 알 수 없는 웃음을 흘리며 "그럼 당신도 다른 남자 만나면 될 거 아니야."라고 받아치더군요. 이렇게 그날 관계는커녕 허튼소리만 주고받고 말았는데 왠지 뒤끝이 개운치 않았습니다.

부쩍 수상해진 남편의 말과 행동에 의심이 끝을 모르게 부풀었고 급기야 몰래 뒤를 밟게 되었습니다. 불길한 예감은 왜 틀리지 않는지 모르겠습니다. 남편은 밖에서 다른 여자를 만나고 있었고, 안타깝지만 제 예상이 기가 막히게 맞아떨어졌던 것입니다. 너무나 분해 어떻게 제 속을 달래야 할지 몰랐습니다.

한동안 넋 나간 듯 생활하다가 문득 남편의 말이 떠올라 복수를 실행하기로 마음먹었습니다. 안 그래도 가끔 그저 동호회에서 만나던 남자 사람 친구가 있었는데, 자포자기 심정으로 일부러 이성적 감정을 느끼려고 노력했습니다. 그러다 결국 성관계까지 이어졌고, 남편에게 이 사실이 발각되고 말았습니다.

"네가 감히 나를 두고 어떻게 다른 놈을 만나! 그놈이랑 가만 안 둘 거야!" 남편은 자신의 외도는 벌써 잊었는지 고래고래 소리를 질러댔습니다. 저 역시 가만히 있으면 안 되겠다 싶어 "기가 막혀. 먼저 바람피운 사람이 누군데, 당신 아니야!" 하며 맞불을 놓았습니다. 일부러 남편 들으라고 지금 이 남자랑 너무 잘 맞는다는 말까지 퍼부으며 속을 아주 바싹 긁어 버렸습니다.

말다툼 이후 제가 먼저 보란 듯이 이혼을 요구했습니다. 하지만 예상과 달리 남편은 이혼은 절대 못 한다며 꿈쩍하지 않았습니다. 복수로 맞바람을 피운 건 사실 이혼까지 염두에 둔 행보였는데, 남편은 자기 외도 사실을 인정하면서도 저의 맞바람은 도저히 용서할 수 없다며 이혼을 반대하고 나섰습니다. 지금은 오히려 제가 코너에 몰려 있는 상황인데요, 어떻게 마땅한 해결책이 없을까요?

앞서 소개했듯, 민법에서 정한 여섯 가지 이혼원인 중엔 '부정한 행위'가 있습니다. 이것으로 부부간 정조의무를 유추하고 정조의무를 저버린 일체의 행위를 부정행위로 봅니다.(대법원 1993. 4. 9. 92므938) 여기서 말하는 부정행위는 직접적인 성관계를 뜻하는 간통보다 더 넓은 개념입니다.

한때 「부부의 세계」라는 드라마가 인기를 끌었던 적이 있습니다. 이 드라마 내용처럼 맞바람을 피우며 남편과의 이혼을 준비한 전술이 과연 좋은 선택일까요? 아무리 남편이 먼저 외도를 했고 그것의 복수 차원이었다 해도 아내의 맞바람이 정당화되는 것은 아닙니다. 이혼재판에서 남편의 외도에 대한 증거는 부족한데, 어쩌다 아내의 외도 증거만 차고 넘친다면 오히려 불리하게 작용할 수도 있습니다. 실제 재판에서는 누가 먼저 바람을 피우고 얼마나 심했느냐가 중요한 것이 아니라, 누가 상대방 외도에 대한 증거를 많이 확보했는지, 그것도 더 확실하고 강도 높은 증거를 갖고 있는지가 성패를 좌우합니다.

위 사연에서 이혼소송을 제기한다면, 부부 모두 맞바람을 피운 것으로 인정되어 이혼이 성립될 것입니다. 유책의 정도는 먼저 외도를 한 남편이 더 많아 보입니다. 여기엔 남편의 아내에 대한 인격무시 행위도 반영될 수 있습니다.

하지만 아내가 맞바람을 피운 사실 역시 정당화될 수 없고 아내의 잘못도 인정되므로, 이혼은 가능하지만 쌍방이 위자료를 주고받기는 힘들다고 판단됩니다.

사랑에 빠진 게 죄는 아니잖아

'사빠죄아(사랑에 빠진 게 죄는 아니잖아.)'라는 유행어를 탄생시킬 정도로 인기를 끌었던 드라마 「부부의 세계」는 종영 후에도 뜨거운 관심을 받고 있습니다. 이 드라마는 출연한 배우들의 명품 연기가 인기에 큰 몫을 했습니다. 특히 여주인공인 배우 김희애(지선우 역) 씨의 연기는 감탄을 불러일으킵니다. 남편의 외도를 알고 고민하는 아내의 심리를 탁월하게 연기한 것으로 평가되곤 하는데, 실제 이혼사건은 드라마보다 더 드라마틱합니다.

드라마에서 남편 이태오의 심리 역시 무척 흥미롭습니다. "선우(아내) 없는 내 인생은 상상할 수도 없다. 다경(내연녀)과 있으면 내가 살아 있는 것 같다. 애틋하고 소중하고 사랑한다. 그리고 아내인 선우도 사랑한다. 두 사람을 사랑하는 색깔이 다른데 내가 미치겠는 건 두 사람을 동시에 사랑한다는 거다." 이 대사 한 마디에 모든 것이 담겨 있습니다.

이태오와 같이 정말로 동시에 두 사람을 사랑하는 것이 가능한지는 잘 모르겠습니다. 이혼상담을 하다 보면 대부분은 아내 혹은 애인 중 한 사람만 사랑한다고 고백하는데, 가끔 이태오처럼 아내도 애인도 모두 사랑한다는 의뢰인을 만나기도 합니다. 주로 아내는 현모양처여서 애인은 신선하고 도발적이어서, 동시에 사랑하는 감정을 가진다고 합니다.

드라마 이야기를 조금 더 해 보자면, 여주인공 지선우는 남편의 외도를 알아차리고 분개합니다. 당장 이혼전문변호사를 찾아가는데

변호사의 조언이 무척 인상적입니다. "보안이 전략이다. 감정 처리 잘해라. 제대로 속여야 한다. 남편이 이혼 준비하는 것을 모르게 하면서 철저하게 증거를 모아라." 실력 있는 변호사나 할 수 있는 말을 대사로 썼으니 작가가 집필하면서 법률 자문을 제대로 받은 듯합니다.

처음에 지선우가 남편 이태오에게 건네는 충고의 말 또한 날카롭습니다. "여자라고 바람피울 줄 몰라서 안 피우는 게 아니다. 부부로서 신의를 지키기 때문에 자제하는 거지." 그러고는 얼마 후 지선우는 남편의 친구인 회계사와 뜨거운 밤을 보냅니다. 남편을 향한 복수이자 친구를 이용해 남편의 치부를 밝히려고 치밀히 계산한 행동이었던 것입니다.

하지만 지선우의 맞바람은 이혼 전술로는 그다지 합리적이지 않습니다. 바람피우기의 선후와는 관계없이 모두 유책배우자가 되기 때문입니다. 결과적으로 코너에 몰린 남편에게 새로운 무기를 제공한 셈입니다.

외도의 징후

아무리 숨기려고 해도 외도의 징후와 흔적은 생기기 마련입니다. 상대방은 이를 바탕으로 육감이 작용해 바람을 피우고 있다는 심증을 갖게 됩니다. 가령 잠자리에서 누군가의 이름을 부르며 애정을 표현하는 잠꼬대는 영화나 드라마 속에서나 나올 법한 웃긴 장면이지만, 사실 배우자 몰래 다른 사람에게 감정이 쏠리면 억눌렸던 무의식이 꿈으로 나타날지 누구도 모릅니다. 이런 것 말고도 실무에서 목격했던 외도자의 패턴을 정리해 보면 다음과 같습니다.

우선 외모에 더 신경을 쓰게 됩니다. 패션 테러리스트에 가깝던 사람이 갑자기 쇼핑에 나선다거나 각종 화장품을 구비하는 것은 분명 누군가에게 잘 보이려는 욕구에서 나옵니다. 평생 운동 한 번 하지 않던 사람이 갑자기 운동에 매진하며 몸매를 관리하는 행동도 마찬가지입니다. 자기 관리 잘하는 배우자를 누가 싫어하겠습니까마는, 그것이 누구를 위한 것인지는 아무도 모릅니다.

휴대전화는 외도의 징후를 느끼고 흔적까지 확보할 수 있는 아주 유용한 도구입니다. 휴대전화를 오픈해서 쓰다가 어느 때부터 잠금으로 사용한다면 확실히 의심의 여지가 있습니다. 또 집에서 내내 휴대전화를 손에 쥔 채 생활한다든지 전화가 올 때 유독 안절부절못하는 등 수상쩍은 반응이 이어질 수 있습니다.

평소와 달리 밤늦게 퇴근하는 일이 잦아진다거나 출장 횟수가 늘고 주말에 친구를 만나러 외출하는 횟수가 많아지는 것도 전형적인 조짐입니다. 이러다 보면 배우자와 함께하는 시간이 적어지고 갈수록 어색한 관계로 악화합니다. 대화는커녕 말이라도 걸면 깜짝깜짝 놀란다거나 둘만 있는 자리를 일부러 피하게 됩니다. 무슨 일인지 물으면 돌연 화를 내며 아무 일 없다고 오버해서 잡아떼고 아무 일도 아닌 것에 상대방을 지적하는 일도 늘어납니다. 감정기복이 심해지면 갱년기를 의심할 수도 있지만 외도 여부 또한 살펴봐야 하는 것입니다.

정말 바람둥이 선수라면 상대방 배우자에게도 잘해서 절대로 티가 나지 않을 것입니다. 하지만 이런 사람과는 결혼 자체를 안 하는 게 상책입니다.

또 다른 부부의 세계

부부 모두 바람을 피웠지만 전혀 문제가 되지 않았던 '부부의 세계'도 있습니다. 20세기를 대표하는 철학자 장 폴 사르트르는 『제2의 성』 작가 시몬 드 보부아르와 계약결혼을 했습니다. 결혼을 계약하다니, 당시 이 두 사람의 행보에 전 세계에서 파격이라며 놀라워했습니다. 반면 어린애 장난으로 여기며 금방 싫증 나서 헤어질 거라며 냉소하던 사람도 있었습니다. 하지만 이 세기의 연인은 무려 51년간 계약결혼을 지속했습니다. 우리나라 정서에는 맞지 않지만 서양에서는 워낙 개인 간 계약 자유의 원칙을 존중하기 때문에 가능했던 일입니다.

계약 조건 중 가장 눈에 띄는 것은 서로 사랑하는 관계를 지키되 다른 사람과 사랑에 빠지는 것까지는 막지 않는다는 내용입니다. 일반적인 상식으로는 고개를 절레절레 내두르게 됩니다. 결혼생활 중 각자 다른 사람과 사랑에 빠지는 일이 서로에게 죄가 되지 않는다는 의미이니 납득이 쉽지 않습니다. 이와 더불어 쌍방이 독자적인 경제 활동을 영위하고 아이를 낳지 않고 거짓말하지 않는다는 조건도 덧붙였습니다. 결혼을 아예 계약으로 보는 것도 놀랍지만 그 내용도 무척 자유롭고 평등하고 철학적입니다.

사르트르가 폐암으로 죽은 후 보부아르는 지난 결혼생활을 정리하며 그에게 이별을 고하는 『이별의 의식』이라는 책을 남기기도 했습니다. 사르트르도 생전에 보부아르를 최고의 동반자, 최고의 사랑이라며 치켜세웠습니다.

'계약'이라는 용어 때문에 거부감이 들 수 있지만 어차피 결혼은 약속이고 계약은 약속을 문서화한 것입니다. 사르트르 부부가 약속을 구체화하고 그대로 이행하며 다른 사람들에게 피해를 주지 않았다면 이들 부부의 선택도 존중해야 하지 않을까요? 결혼이란 성, 돈, 자녀라는 세 가지 조건을 두고 서로 협의하여 거래하는 '비즈니스'라는 말이 새삼 떠오릅니다.

드라마가 현실이 된다면

부부간 사소한 일로 비난과 모욕 같은 좋지 않은 말이 오가고 무관심과 도피 경향이 드러난다면, 조심스럽지만 이혼의 전조가 보입니다. 결혼생활이 괴롭고, 문제가 생겨도 협력보다 혼자 해결하려고 들고, 서로 떨어져 있는 시간이 많아져 외로움에 시달립니다. 불륜은 거의 마지막 단계로 막다른 골목에서 잘못된 방법으로 잠시 자신을 위로하는 방편일 뿐입니다. 불륜은 이혼의 분명한 원인이 되지만 어찌 보면 불행한 결혼의 결과인지 모릅니다.

「부부의 세계」 드라마에서 지선우는 증거 확보에 성공해 재판에서 승리합니다. 이태오는 애인과 재혼하지만 결국 재혼도 사업도 인생도 실패합니다. 평생을 행복하게 잘 살 것 같던 부부도 여러 가지 이유로 파탄이 납니다. 이혼을 떠올리는 순간 무엇을 어떻게 준비해야 할지 막막한 것도 사실입니다. 드라마 속 변호사가 말한 것처럼 상대방을 향한 감정적 대응은 자칫 낭패를 부릅니다. 이왕 이혼을 결심했다면 보다 유리한 결론으로 이끌기 위해 냉철하게 침착하게 하나하나 준비해 나가야 합니다.

이혼을 준비하며 감정적 대처로 일을 그르치고 후회하는 사람이 생각보다 많습니다. 이혼도 일종의 '전쟁'입니다. 전쟁에서는 전략과 전술이 가장 중요합니다. 자칫 감정에 치우치면 실수하기 쉬우니 승리를 위해서는 끝까지 냉정을 유지해야 합니다.

한편 이와 같은 이혼 전쟁에서 승리하는 것이 과연 진정한 승리인지는 다시 생각해 봐야 합니다. 한때는 가족이었고 사랑했던 사람을 상대로 벌이는 전쟁이라 상대방을 짓밟고 무너뜨렸다고 꼭 행복한 것은 아니기 때문입니다. "싸우지 않고 이기는 것이 진정한 승리"라는 『손자병법』의 말처럼 상대방도 살리며 이길 수 있는 방법을 더 연구해 봐야겠습니다.

꽃뱀과 제비를
퇴치하려면

능력 있는 재력가 남편과 결혼 후 돈 걱정은 하지 않고 살게 됐습니다. 하지만 남편이 제 기대와 다른 사람이었습니다. 워낙 무뚝뚝한 사람이란 것은 알고 있었지만, 제가 살갑게 대화를 시도할 때마다 돌아온 반응은 기대와는 거리가 멀어도 너무 멀었습니다. 바깥일에 대해 아는 게 뭐가 있느냐며 괜한 참견이나 간섭 말라며 아예 말 상대를 거부했습니다. 아무리 제가 감수하고 선택한 결혼이라지만 이렇게까지 괄시당할 줄은 몰랐습니다.

그나마 가깝게 사는 친구들이 넋두리 상대가 되어 줬습니다. 옛날에 한창 같이 놀던 추억을 나누며 거리낌 없이 수다를 떨다 보면 만사가 즐거웠습니다. 그렇게 골프도 치고, 마사지도 받고, 맛있는 먹을거리도 찾아 즐기다 보니 급기야 친구들과 함께 호스트바까지 가게 되었습니다.

그곳에서 어느 20대 남성을 만났고 저는 그에게 푹 빠져 버렸습니다. 얼굴도 잘생기고 체격도 좋지만 무엇보다 남편과는 달리 제 이야기를 잘 들어 주고 제 마음을 다독여 주었습니다. 영업장 말고도 밖에서 따로 만나면서 놀다 보니 남편에게 받은 스트레스를 말끔히 지울 수 있었습니다. 그래서 고마운 나머지 그에게 진심을 담아 용돈과 고가의 선물을 제공했고, 이성으로 끌려 성관계도 갖기 시작했습니다. 그는 "선물 잘 사 주는 예쁜 누나!"라고 저를 부르며 한껏 비위를 맞췄고 저 역시 그런 그가 좋았습니다.

그런데 언젠가부터 제가 용돈과 선물을 주기도 전에 그가 먼저 자신의 경제 형편을 털어놓으며 도와 달라기 시작했습니다. 한창 그 남자에게 빠져 있었던 터라 저는 아무 생각 없이 그가 요구하는 대로 들어줬습니다. 그렇게 그에게 쓴 돈이 급기야 수억 원가량이 되었습니다.

하지만 어느 날 그가 저뿐만 아니라 다른 여성을 만나며 소위 '스폰'을 받고 있다는 사실을 알게 됐고, 즉각 이별을 통보했습니다. 그러자 그는 그동안의 만났던 사실과 몰래 촬영한 성관계 동영상을 남편에게 알리겠다며 거액의 돈을 추가로 요구했습니다. 알고 보니 그는 다른 여성에게도 똑같은 수법으로 접근해 돈과 선물을 갈취하는 상습범이었습니다.

지금, 이러지도 저러지도 못하고 있어서 정말 죽고 싶을 정도로 미치겠습니다.

예나 지금이나 소위 '꽃뱀' '제비'가 활개를 치고 있습니다. 멸종한 줄 알았던 이들이 교묘한 수법으로 위장해 여전히 위해를 주고 있는 것입니다. 단 한 번의 실수로 덫에 걸리면 협박과 공갈, 사기의 구렁텅이 속에서 쉽게 헤어 나오지 못합니다. 피해자임에도 불구하고 이것저것 고민하게 됩니다. 법률 전문가와 상의하여 고소를 제기하면 사건이 공개될 것이고, 그 파장을 감당키 어려워 딜레마에 빠지는 것입니다.

어쨌든 법대로 대응하는 것이 최선입니다. 강력한 법적 조치만이 더 큰 피해를 막을 수 있고 비슷한 유형의 다른 피해자가 발생하는 일을 미연에 방지할 수 있습니다. 피해자의 강력하고 현명한 대처에 따라 범죄의 지속과 재발까지 단속할 수 있기에, 하루 빨리 경찰이나 검찰에게 도움을 구해야 합니다.

협박과 공갈, 사기를 일삼는 불한당

우리 주변에서 연인 관계나 성관계를 이용하여 상대방을 협박하고 돈을 갈취하는 사건이 종종 일어납니다. 어느 유흥업소 종사자는 손님의 직업이 의사인 것을 알고는 유혹하여 성관계를 가진 후, 직장과 가족에게 이 사실을 알려 사회에서 매장시키겠다고 협박해 공갈등의 범죄로 실형을 선고받았습니다. 또 몇 년 전에는 어느 유명 배우가 모델과 걸 그룹 멤버로부터 음담패설 동영상 공개 협박과 금전 요구를 당해 곤욕을 치르다가, 결국 고소를 통해 징역형을 이끌어 내기도 했습니다. 모두 상대방의 사회적 명성을 오히려 약점으로 이용하려고 했던 악질 범행이라고 하겠습니다. 행태에 따라서 조금씩 다르지만 대개의 경우 형법상 협박죄, 사기죄, 공갈죄 등을 물을 수 있는 중대 범죄들입니다.

형법 제283조(협박)

① 사람을 협박한 자는 3년 이하의 징역, 500만 원 이하의 벌금, 구류 또는 과료에 처한다.

형법 제284조(특수협박)

단체 또는 다중의 위력을 보이거나 위험한 물건을 휴대하여 전 조 제1항의 죄를 범한 때에는 7년 이하의 징역 또는 1천만 원 이하의 벌금에 처한다.

형법 제285조(상습범)

상습으로 제283조 제1항 또는 전 조의 죄를 범한 때에는 그 죄에 정한 형의 2분의 1까지 가중한다.

형법 제347조(사기)

① 사람을 기망하여 재물의 교부를 받거나 재산상의 이익을 취득한 자는 10년 이하의 징역 또는 2천만 원 이하의 벌금에 처한다.
② 전 항의 방법으로 제3자로 하여금 재물의 교부를 받게 하거나 재산상의 이익을 취득하게 한 때에도 전 항의 형과 같다.

형법 제350조(공갈)

① 사람을 공갈하여 재물의 교부를 받거나 재산상의 이익을 취득한 자는 10년 이하의 징역 또는 2천만 원 이하의 벌금에 처한다.
② 전 항의 방법으로 제3자로 하여금 재물의 교부를 받게 하거나 재산상의 이익을 취득하게 한 때에도 전항의 형과 같다.

협박죄

성관계 사실을 알리겠다고 말하거나 문자 메시지를 보내면 그 행위 자체로 협박죄가 성립합니다. 협박은 공포심을 일으키게 할 목적으로 해악을 가할 것을 통고하는 일체의 행위를 말하며, 상대방이 공포심을 가졌는지 여부는 묻지 않습니다.

여기서 해악의 내용은 제한된 바가 없으므로 생명, 신체, 자유, 명예, 재산 등 모든 것이 포함됩니다. 예컨대 자신을 만나 주지 않는다는 이유로 상대방에게 나체 사진을 공개하겠다며 협박성 문자와 사진을 보내거나, 옛 동거녀를 협박해 돈을 뜯어내려고 어떤 위해를 가할 것처럼 수차례 문자 메시지를 보내며 직접 찾아가는 행위 등이 여기에 해당됩니다.

또 이별을 요구하는 연인을 향해 죽어 버리겠다며 비이성적으로 집착하고 상당 기간에 걸쳐 반복적으로 공포심과 불안감을 유발한 행위도 처벌받습니다. 피해자가 피고인을 피해 여러 차례 이사하거나 경찰에 신변보호를 요청할 정도로 심한 공포와 정신적 고통에 시달린 점이 인정된다면 실형을 면하기 힘듭니다. 헤어진 연인이 일하는 곳까지 찾아가 연인 시절 어떤 녹음파일의 존재를 운운하며 동네에서 얼굴도 못 들고 다니게 하겠다면서 앙갚음하려던 남성에게도 실형이 선고된 적이 있습니다.

어느 여성이 휴대전화를 이용해 피해자 남성에게 교제하지 않으면 회사에 이야기해 불이익을 주겠다는 내용의 문자 메시지를 반복적으로 보낸 혐의로 기소된 적이 있습니다. 남성은 이를 모두 '스팸'으로 처리했지만 확인 여부와는 상관없이 확인이 가능한 상태에 이른다면 '정보통신망법'상 위법한 메시지를 도달하게 한 행위라고 법원은 판단했습니다.

사기

만약 가해자가 피해자를 기망하여 금전을 편취한다면 사기죄로 처벌받습니다. 형법은 사람을 기망하여 재물의 교부를 받거나 재산상의 이익을 취득한 자는 10년 이하의 징역 또는 2천만 원 이하의 벌금에 처한다고 규정하고 있습니다.

황혼 연애를 하던 중 상대방이 금전적으로 어려움을 겪고 있다는 사실을 알게 되고, '끝사랑'이라는 감정에 빠져 부동산 소유권이전등기를 해 주자 바로 연락이 끊기게 된 사건이 여기에 해당됩니다. 장기간에 걸쳐 상대방이 목표를 달성하기 위해 적극적으로 기망행위를 했기 때문입니다. 또 연애 상대방의 아이가 아님을 알고도 임신을 핑계로 의도적으로 혼인에 이른 경우도 사기죄에 해당될 수 있습니다.

사기는 꽃뱀과 제비가 저지르는 단골 범죄입니다. 이 꽃뱀과 제비가 추가적으로 어떤 행위를 했느냐에 따라 범죄가 달라지는데, 날로 대범하게 진화하고 있는 수법에 대비해 각종 특별법에서 별도의 범죄구성요건을 마련해 두고 있습니다.

금전적 피해에 관해서는 형사고소뿐만 아니라 민사소송이나 가사소송을 제기하여 손해배상을 청구할 수 있습니다. 가해자의 행위가 우발적 범죄인지 계획적 범죄인지도 쟁점이 됩니다. 아무래도 가해자는 우발적 범죄라고 주장하기 마련인데, 이는 형량에서 계획적 범죄보다 다소 유리하기 때문입니다. 그러나 장기간에 걸쳐 협박이나 공갈을 하는 경우에는 대부분 계획적 범죄로 보는 것이 실무 입장입니다.

공갈죄

협박을 하면서 돈을 요구하면 훨씬 무거운 죄인 공갈죄가 성립합니다. 여기서 '공갈'은 재물 또는 재산상의 이익을 얻기 위하여 다른 사람을 협박하는 일을 말합니다. 가해자가 단순히 사실을 알리거나 영상을 유포하겠다는 등 협박을 한 경우에는 협박죄에 머물지만, 여기에 더해 금전을 요구하면 공갈죄로 가중 처벌되는 것입니다.

협박죄가 공갈죄로 확대되고 죄질이 중한 경우 실무에서는 대부분 실형이 선고됩니다. 또 요구하거나 갈취한 금액이 거액인 경우에는 '특정경제범죄법' 제3조에 의거하여 형량이 가중됩니다. 이득액이 5억 원 이상인 경우 3년 이상의 유기징역, 50억 원 이상인 경우 무기 또는 5년 이상의 징역형에 처해집니다. 돈을 받지는 않고 요구만 한 경우에도 미수범으로 처벌됩니다.

어느 여성이 자신과 부적절한 관계를 맺고 있는 도청 공무원을 공갈한 사건이 있었습니다. 공사업자로부터 금품을 수수한 사실을 알고는 이를 이용해 자신의 빚을 대신 갚으라고 협박한 것입니다. 법원은 범행 동기와 수법이 매우 불량하여 실형이 불가피하다며 그 여성을 법정구속하기도 했습니다.

이렇듯 연인에게 협박을 하거나 돈을 뜯어내거나 사생활을 폭로하는 범죄자는 법원이 중하게 처벌하고 있습니다.

어떻게 해야 할까?

협박과 공갈을 당하면서도 해가 될까 신고를 꺼리는 경우가 많습니다. 하지만 이미 협박만으로도 큰 피해를 입고 있는 것이고, 스스로 전화를 녹음하거나 문자 메시지를 저장하고 있는 모습에서 언젠간 신고할 것이라는 의중을 읽을 수 있습니다. 그러므로 어차피 피해사실을 공개할 작정이면 되도록 빨리 경찰이나 검찰에 신고하는 것이 좋습니다. 돈을 요구하는 가해자가 괘씸하여 더 중하게 처벌받기를 원한다면 일부러 돈을 주고 그 증거를 확보한 후 고소하면 훨씬효과적입니다. 가해자가 돈을 받았을 경우 그들은 단순협박죄나 공갈미수죄의 단계를 넘어서 공갈죄 기수가 되므로 훨씬 중하게 처벌받습니다.

꽃뱀이나 제비에게 자신의 약점을 잡혀 협박을 당하는 사건은 비일비재합니다. 이런 피해를 예방하는 방법과 대응 요령은 어쩌면 간단합니다. 사람은 누구나 동물적 본능으로 처음 만난 사람을 경계합니다. 처음 만났는데 지나치게 호의적이거나 돈 이야기를 꺼낸다거나 고가의 선물을 요구하는 사람은 특히 조심해야 합니다. 쉽게 성관계를 갖는 이성은 더욱 경계해야 합니다. 어쩌다 성관계를 가졌다 해도 강압에 의하지 않았음을 입증하는 증거(문자, 녹음, CCTV 등)를 확보해야 합니다. 금전이나 선물을 제공한 경우에도 이체 내역이나 영수증 등을 남겨 보관하는 것이 좋습니다.

법대로 대응하면 당연히 가족이나 직장에 알려진다는 생각에 주저합니다. 그 심정을 충분히 이해하지만, 형사고소나 소송을 위해 변호사를 대리인으로 선임하면 대부분의 서류나 증거가 변호사의 손에서 작성되고 보관되기 때문에 공개되지 않습니다.

협박범이나 공갈범이 상대방에게 가장 흔하게 내뱉는 말이 바로 "직장이나 가족에게 알리겠다."는 것입니다. 어쩌면 아예 가족과 지인, 직장에 솔직하게 이야기하고 사과를 하면서 공동으로 대응하는 게 현명한 방법일지 모릅니다. 이미 솔직하게 공개했기 때문에 더 이상 협박이나 공갈을 당할 이유가 없고, 가해자를 처벌하는 일만 남기 때문입니다.

까마귀 노는 곳에 백로야 가지 마라

당연한 이야기이지만 이런 일을 당하지 않으려면 처음부터 어울리지 않는 것이 가장 좋습니다. 갈수록 경기는 불황이라 취직도 어렵고 돈 버는 것도 어려운 세상입니다. 땀 흘려 정직하게 돈 버는 일이 얼마나 힘든지 누구나 잘 압니다. 대부분의 사람이 먹고살기 위해 선하고 정직하게 심지어 피눈물까지 흘리며 돈을 벌고 있습니다. 미래가 불확실한 젊은이들도 자신의 꿈을 이루기 위해 고군분투하고 있습니다.

협박범이나 공갈범, 사기범 등은 다른 사람의 돈을 우습게 여기며 쉽게 갈취하므로 죄질이 불량해 중하게 처벌되고, 민사소송까지 제기하면 빼앗긴 돈을 다시 찾아올 수 있습니다.

식물인간이 보내온
이혼소장

맏아들인 남편은 시아버님이 운영하던 회사를 이어받아 대표이사에 취임했습니다. 저와 결혼 후 20년 만의 일이었습니다. 가족기업 규모이지만 삼대를 내려온 가업이었기에 남편의 책임은 막중했습니다. 워낙 내실 있게 운영되어 온 터라 미래 전망 역시 밝았지만, 일밖에 모르는 남편은 회사를 더 키우기 위해 밤낮 가리지 않고 온 힘을 쏟았습니다.

그러던 중 청천벽력의 일이 발생했습니다. 남들 다 잠들어 있는 새벽에 서둘러 출근 준비를 하던 남편이 화장실에서 쓰러졌습니다. 신속히 119 구급대를 불렀고 응급조치 후 병원으로 옮겼지만, 남편은 대뇌 손상이 심해 그만 식물인간이 되었습니다. 심장만 뛰지 더 이상 눈도 못 뜨고 의사소통도 불가능해진 남편을 보니 앞길이 막막해졌습니다.

지난 세월 일만 하느라 가정에 소홀했던 남편이었지만 아내로서 아픈 그를 외면할 수 없었습니다. 막연했지만 정성을 기울인다면 하늘도 감복하여 기적이 일어날지 모른다는 희망을 품고 남편 곁을 꿋꿋이 지켰습니다. 막대한 병원비는 대부분 시댁에서 지원해 줬지만, 저 역시 모른 척할 수 없어 남편을 간병하면서도 틈틈이 회사 일을 도왔고, 아직 미성년자인 두 아이 역시 아르바이트를 하며 생계를 도왔습니다.

그렇게 5년의 시간이 흘렀는데 어느 때부터 제 주변을 맴도는 남자가 나타났습니다. 가끔 지칠 때 만나 넋두리하며 말동무가 되어 준 사람인데, 어느 날 그와 술을 한잔하고 처음으로 함께 호텔에 투숙하게 되었습니다.

하지만 단 한 번의 실수가 그동안의 희생을 모두 물거품으로 만들어 버렸습니다. 다음 날 아침 호텔에서 나오는 길에 그만 미행하던 시댁 식구와 마주쳤고, 자초지종을 설명할 틈도 없이 시댁 식구가 먼저 등을 돌렸습니다. 며칠 후 일언반구도 없이 남편 명의의 이혼소장이 법원에 제출된 사실을 알게 됐고 침상에 누워 꼼짝 못 하는 남편의 명의로 진행된 일이어서 더욱 놀랍고 당황스러웠습니다.

시댁은 지금도 저와는 어떤 대화도 하지 않으려고 하는데, 식물인간 상태인 남편 명의의 소송이 가능한 건지 모르겠습니다. 무엇보다 지금까지 남편 곁을 지키며 희생한 시간이 억울하고 남편이 다시 깨어난다는 희망이 아직 사라지지 않았기 때문에 전혀 이혼할 생각이 없습니다.

식물인간 같은 의사무능력자는 성년후견인이 당사자를 대리하여 배우자에게 이혼을 청구할 수 있습니다. 그런데 성년후견인이 배우자일 때는 이해관계 때문에 법원에 특별대리인 선임을 신청하고, 특별대리인이 배우자를 상대로 재판상 이혼을 청구할 수 있습니다. 위 사연에서는 시아버지나 시어머니가 특별대리인으로 선임되어 아들 대신 며느리에게 이혼소송을 제기한 것으로 보입니다.

식물인간 남편을 무려 5년 간 극진히 보살피다가 이혼소송을 당한 기분은 참으로 암담할 것입니다. 단순하게 따진다면 순간의 외도가 이혼원인이 될 만큼 부정한 행위인지 여부가 쟁점입니다. 남편이 식물인간이지만 아내가 부부 간 부양의무를 소홀하지 않은 점과 일회성에 그친 외도 등을 감안하면 이혼청구는 기각될 확률이 높습니다.

죽음이 우리를 갈라놓을 때까지

결혼식 현장에서 신랑신부는 주례와 하객 앞에서 엄숙히 선언합니다. 삶을 다하는 날까지 부부가 사랑하며 존중하겠다는 다짐을 담은 문서가 혼인서약서입니다. 이것을 낭독하였다고 해서 그대로 법적인 효력이 발생하는 것은 아니지만, 민법은 이와 비슷한 내용의 조문을 이미 마련해 놓았습니다.

① 부부는 동거하며 서로 부양하고 협조하여야 한다. 그러나 정당한
이유로 일시적으로 동거하지 아니하는 경우에는 서로 인용하여야 한다.
② 부부의 동거 장소는 부부의 협의에 따라 정한다. 그러나 협의가
이루어지지 아니하는 경우에는 당사자의 청구에 의하여 가정법원이
이를 정한다.

진짜 둘이 하나가 된 것처럼 무거운 마음으로 서로에 대한 책임을
받아들이겠다는 마음은 숭고합니다. 그런데 결혼생활을 하다 보면
기쁘고 즐거운 시간도 있지만 진짜 슬프고 힘든 시간도 찾아옵니다.
특히 부부 중 한 사람이 큰 병에 걸리면 부부 관계는 물론 가정 자체
가 흔들립니다.

인간은 누구나 생로병사를 겪으며 불의의 사고나 병환으로 쓰러
질 수 있고 급기야 식물인간이 될 수 있습니다. 심지어 수면내시경
검사를 받던 중 의사 실수로 식물인간이 된 사례도 실재합니다. 배우
자가 언제 깨어날지 모르는 식물인간이 되어 병상에 누워 있으면 그
고통은 이루 말할 수 없을 것입니다. 마음의 고통뿐만 아니라 경제적
위기까지 초래되어 가정은 벼랑 끝에 몰립니다. 위 사연은 남의 일이
아니라 어느 가정에서나 발생할 수 있는 일입니다. 누구나 한 번쯤
심각하게 고민해 봐야 할 문제인 것입니다.

우선 위 사연과 비슷한 소송의 판결을 살펴보겠습니다. 회사 대표였던 남편이 식물인간이 되자 아내가 간병은 물론 남편 대신 지분을 넘겨받아 경영까지 했지만 외도로 이혼소송에 몰린 사건에서 대법원은 시댁이 청구한 이혼을 기각했습니다. 1심에서는 시댁 주장이 모두 받아들여져 이혼판결이 나왔지만 2심 때 뒤집혔고, 대법원이 2심을 인용하며 최종 기각된 것입니다. 2심 재판부는 의사능력이 없는 금치산자(피성년후견인)의 (성년)후견인이 친족회의 동의를 얻어 금치산자를 대리해 재판상 이혼이 인정되려면 금치산자 본인이 재판상 이혼을 원한다고 추정할 만한 객관적 사정이 있어야 한다고 했습니다. 아내가 회사 경영도 열심히 하며 자녀들을 길러 왔고 남편을 지속적으로 돌봐 온 사실이 인정되었으며, 아내의 부정행위가 일회성으로 그친 점이 그 근거로 받아들여졌습니다. 대법원 역시 남편의 현재 건강 상태와 간병의 필요성, 혼인 기간, 자녀들의 부모의 이혼에 대한 의견 등을 종합해서 참작해 볼 때 남편의 이혼의사를 추정할 수 있을 만한 객관적 사정이 부족하다며 2심의 판단을 그대로 수긍했습니다.(대법원 2010. 4. 29. 2009므639)

반면, 결혼 후 1년 만에 트럭 사고로 식물인간이 된 남편을 지키던 아내가 시어머니와 다툰 뒤 가출한 사건에서 시어머니가 아들을 대신해 이혼소송을 제기했는데 이혼이 받아들여졌습니다. 가출 후 아내가 다른 남자와 지속적으로 바람을 피운 사실이 드러났고, 병상에 있는 남편을 제대로 돌보지 않으면서 부부간 의무와 도리를 저버린

귀책사유가 인정되었기 때문입니다.(대법원 2010. 4. 8. 2009므3652)

식물인간을 상대로 소송을 제기한다?

입장을 바꿔 식물인간이 된 배우자를 상대로 이혼소송을 제기하는 것도 가능한 일인지 알아볼 필요가 있습니다. 법은 피도 눈물도 없다고 흔히들 이야기하지만 그와 달리 정작 법 실무에서는 환자를 약자로 보는 경향이 있습니다. 불치병이나 암 등 중병에 걸린 사람을 상대로 소송을 제기하는 일을 일종의 금기처럼 여깁니다. 더욱이 상대방이 식물인간이면 더욱 그런데, 아주 가끔 금기를 깨는 일이 벌어집니다.

수많은 하객의 축하 속에 결혼식을 올린 부부가 있었습니다. 마침 허니문 베이비까지 생겨 경사가 겹쳤습니다. 하지만 기쁨도 잠시, 아내는 출산을 하다가 출혈성 쇼크가 왔고, 식물인간 상태에 빠졌습니다. 그런 불행한 상황에서도 아이는 응급수술로 무사히 태어나 세상의 빛을 볼 수 있었습니다.

남편은 회사 휴직을 반복하면서 지극정성으로 아내 곁을 지켰습니다. 그렇게 7년이 지나도 호전이 없자, 장인 장모가 사위를 불러 "그동안 고생 많았으니 갈 길을 가라."며 새 출발을 권했습니다. 장인 장모 입장에서 고맙고 미안한 사위에게 베풀 수 있는 마지막 호의였던 것입니다. 처음에는 단호히 거절했으나 장고 끝에 남편은 그 뜻을 받아들이기로 했습니다. 하지만 이혼이 성립되려면 형식적이나마 식물인간 아내를 상대로 이혼소송을 제기할 수밖에 없었습니다. 우여곡절 끝에 법원은 남편의 이혼청구를 인용하였습니다. 식물인간 아내, 즉 피고가 7년이 넘도록 호전이 없고 피고 부모도 이혼에 동의하고 있어 원고와 피고의 혼인은 더 이상 유지되기 어렵다고 봤던 것입니다.

평생 아내 곁을 지켜야 했다는 반론이 있을 수 있습니다만, 이것은 현실을 잘 몰라서 하는 소리입니다. 당사자에게는 막연한 기대와 기다림 자체가 너무나 가혹한 시련입니다. 특히 이 사건에서 장인 장모가 사위의 노고와 진심을 알았고 이혼에 동의했기 때문에 재판부도 이혼판결을 내리는 데 큰 부담이 없었을 것입니다. 안됐지만 식물인간 아내도 이미 마음 깊은 곳에서 남편을 보냈다고 추정할 만한 객관적인 정황이 갖춰졌다고 봐야 합니다.

만약 여러분이 이런 상황에 놓인다면 어떤 선택을 하겠습니까? 배우자가 식물인간이라면 끝까지 곁을 지킬 수 있습니까? 질문을 바꿔, 본인이 식물인간이라면 배우자를 끝까지 잡고 있겠습니까, 놓아주겠습니까? 어느 정도 답이 나올 것입니다.

병원비는 누가 부담해야 하나?

여기서 몇 가지 현실적인 문제를 더 살펴볼 필요가 있습니다. 배우자가 식물인간이 되었다면 우선 간병에 최선을 다해야 할 것입니다. 하지만 기적이 일어날 보장이 없는 상태에서 시간이 흐르면 흐를수록 경제적 부담이 큰 압박으로 다가옵니다. 막대한 병원비를 비롯해 생활비, 자녀 교육비로 가계가 쪼들릴 수밖에 없습니다. 식물인간으로 오랜 기간 병원 치료를 받는다면 병원비가 천문학적인 숫자로 나올 수 있습니다.

일단, 민법에는 배우자 및 친족 간 부양 관련해서 명확한 규정은 없고 다소 애매한 규정만 존재합니다.

민법 제974조(부양의무)

다음 각 호의 친족은 서로 부양의 의무가 있다.

1. 직계혈족 및 그 배우자 간
3. 기타 친족 간(생계를 같이 하는 경우에 한한다.)

민법 제975조(부양의무와 생활능력)

부양의 의무는 부양을 받을 자가 자기의 자력 또는 근로에 의하여 생활을 유지할 수 없는 경우에 한하여 이를 이행할 책임이 있다.

민법 제976조(부양의 순위)

① 부양의 의무 있는 자가 수인인 경우에 부양을 할 자의 순위에 관하여 당사자 간에 협정이 없는 때에는 법원은 당사자의 청구에 의하여 이를 정한다. 부양을 받을 권리자가 수인인 경우에 부양의무자의 자력이 그 전원을 부양할 수 없는 때에도 같다.

> ## 민법 제977조(부양의 정도, 방법)
>
> 부양의 정도 또는 방법에 관하여 당사자 간에 협정이 없는 때에는 법원은 당사자의 청구에 의하여 부양을 받을 자의 생활 정도와 부양의무자의 자력 기타 제반사정을 참작하여 이를 정한다.

시어머니가 며느리에게 식물인간이 된 자식의 부양료를 청구한 사건이 있었습니다. 1심과 2심 법원은 시어머니의 청구를 기각했습니다. 1심은 "부양의무자인 원고가 아들을 위하여 이미 지출한 병원비 등은 자신의 부양의무를 이행한 것에 불과하고, 피고의 의무를 대신하여 이행한 것은 아니라 할 것이며, 이로 인하여 원고에게 재산상 손해가 있었다거나 피고에게 재산상의 이득이 있었다고도 볼 수 없다."고 했습니다. 여기에 2심은 "민법 제976조, 제977조에 의하면 민법 제974조에 규정된 부양의무자의 범위에 속하는 모든 친족은 촌수, 연령에 관계없이 부양을 받을 자에게 부양의 필요가 발생한 경우 추상적으로는 동일한 부양의무를 부담하고, 구체적인 권리의무나 부양순위 등은 당사자 사이의 협의 또는 가정법원의 심판에 의하여 결정하도록 되어 있는 점에 비추어 보면, 피고가 단지 배우자라는 이유만으로는 원고보다 선순위의 부양의무자라고 볼 수 없다."며 며느리의 손을 들어 줬습니다.

그러나 대법원은 달랐습니다. "부부간의 상호 부양의무는 혼인관계의 본질적 의무로 부양을 받을 자의 생활을 부양의무자의 생활과 같은 정도로 보장하여 부부공동생활의 유지를 가능하게 하는 것을 내용으로 하는 제1차 부양의무이고, 반면 부모가 성년의 자녀에 대하여 직계혈족으로서 민법 제974조 1호, 제975조에 따라 부담하는 부양의무는 부양의무자가 자기의 사회적 지위에 상응하는 생활을 하면서 생활에 여유가 있음을 전제로 하여 부양을 받을 자가 그 자력 또는 근로에 의하여 생활을 유지할 수 없는 경우에 한하여 그의 생활을 지원하는 것을 내용으로 하는 제2차 부양의무이다."라고 판단했습니다. 또 "제1차 부양의무자와 제2차 부양의무자가 동시에 존재하는 경우에 제1차 부양의무자는 특별한 사정이 없는 한 제2차 부양의무자에 우선하여 부양의무를 부담하므로, 제2차 부양의무자가 부양받을 자를 부양한 경우에는 그 소요된 비용을 제1차 부양의무자에 대하여 상환을 청구할 수 있다."고 하며 며느리가 병원비를 부담해야 한다고 봤습니다.(대법원 2012. 12. 27. 2011다96932)

다시 정리하자면, 배우자가 제1차 부양의무자이므로 병원비를 지급할 책임이 있고, 제2차 부양의무자인 부모가 대신 병원비를 지급했다면 제1차 부양의무자인 며느리에게 비용을 청구할 수 있다는 의미입니다.

부모가 미성년 자녀에 대해 생활, 교육, 의료 등 일체의 부양비용을 부담해야 하는 것은 당연합니다. 하지만 성년이 된 자녀에 대해서는 부모도 그 책임에서 자유롭습니다. 부모가 성년이 된 자녀에 대해 부담하는 부양의무는 자신의 사회적 지위에 상응하고 생활에 여유가 있음을 전제하고, 부양을 받을 자가 그 자력 또는 근로에 의하여 생활을 유지할 수 없는 경우에 한합니다. 즉 부모는 자신의 기본적인 생활을 영위하면서 여유가 있는 금액이 있을 때 자식의 생계에 필요한 최소한의 생활비만 부담하면 되는 것입니다.

부모의 사랑과 부부의 사랑

앞서 살펴본 바와 같이 배우자 간 부양의무는 제1차적 부양의무로 부모의 부양의무보다 우선합니다. 즉 부부 사이가 부모 자식 사이보다 더 가깝고 부양책임도 더 큰 것입니다.

하지만 상담을 하거나 재판을 진행하다 보면 이론과 실제는 다르다는 것을 느낍니다. 사이가 틀어진 부부를 많이 접해서 그런지 몰라도, 부부 중 일방이 회복할 수 없는 중병에 걸리거나 식물인간이 되면 대부분의 배우자는 그 곁을 떠나거나 이혼을 선택합니다. 그러나 부모는 끝까지 자식 곁을 지킵니다. 결국 부모의 자식 사랑이 남녀의 사랑, 부부의 사랑보다 더 깊고 위대하기 때문 아닐까 생각해 보지 않을 수 없습니다.

이번에는 함께 살면서 선한 영향을 주고 행복을 주는 최고의 인연, 최고의 배우자 유형을 살펴보겠습니다. 단순히 최악의 배우자 반대 유형이기만 해서는 안 됩니다. 결혼은 끝이 아니라 관계를 개선하고 발전시켜 나가는 과업의 시작입니다. 서로 기쁨을 주고받는 연대의 방법을 함께 찾아 나가야 합니다. 그 반려자가 바로 이런 사람이면 더할 나위 없이 좋을 것입니다.

10위 자신감 넘치고 의욕적입니다

이런 사람은 배우자뿐만 아니라 친구로도 매우 좋은 유형입니다. 물론 자신감과 의욕만으로는 성공을 보장할 수 없습니다. 하지만 결혼도 사회생활도 우리 인생은 기본적으로 자신감과 의욕이 있어야 그나마 성공을 향해 나아갈 수 있습니다.

9위 매너가 좋습니다

특히 여성들이 선망하는 배우자 유형입니다. 이따금 싸우거나 갈등이 생겨도 어느 정도 선을 지켜 주는 사람입니다. 물론 그럴 일은 없겠지만, 혹여 다른 이유로 이혼을 하게 되더라도 이런 사람은 좋은 기억으로 남게 됩니다. 비록 이혼하지만 서로의 몫을 정당하게 나누고 자녀들의 미래까지 책임집니다.

반면, 안 그래도 매력 떨어져 이혼하는데 그 과정에서 매너 없이 나와 치를 떨게 만드는 사람이 있습니다. 한 달 수입만 수천만 원에서 수억 원에 달하는 자산가가 이혼하면서 배우자에게 한 푼도 주지 않으려고 안간힘을 쓰고, 심지어 자녀 양육비조차 아까워하는 사람이 분명 존재합니다.

8위 애정 표현을 자주 합니다

부부간 애정 표현은 아무리 해도 지나치지 않습니다. 특히 요즘은 표현하지 않으면 서로의 마음을 알 수 없는 시대입니다. 아무리 사랑해도 표현하지 않으면 소용없고, 누구나 사랑을 받고 있다는 것을 확인하고 싶어 합니다. 부부는 그 누구보다 배우자에게 존재감을 인정받고 감사하다는 말을 듣고 싶어 합니다. '사랑해' '고마워' '괜찮아' 이런 표현은 굳이 가정이 아니더라도 어디서든 들으면 힘이 나는 말입니다.

7위 약자에게 따뜻한 사람입니다

사람의 인성이 적나라하게 드러나는 순간은 약자를 대할 때가 아닌가 싶습니다. 약자를 따뜻하게 대하는 사람은 배우자에게도 잘합니다. 이런 사람은 누군가 약자를 괴롭히고 무시하면 전면에 나서 싸울 줄도 압니다.

6위 주변에 친절합니다

친절한 사람은 집이나 직장 어디서든 환영받는 사람입니다. 사람의 인간관계는 어디서나 비슷합니다. 가정에서 잘하면 회사에서 잘하고 더 나아가 사회와 국가를 위해서도 꼭 필요한 선인 역할을 해냅니다. 간혹 밖에서는 친절한데 집에만 들어오면 폭군처럼 변하는 사람이 있습니다. 원래 폭력적인 성향을 지닌 사람인데 밖에서는 가면을 쓰고 다닐 수 있으니 각별히 유의해야 합니다.

5위 경제 관념이 있습니다

"가난이 앞문으로 들어오면 사랑은 뒷문으로 나간다."는 말이 있습니다. 살면서 돈에 너무 쪼들리고 시달리면 애정이 식기 마련입니다. 생활고와 미래에 대한 불안 때문에 온전히 사랑하기 힘듭니다. 경제력은 절대 빼놓을 수 없는 최고의 배우자 요건 중 하나입니다. 그렇다고 너무 경제력만 기준 삼아 상대방을 무시하거나 타박해서도 안 됩니다. 부부간에는 엄연히 상호 부양의무가 있다는 사실을 잊지 말아야 합니다.

4위 처음과 끝이 한결같습니다

부부 사이 '신뢰'는 가장 중요한 덕목이며 부부간 약속은 반드시 지켜야 하는 금언입니다. 사소한 약속도 반드시 지키려고 노력하는 사람은 신뢰할 수 있습니다. 이럴 때 백년해로하는 부부가 탄생하는 것입니다.

3위 배려하고 공감할 줄 압니다

최악의 배우자 유형 중 하나인 자기중심적이고 이기적인 사람과 정반대 편에 서 있는 사람입니다. 자신만 챙기기도 바쁜데 남을 먼저 배려하고 그들의 형편과 감정을 공감할 줄 아니 대단한 능력자인 것입니다. 이런 사람이 곁에 있다면 행운이자 축복입니다.

2위 자기 일에 최선을 다합니다

매사 성실하고 최선을 다하는 사람이 곁에 있으면 든든합니다. 이런 사람은 재산을 탕진할 가능성도 거의 없습니다. 무슨 일이 있어도 맡은 바 책임을 완수하겠다는 의지가 강해 딴짓에 한눈팔 여력조차 없습니다.

1위 다정하고 자상합니다

결국 우리가 살아가는 이유는 행복한 감정을 누리기 위해서입니다. 다정하고 자상한 사람이 주는 위로는 그 어떤 것과도 바꿀 수 없습니다.

인간관계는 상대방을 바라보는 관점의 차이로 결정됩니다. 무학 스님이 "부처님 눈에는 부처님이 보이고, 돼지 눈에는 돼지가 보인다."는 말을 남겼습니다. 부부 사이는 물론이고 타인을 보거나 평가할 때 항상 상대방의 단점을 먼저 보고 부정적인 감정을 갖는 사람이 있습니다. 반면 상대방의 장점을 먼저 보려고 하고 부족한 점에 대해서는 위로와 격려를 하는 사람이 있습니다. 그 어느 때보다 힘든 이 시기에 가정에서부터 따뜻한 말 한마디 건네면서 최고의 배우자가 되도록 노력해 보면 어떨까 싶습니다.

이덕무는 『사소절(士小節)』에서 집안을 다스리는 최고의 요령을 묻자 이렇게 답합니다. "집안의 어른은 차마 못 들을 말을 꺼내지 않고, 식구들은 감히 못 할 말을 하지 않으면 집안의 도리가 잡힌다." 서로를 탓하는 말 한마디가 두고두고 깊은 상처로 남는 법입니다. 가까울수록 말을 가려서 하고 예의를 지킨다면 집안의 평화와 법도를 지킬 수 있습니다. 가깝다고 기분에 따라 말하고 행동하면 더 큰 손해를 봅니다. 어느 책 제목처럼 기분이 태도가 되어서는 곤란합니다. 기분이 안 좋을수록 마음의 오류를 잘 살펴 조심스럽게 상대방을 대해야 합니다. 오히려 남편이라서, 아내라서 홀대하는 일은 없어야 한다는 겁니다.

요즘은 언론이나 SNS에서 화려한 외모와 재력을 자랑하는 사람들이 주목을 받습니다. 연애나 결혼 상대방을 찾을 때도 마찬가지 기준으로 봅니다. 최고급 수입차를 타면 처음에는 다른 사람에게 과시할 수 있고 자기만족으로 이어져 기분이 좋다가도, 잦은 고장과 비싼 유지비 때문에 나중에 후회하게 됩니다. 이처럼 차량도 내구성이 중요하듯 사람도 외형보다는 내면이 중요합니다.

화려한 외형만 보고 선택한 인생의 동반자는 그리 오래, 멀리 가지 못합니다. 사람의 내면에 자리 잡은 성품, 인품, 성격, 지식, 교양, 가치관 등을 잘 살펴야 합니다. 이렇게 내면이 충실한 사람은 배우자는 물론 다른 사람에게도 피해를 주거나 예의 없는 행동을 하지 않습니다. 단언컨대, 내면이 충실하고 충만한 사람이 최고의 배우자입니다.

2부

사람은 떠나고
남은 것은 깨어진 거울뿐

치명적 매력 소유자,
치명적 배우자 되다

지금의 아내를 홍대 어느 클럽에서 처음 만났습니다. 당시 아내는 작은 얼굴에 뚜렷한 이목구비와 육감적인 몸매로 무대를 휘저으며 클럽 내 모든 남성의 시선을 끌었습니다. 저 역시 단연 돋보였던 아내에게 첫눈에 반했고 술김에 용기를 내어 사귀자고 말했습니다. 아내는 순순히 애프터 신청을 받아 줬고 우리는 본격적으로 데이트를 하기 시작했습니다.

아내는 늘 명품 가방과 화려한 옷으로 치장하고 약속 장소에 나타났습니다. 저도 거기에 맞추느라 전과 달리 과한 돈을 써 가며 멋을 낼 수밖에 없었습니다. 밸런타인데이 때는 소소하게 화장품을 선물하려고 함께 백화점에 갔는데, 아내는 어릴 적부터 피부가 민감해 특정 수입 브랜드만 썼다며 어마어마하게 비싼 화장품을 골랐습니다. 게다가 명품 옷, 명품 가방까지 사 달라고 해서 당황스럽기도 했습니다. 좋아하는 운동도 하필이면 골프여서 주말 데이트의 대부분을 골프장에서 보내야만 했습니다. 미국 명문대 출신에 고소득 전문직 여성이니 이 정도 취향과 취미 생활은 당연하겠지 싶어 좀 무리해서라도 맞추려고 애썼습니다.

이대로 연애 기간을 길게 끌 필요가 없겠다 싶어 만난 지 6개월 만에 서둘러 결혼식을 치렀고 남부럽지 않은 신혼살림을 차려 부부생활을 시작했습니다. 하지만 신혼의 단꿈에서 깨어나는 데는 그리 긴 시간이 걸리지 않았습니다. 아내는 미국의 한 고등학교 중퇴 학력에 한 번도 제대로 직장에서 일해 본 적 없었습니다. 고작 바 형태의 술집에서 아르바이트를 한 것이 전부였습니다. 얼굴과 몸매도 전부 성형으로 뜯어고쳤습니다. 아내가 연애하면서 보여 줬던 호화로운 생활은 바에서 만난 남자로부터 받은 돈 덕분이었습니다. 그 순간 사기를 당했다는 생각이 들어 배신감에 치가 떨렸습니다.

이미 혼인신고까지 한 상태인데 이처럼 아내의 거짓말과 허세를 이유로 사기죄를 묻거나 혼인을 없던 걸로 되돌릴 수 있을까요?

흔히 우리는 '속아서 결혼했다'는 의미로 '사기결혼'이라는 표현을 씁니다. 그런데 엄밀히 따지면 범죄로서 '사기결혼'은 없습니다. 사기죄는 사람을 기망하여 재산을 편취해야만 인정되기 때문입니다. 따라서 혼인의 과정에서 사람의 마음을 속여 상처를 주는 것이

도의적으로는 비난받을 수 있어도 사기죄를 묻기는 어렵습니다. 다만 사안에 따라 혼인취소소송을 제기하면서 위자료를 청구할 수 있습니다.

이혼이 일단 혼인이 정상적으로 성립한 이후에 문제가 생겨서 헤어지는 것이라면, 혼인취소는 처음부터 법적인 하자가 있었던 경우라는 데 그 차이가 있습니다. 혼인취소는 혼인했다는 사실을 더욱 강력하게 없앨 수 있는 법적 수단입니다. 혼인취소의 대표적인 사유 중 하나가 '사기 또는 강박으로 인하여 혼인의 의사표시를 한 때'입니다.

미리 알려야 할 의무

부부는 종종 과거의 일 때문에 다툽니다. 간혹 신혼여행에서 남편이 장난삼아 아내에게 "자기야, 내가 몇 번째 남자야?" 묻습니다. 이런 어리석은 질문은 예의상이라도 하지 않는 것이 좋습니다. 두 사람 모두 결혼 전 몇 명과 어떻게 연애를 했는지 성관계는 했는지 말할 필요도 없고 알려야 할 법적 의무도 없습니다.

하지만 결혼생활에 중대한 영향을 미치는 사건은 상대방에게 고지할 의무가 있습니다. 예컨대 결혼 전 다른 이성과의 결혼이나 이혼 여부 혹은 출산 경력 등을 들 수 있습니다. 그리고 사실혼이나 장기간 동거도 기록은 없지만 상대방에게 고지하는 것이 좋습니다.

결혼 결심에 영향을 끼치는 중대한 요소를 미리 고백하지 않으면 나중에 혼인취소나 이혼원인이 될 수 있기 때문입니다. 그렇다고 무조건 혼인취소로 받아들여지는 것도 아닙니다. 출산한 사실을 감추고 결혼한 여성이 있었습니다. 미성년자 시절 성폭행을 당해 아이를 낳았고 바로 입양한 후 인연을 끊은 사연을 갖고 있었습니다. 법원은 여성의 명예와 사생활의 비밀 등을 고려해 단순히 그 사실을 고지하지 않았다고 해서 혼인을 취소할 수 없다고 판단했습니다.(대법원 2016. 2. 18. 2015므654)

그렇다면 배우자가 성형을 했다는 사실을 숨겼어도 혼인취소나 이혼을 주장할 수 있을까요? 2세까지 고려해서 결혼을 결정한다면 성형 사실을 미리 고지해야 한다고 볼 수 있습니다. 하지만 성형을 숨겼다고 법적으로 시시비비를 가리는 것은 무리가 있습니다. 그런데 사람에 따라서는 속았다는 불쾌감이 너무 커서 한사코 소송을 제기하기도 합니다. 법원은 여전히 '혼인을 결정할 만한 중요한 사실을 적극적으로 기망한 경우'로 한정합니다. 가령 학력이나 직업, 혼인과 이혼 경력 등을 서류를 위조하면서까지 적극적으로 속이려 했다면 인정될 수 있습니다.

사랑에 눈이 멀었다?

다시 위 사연으로 돌아가 보겠습니다. 직업과 학력을 속여 결혼한 경우 상대방이 혼인을 취소하거나 이혼을 원한다면 어떻게 될까요? 일단, 사실을 다소 과장하거나 숨긴 것만으로는 혼인취소나 이혼원인이 되지 않습니다. 가령 연봉이 1억 원이라고 했지만 알고 보니 5000만 원이었다고 해서 바로 파국을 맞을 수는 없다는 겁니다. 누구나 구애할 때는 어떻게든 잘 보이려고 하는 게 인간의 본능이기 때문입니다.

하지만 구체적인 사실에 대해 적극적으로 기망한 때는 혼인취소 사유가 될 수 있습니다. 어떤 남성이 명문 대학 출신을 가장하기 위해 항상 그 대학교 교정이나 부근에서만 데이트를 했습니다. 여기에 더해 미국 유학도 다녀온 전문직이라고 속였습니다. 여성은 당연히 남성을 명문 대학 출신에 미국 유학파로 믿을 수밖에 없었습니다. 결혼식에는 하객도 화환도 모두 돈을 써서 가짜로 모았습니다. 처음부터 끝까지 모두 거짓말이었던 셈입니다.

법원은 이런 행위를 적극적인 기망으로 봐서 혼인취소를 인정했습니다. 다만 혼인취소에 따른 재산상 손해 외에 위자료를 1000만 원 정도만 인정했습니다. 누군가에게 속아 결혼까지 이른 정신적 고통치고는 너무나 적은 액수입니다. 이처럼 소송을 통해서도 피해배상을 온전히 받기 어려우니, 배우자를 선택할 때는 되도록 많은 정보를 수집하여 신중하게 판단하는 것이 바람직합니다.

그렇다고 너무 주판알을 튕기며 계산만 해서는 곤란합니다. 누구나 좋은 조건의 배우자를 만나기를 바랍니다. 저 사람이 돈은 얼마나 있을까, 어느 학교를 졸업했을까, 직업은 뭐고 연봉은 얼마나 될까, 건강은 괜찮을까 등등 알고 싶은 것투성이입니다. 하지만 조건만 바라다간 그 조건의 올가미에 걸려 꼼짝달싹 못 할 수 있으니 주의해야 합니다.

나 다시 돌아갈래!

간혹 혼인기록 자체를 없애고 싶다는 의뢰인을 만납니다. 혼인의 무효와 취소는 혼인 이전에 이미 존재했던 사실이나 혼인을 준비하는 과정에서 생긴 사유 등으로 혼인의 성립 자체를 부정하는 일입니다. 혼인무효가 인정되면 혼인은 소급하여 없던 것이 되고, 혼인취소는 취소된 날로부터 혼인사실이 부정되고 과거로 소급되지 않기 때문에 그 효과는 이혼과 유사합니다.

혼인은 취소할 수도 있지만 더 심각한 문제가 있으면 무효로 돌릴 수 있습니다. 민법은 '혼인의 합의가 없는 때'를 대표적인 혼인무효 사유로 봅니다. 무효는 취소와 달리 아예 가족관계등록부에 혼인의 흔적조차 남지 않습니다. 하지만 혼인무효소송은 그렇게 간단한 일은 아닙니다. 법원이 혼인무효를 쉽게 인정해 주지 않기 때문입니다.

민법 제815조(혼인의 무효)

혼인은 다음 각 호의 어느 하나의 경우에는 무효로 한다.

1. 당사자 간에 혼인의 합의가 없는 때
2. 혼인이 제809조 제1항(근친혼의 금지)의 규정을 위반한 때
3. 당사자 간에 직계인척관계가 있거나 있었던 때
4. 당사자 간에 양부모계의 직계혈족관계가 있었던 때

> ### 민법 제816조(혼인취소의 사유)
>
> 혼인은 다음 각 호의 어느 하나의 경우에는 법원에 그 취소를 청구할 수 있다.
>
> 1. 혼인이 제807조(혼인 적령) 내지 제809조(근친혼 등의 금지) 또는 제810조(중혼의 금지)의 규정에 위반한 때
> 2. 혼인 당시 당사자 일방에 부부생활을 계속할 수 없는 악질 기타 중대 사유 있음을 알지 못한 때
> 3. 사기 또는 강박으로 인하여 혼인의 의사표시를 한 때
>
> ### 민법 제823조(사기, 강박으로 인한 혼인취소청구권의 소멸)
>
> 사기 또는 강박으로 인한 혼인은 사기를 안 날 또는 강박을 면한 날로부터 3월을 경과한 때에는 그 취소를 청구하지 못한다.

혼인취소소송이 진행되는 법정에서 가끔 본인의 잘못을 인정하면서도 취소를 막아 달라고 떼를 쓰는 사람이 있습니다. 왜 속였는지 물으면 대부분 사랑해서 그랬다며 지금이라도 용서하고 다시 받아 달라고 호소합니다. 그러나 이미 부부간 신뢰가 깨졌으므로 뒤늦게 후회해 봐야 소용없습니다.

여기서 한 가지 유의할 점은 혼인취소소송을 마음먹었으면 신속하게 움직여야 한다는 것입니다. 사기를 안 날, 강박을 면한 날로부터 3개월 이내에 소송을 제기하지 않으면 혼인취소청구권이 소멸되

기 때문입니다. 속았다는 것을 알게 됐는데도 그 기간이 지나면 용서한 것으로 간주하는 것입니다. 그 후에는 어쩔 수 없이 이혼하는 방법만 남게 됩니다.

조건 때문에 결혼하면, 조건 때문에 이혼한다

결혼할 때 외모, 재력, 직업 등 조건을 중요하게 생각하는 사람이 점점 많아집니다. 물론 이런 현상이 무조건 나쁘다고만 할 수 없습니다. 사람마다 각자 자신이 소중하게 여기는 가치가 있습니다. 배우자를 선택할 때에도 우선순위를 어디에 둘지는 각자 선택의 문제입니다. 그러나 지나치게 조건에 집착하면 그 조건 때문에 결혼생활이 파탄됩니다. 사람은 누구나 늙어 가고 사업이 어려워질 수도 있고 실직할 수도 있으며 도박중독이나 한탕주의에 빠져 재산을 탕진할 수도 있습니다. 외적 조건은 영원할 수 없습니다.

속아서 결혼한 사람도 괴롭지만 사랑하기 때문에 어떻게든 결혼하려고 거짓말을 한 사람도 괴롭기는 마찬가지입니다. 설령 거짓말이 밝혀지지 않았다 해도 결혼생활 내내 혼자 괴로워할 수밖에 없습니다. 거짓말로 남겨 껄끄럽게 사느니 조금 고통스럽지만 용기를 내어 사실대로 고백하면 좋을 듯싶습니다. 지금은 부족하지만 열심히 노력해서 더 행복하게 해 주겠다고 약속하는 것입니다. 그러면 상대방도 그 진정성을 느껴 고마워하지 않을까요?

엄마가 좋아,
아내가 좋아?

결혼 2년 차인 저희 부부는 주변에서 잉꼬부부라고 부를 정도로 금실이 좋습니다. 남편은 일이 끝나면 바로 귀가하여 집안일을 거드는 매우 가정적인 사람입니다. 아직 아이가 없고 경제적으로 넉넉한 형편은 못 돼도 이처럼 세심하고 따뜻한 남편 덕에 별 탈 없이 잘 살아왔습니다.

그런데 한 가지 마음에 걸리는 일이 있습니다. 주말이면 둘이 오붓하게 교외 나들이도 가고 외식도 하기를 바라는데, 남편은 오로지 '올 엄마'만 찾습니다. 어머니 생신 날짜도 모를 정도로 무심했던 사람이 결혼 후 갑자기 효자가 되었나 봅니다. 결혼하고 철이 든 것도 좋고 홀로 계신 어머니를 챙긴다는데 누가 뭐라고 하겠습니까. 하지만 그 정도가 상식을 벗어나기 때문에 신경을 안 쓸 수가 없습니다.

주말 내내 시어머니 댁에 머물고 요즘에는 평일에도 서너 번씩 찾아쉽는데, 그 정도가 갈수록 심해지고 있습니다. 따로 떨어져 사는데도 매일 시어머니와 함께 사는 듯한 기분이 들 정도입니다. 가끔 제가 몸이 아파서 집에서 쉬고 싶다고 해도 남편은 제 간병할 생각은 않고 시어머니께 달려가니 제 속이 오죽하겠습니까.

지금까지 나름 평온하게 결혼생활을 유지할 수 있었던 것은 남편의 자상함 때문이 아니라 저의 인내심 덕분이 아닌가 싶습니다. 부부 단 둘이 있는 시간보다 시어머니까지 셋이 함께 있는 시간이 더 많은 결혼생활입니다. 남들은 효자 남편이라며 치켜세우지만 속사정을 잘 모르는 말이니 저는 한숨만 나올 뿐입니다. 이러다가 아이를 만들 기회조차 없을 것 같습니다.

제가 나쁜 아내, 나쁜 며느리인 건가요? 과연 이런 결혼생활을 앞으로도 계속할 수 있을까요?

'효자' 하면 일단 착한 사람이라는 생각이 들기 마련입니다. 그런데 이혼상담을 하다 보면 효자 남편을 욕하는 아내 분들이 꽤 많습니다. 시부모 입장에서는 좋은 아들이지만 아내에게는 나쁜 남편인 것입니다. 이렇게 효자도 관계와 관점에 따라 입장과 평가가 다릅니다.

특히 남성은 자신의 가정을 꾸리고 나서야 효자가 되는 일이 많습니다. 가정을 만드는 데 도움을 준 부모에게 감사한 마음이 들고 또 아이를 키우면서 비로소 부모의 마음을 헤아리기 때문입니다. 한창 구애할 때 1순위는 오로지 아내였지만 결혼 후에는 자기 부모로 휙 시선을 돌리는 남편이 아내로서는 야속할 것입니다.

효자 아들을 누가 뭐하고 하겠습니까마는, 그 정도에 따라 아내의 원성을 사느냐 마느냐의 문제가 남습니다. 지나친 효심이 원만한 부부생활에 해를 끼칠 수 있습니다. '효' 역시 과유불급을 경계해야 할 범주에 있는 덕목인 것입니다.

효심이 지나치다는 불만 자체만으로는 이혼원인이 되기 힘듭니다. 하지만 지나침의 정도가 어떤 '선'을 넘을 때는 따져 볼 여지가 있습니다.

아내는 효도 리모컨?

어느 결혼정보업체에서 기혼남녀회원을 대상으로 결혼 후 많이 변하는 배우자의 행동을 조사한 결과 기혼여성 반 이상이 남편의 '효심'을 꼽았습니다. 무턱대고 효자를 나무라는 것은 아니고 소위 '리모컨 효도'를 감행하는 남편을 타박하는 것입니다. 남편 본인이 직접 움직이면 될 일을 아내에게 이래라저래라 지시하며 아내를 효도의 도구, 즉 리모컨처럼 여기는 행태를 꼬집는 표현입니다. 가령 아내를 시켜 수시로 부모의 안부를 묻게 하거나 직접 뵙고 도울 일 있으면 도우라고 지시합니다. 이처럼 직접 해야 할 도리를 아내에게 떠넘기는 '리모컨 효도'는 손 안 대고 코 풀려는 심보에 지나지 않습니다.

이런 유형의 남성은 대개 결혼 전에는 부모의 속을 무척 썩이고 연락 한 번 드리지 않던 사람이 많습니다. 우리 아이가 달라진 것이 아니라 우리 남편이 달라진 것입니다. 과거에는 전업주부 며느리가 바깥일 하는 남편을 대신해 시댁 일을 봐 주는 것이 당연시되었지만 요즘은 맞벌이 부부가 늘면서 상황이 달라졌습니다. 모두가 바쁜 이 시대에 본인이 안 하는 효도를 남한테 강요하지 말라는 의미에서 일명 '셀프 효도'라는 말까지 생겨났습니다. 정말 효자가 되고 싶으면 본인 스스로 알아서 각자 부모에게 효도하라는 뜻입니다.

고부갈등의 씨앗

남편의 지극한 효심은 자칫 고부갈등을 일으키는 중대한 원인이 될 수 있습니다. 아내 입장에선 남편이 자기보다 시어머니와 본가 가족을 더 챙기면 서운한 것이 인지상정입니다. 아내가 서운함을 느끼면 아무래도 시어머니에게 잘 못할 수 있고 또 시어머니는 이런 며느리의 행동을 곡해할 수 있습니다. 그 사이에서 남편은 아내 편을 들 것인지 어머니 편을 들 것인지 진퇴양난에 빠집니다.

부부의 사랑과 부모 자녀의 사랑은 완전히 다른 개념이므로 어느 관계가 우선이고 우위에 있는지 나누는 것 자체는 의미가 없습니다. 마치 어린아이에게 "엄마가 좋아, 아빠가 좋아?" 묻는 것과 다르지 않습니다. 하지만 대개의 경우 나름 효자랍시고 어머니 편을 드는 경우가 많아 고부갈등은 부부갈등으로 번지고 결국 이혼까지 이르게 됩니다. 남편이 일방적으로 아내에게 효도를 강요하거나 지나치게 효자가 되어 자신의 가정보다 본가 일에 더 신경을 쓰는 바람에 부부 갈등이 생기고 파탄되어 이혼하게 되는 것입니다.

예로부터 효도는 중요한 덕목이었습니다. 자녀가 부모를 정성껏 봉양하는 자세는 칭찬받아 마땅합니다. 하지만 착한 사람, 좋은 사람 강박증에 빠지다 보면 가장 가까운 사람이 가장 큰 피해를 볼 수 있습니다.

서로 원성을 사지 않으면서 적절하고 합리적인 방법으로 효도한다면 오히려 부부생활에 도움이 됩니다. 효심은 선한 심성에서 우러나오는 것이기 때문에 당연히 배우자에게도 잘 할 것이고 배우자의 부모에게도 잘 할 것이라는 기대가 생깁니다. 아내가 고부갈등으로 이혼을 원할 때는 사실 시어머니보다 남편의 무심한 대응에 상처를 받았기 때문입니다. 중재 의무를 소홀한 남편에게도 큰 책임이 있습니다. 특히 무조건 어머니 편만 들어 갈등을 증폭시켰다면 절대적으로 남편에게 책임이 있습니다.

부부 독립 만세!

선을 넘는 효심도 문제이지만 결혼해서도 주체적으로 행동하지 못하고 어머니에게 의존하는 '마마보이'형 남편도 이혼의 씨앗이 됩니다.

아들을 너무 사랑한 나머지 며느리에게 아들을 빼앗겼다고 생각한 어머니가 있었습니다. 남편과 일찍 사별하고 아들 하나만 바라보며 산 어머니는 아들을 그야말로 금지옥엽으로 키웠지요. 진짜 눈에 넣어도 안 아픈 존재가 되었던 것입니다. 그런 아들이 결혼하겠다고 하니까 어쩔 수 없이 결혼은 시켰는데 결혼하고 나서도 어머니는 계속해서 아들 집을 들락날락했습니다. 심지어 이 부부가 아이를 가지려면 언제 어떻게 합방해야 하는지조차 일일이 설명하며 간섭했습니다. 어느 날 아내가 귀가했는데 시어머니가 예고도 없이 찾아와서 아들의 속옷을 직접 빨래해 주는 것을 보고 경악을 금치 못했습니다. 참다못해 남편에게 하소연하니 남편은 "왜 우리 엄마한테 그러느냐. 나는 우리 엄마가 이 세상에서 최고다!"라며 오히려 아내를 타박했습니다. 사소한 부부싸움까지 어머니에게 쪼르르 달려가 일러바치는 남편을 보고 아내는 당연히 이혼을 결심할 수밖에 없었습니다. 영화나 드라마에서나 볼 법한 이야기가 아니라 진짜 우리 현실에서 일어난 일입니다.

성인이 되어 제 힘으로 알아서 결혼한다 해도 어느 정도는 부모의 뜻을 존중해야 도리일 것입니다. 가장 가깝게 있는 결혼 선배, 부모가 해 주고 싶은 말이 많을 테니 일단 경청해야 합니다. 그렇다고 부모도 너무 자기 뜻대로만 자식의 결혼을 좌지우지해서는 안 됩니다. 아무리 낳고 길렀다 해도 부모가 자식에 대한 소유권을 갖는 것은 아닙니다. 다 자식을 위한다고 말하지만 막무가내 구속은 자식을 어긋나게 만듭니다. 또 그 대가는 양 집안 모두에게 안 좋게 닥칩니다. 그러니 부모는 부당한 강요 말고 합당한 조언을, 자식은 무조건 무시말고 따뜻한 경청을 하되 최종 결정은 스스로 알아서 해야 합니다.

결혼은 양 당사자 모두 부모로부터 완전히 독립하는 일입니다. 물리적·경제적 독립은 물론이고 정신적 독립도 이뤄야 합니다. 그런데 결혼 후에도 부모 집에 들어가 살면서 계속해서 경제적으로 의존하고 심지어 정신적으로도 조종당하면서 사는 사람이 있습니다. 왜 결혼했는지 의문이 들 정도입니다.

일단 결혼을 하면 효자, 효녀가 되기보다는 좋은 남편과 좋은 아내가 되어야 합니다. 그러지 못하고 부부 각자 자기 집안으로 치우치고 또 그것을 서로 공격하면 다시 강한 방어심리를 불러일으켜 악순환이 반복됩니다. 서로의 입장과 서운함을 당사자끼리 공유하고 이해하며 스스로가 만든 가정으로 사랑과 관심을 이전하는 과정이 필요합니다.

결혼으로 자녀를 독립시킨 부모도 발상의 전환을 각오해야 합니다. 아들딸을 결혼시키고 나면 이제 부모는 자녀에 대한 종속의 끈을 놓고 자유롭게 여행도 다니고 그동안 누리지 못한 각자의 삶을 즐기며 충분한 권리를 누려야 합니다. 결혼을 계기로 자녀를 놓아 주는 것이 오히려 자녀를 위한 길이자 스스로를 위한 길입니다.

효도의 형평성

신혼부부가 서로 자기 집만 못하다면서 음식 솜씨를 타박하는 때가 있습니다. 이것은 단순히 반찬 투정으로만 넘길 수 없는 좋지 않은 징조입니다. 자신이 나고 크던 가정을 기준으로만 견주고 고집한다면 아직 부모의 품을 떠나지 못하고 있는 것입니다. 부모의 손을 타며 자랄 수밖에 없는 인간의 조건이 야속하지만, 이런 성향은 마땅히 두 사람의 힘으로 새로운 가정을 일궈 나가야 할 상황에서 무시 못 할 암초로 작용합니다.

예전에는 자식 나이 스물이 넘으면 알아서 부모를 봉양했는데, 요즘은 서른 살, 마흔 살이 넘어도 캥거루 새끼마냥 부모의 품속에서 부모에 기대며 사는 형편입니다. 그렇다고 꼭 잘못 키운 것도 아니고 또 부모 마음 이해 못 할 바도 아니지만 부모의 과잉보호는 자식을 망치기 십상입니다. 제때 자립시키지 못하면 자식의 결혼생활까지 악영향이 미칠 수 있다는 얘기입니다.

잘못된 방식의 효도 역시 부부생활에 악영향을 주고 혼인을 파탄에 이르게 할 수 있습니다. 아무리 효자라고 해도 자기 부모에게만 효도하고 상대방 집안은 무시하며 배우자를 힘들게 만드는 것은 잘못된 행동입니다. 우리는 모두 누군가의 자녀이자 배우자이고 부모입니다. 자신의 부모와 자녀가 소중하면 상대방의 부모와 자녀도 소중한 존재인 것입니다. 일단 본가에 효도하는 만큼 처가에 가서 효도하는 것부터 시작해 보는 게 좋겠습니다.

시어머니와 장모,
누가 더 셀까?

결혼한 지 1년이 안 된 새댁입니다. 신혼집을 알아보면서 시댁과는 꼭 거리를 두고 싶었습니다. 그렇다고 친정과 가까운 곳을 고집했던 것은 아닙니다. 어디라도 좋으니 시댁과 멀리 떨어진 곳이면 됐습니다.

그럴 만한 이유가 있었는데요, 남편과 1년 남짓 연애하면서 이미 시어머니의 극성을 겪었기 때문입니다. 시도 때도 없이 아들에게 전화해서 지금 뭐하는지, 밥은 먹었는지, 저와는 뭘 하며 주말을 보냈는지 등 아들의 일거수일투족을 꼬박꼬박 물었습니다. 그나마 남편이 마마보이 타입이 아니어서 어머니의 간섭을 차단하려고 노력해 다행이었습니다. 그래도 결혼을 할지 말지 고민이 깊어졌는데, 남편만 믿고 따르기로 했습니다. 그럼에도 시어머니와는 절대 가깝게 살면 안 된다는 경계심은 여전했습니다.

하지만 저희 둘 다 소규모 사업장에서 계약직으로 일하는 형편이라 경제적으로 독립하기는 좀처럼 어려운 상황이었습니다. 결국 기댈 곳은 시어머니밖에 없었습니다. 시아버지와 일찍 사별한 시어머니는 동네에서 오랫동안 식당을 운영하며 남편을 키웠습니다. 시어머니의 식당은 소위 '맛집'으로 알려져 외지에서도 일부러 찾아올 정도로 인기가 있습니다. 남편이 시어머니에게 집을 구할 돈을 부탁하니 시어머니는 같은 동네에 사는 조건을 달았습니다. 처음에는 그냥 둘의 힘만으로 외곽으로 나가 월세부터 시작할까도 했지만 주변 눈도 있고 해서 어쩔 수 없이 어머니 뜻을 받아들였습니다.

　아니나 다를까 결혼 후 시어머니는 하루가 멀다고 신혼집에 찾아왔습니다. 남편에게 현관문 비밀번호를 캐물었고 그 후로는 밤낮 가리지 않고 마음대로 들렀습니다. 그냥 왔다 가는 것도 아니고 올 때마다 살림 하나하나 잔소리를 퍼붓고 남편 앞에서는 제 험담을 늘어놓았습니다. 어머니 때문에 신혼의 단꿈은 깨졌고 더 이상 참지 못해 어머니 몰래 현관문 비밀번호를 바꿔 버렸습니다. 그러자 바로 사달이 났습니다.

　시어머니는 남편에게 전화해 며느리가 감히 집 비밀번호를 바꿨다며 노발대발했습니다. 관계를 끊자는 선전포고로 받아들였다며 호통을 쳤습니다. 남편은 어머니 말만 곧이곧대로 듣고는 저만 탓했습니다. 아무리 시어머니라고 해도 며느리의 사생활을 침해할 수는 없다고 항변했지만 남편은 시어머니만 두둔했습니다. 두 사람으로부터 동시에 공격을 받으며 혼자 코너에 몰렸더니 더 이상 제 편은 아무도 없다는 생각이 들었습니다. 속이 까맣게 타들어 가다가 더 이상은 이렇게 살 수 없다고 판단하여 더 늦기 전에 이혼을 결심하게 되었습니다.

　시어머니가 신혼집 비밀번호를 알려 달라고 하는 것은 며느리 입장에서는 정말 황당하고 곤란한 일입니다. 외국에서는 도저히 상상도 할 수 없는 일인데, 유독 우리나라에서 시댁이나 처가가 부부의 사생활에 간섭하는 사례가 발생합니다.

　며느리가 더 늦기 전에 차라리 이혼을 하는 게 낫겠다고 생각한 마음도 충분히 이해합니다. 앞으로 더 심하면 심했지 시어머니가 알아서 거리를 둘 거라고 기대하기는 힘들기 때문입니다. 시어머니 손바닥 위에서 결혼생활을 계속해야 한다고 생각하면 결혼 자체가 아무 의미가 없고 두려울 것입니다. 하지만 아직 신혼이니 하나하나 시댁을 알아 가는 과정이라고 생각하고 먼저 남편에게 불편함을 호소하길 바랍니다. 시어머니와도 차근차근 대화로 풀어 나갈 여지가 있어 보입니다. 그래도 어렵다면 이혼 법리를 따져 봐야 하겠지만 그게 또 쉬운 일은 아닙니다.

　법적으로 배우자의 부모로부터 심히 부당한 대우를 받거나 반대로 배우자가 상대방 부모에게 심히 부당한 대우를 하는 것은 모두 이혼원인이 됩니다. 여기서 '심히 부당한 대우'라는 표현이 모호해 보입니다만, 법원은 결혼생활을 유지하라고 강요하는 것이 가혹하다고 여겨질 정도로 배우자나 그 직계존속에게서 폭행, 학대, 모욕을 당하는 것으로 봅니다.(대법원 2004. 2. 27. 2003므1890) 실제로 혼인을 파탄에 이르게 할 만큼 지나친지 여부는 사안별로 따져 봐야 합니다. 이런 엄청난 '고부갈등(姑婦葛藤)' 속에서 남편이 중재자 역할을 제대로 하지 못했으면 이혼 시 위자료 책임을 떠안을 수도 있습니다.

예나 지금이나 변함없는 고부갈등

"지구가 멸망해도 고부갈등은 없어지지 않는다."는 말까지 나돌 듯 고부갈등은 동서고금을 떠나 가장 해결하기 어려운 문제입니다. 몇 년 전 방영되었던 드라마 「인수대비」는 성종의 어머니인 인수대비와 성종의 부인이자 연산군의 어머니인 폐비 윤 씨와의 고부갈등을 신랄하게 그렸습니다. 인수대비는 권력욕이 남다른 전통적 시어머니로 나오고, 며느리 윤 씨는 자유분방한 성격으로 등장합니다. 이 둘의 만남으로 조선 최악의 고부갈등이 벌어지는 것입니다.

이뿐만 아니라 세조의 여인 정희왕후와 인수대비 사이의 반목까지 펼쳐지는데, 드라마를 이끌었던 두 기둥이 바로 고부갈등인 셈입니다. 권력을 둘러싼 세 여인의 인연과 악연 속에서 결국 궁궐 안에서도 고부갈등은 피할 수 없다는 것을 알 수 있습니다. 또 어머니와 아내 사이에서 갈등하는 세조와 성종의 모습까지 아우른다면, 비록 역사와 허구가 뒤섞인 드라마라지만 예나 지금이나 고부갈등의 양상은 크게 다르지 않다는 생각에 허탈하기까지 합니다.

고부갈등과 관련해 오래전부터 전해 내려오는 이야기가 하나 있습니다. 옛날에 시집살이를 호되게 당하고 사는 며느리가 있었는데 시어머니가 너무 미워 어느 날 용한 스님을 찾아가 시어머니를 없앨 수 있는 방법을 물었습니다. 그러자 스님이 어떤 약을 건네주면서 "이 약은 독약이니 시어머니 반찬에 조금씩 넣으면 100일 후에 시어머니는 쥐도 새도 모르게 죽을 것이다. 그런데 약을 주는 대신 조건이 하나 있다."고 했습니다. 며느리는 간절한 눈빛으로 "시어머니만 죽일 수 있다면 뭐든지 하겠습니다. 조건이 무엇인가요?" 물었습니다. 스님은 "시어머니에게 약을 넣은 반찬을 줄 때마다 감사의 말을 건네라."고 주문했습니다. 조금 이상한 조건이어서 고개를 갸우뚱했지만 일단 바로 다음 날부터 시어머니 반찬에 약을 조금씩 넣기 시작했고, 시어머니가 아무리 구박해도 "어머니, 고맙습니다." 하며 마음에도 없는 감사 인사를 건네기 시작했습니다. 시어머니는 처음에는 의아해했지만 "그래, 나도 고맙다."며 화답했습니다.

이렇게 서로 전에 없던 덕담을 주고받으니 어느새 시어머니를 향한 증오가 사라지고 시어머니도 차차 며느리를 감싸며 예뻐하기 시작했습니다. 고부 관계가 회복되고 즐거운 일상이 펼쳐지면서 어느새 100일을 하루 앞두게 되었습니다. 며느리는 시어머니를 미워하던 지난날의 자신을 후회하며 서둘러 스님에게 찾아가 잘못을 뉘우쳤습니다. "제발 시어머니를 살려 주세요!"라고 울면서 빌자, 스님이 빙그레 웃으며 "사실은 그 약은 독약이 아니라 평범한 약초다."라고 했습니다.

사람에게 사람 이상의 것을 기대하지 말 것

위 사연에서는 며느리가 아랫사람이니 먼저 나서서 시어머니에 대한 태도를 바꿔 보도록 노력하면 어떨까 합니다. 아내로서 남편을 잘 챙길 테니 앞으로는 사사건건 아들 일에 간섭하지 않아도 된다고, 또 부부의 사생활도 존중해 줘야 하니 방문할 때는 미리 연락을 달라고, 무엇보다 또 시어머니가 먼저 찾아오기 전에 자주 안부를 물으러 댁에 가겠다고 말하는 등 충분히 대화로 풀 수 있는 문제라고 생각합니다.

아무리 노력해도 시어머니와의 관계가 좋아지지 않는다면 적극적으로 남편에게 도움을 요청해야 합니다. 고부갈등의 파고 속에서 남편은 그저 지켜볼 게 아니라 중재자 역할을 맡아야 합니다. 남편은 어머니 편만 들지 말고 우선 아내의 입장을 헤아리는 태도가 바람직합니다. 계속해서 어머니 편만 들고 아내를 구박한다면 더 이상 결혼 생활을 유지하기 어렵고 아내는 이혼을 생각할 수밖에 없습니다. 아들이 아내 편만 들어서 설령 어머니와의 관계가 소원해진다고 해도 모자 관계는 쉽게 단절되지 않고 언제든지 다시 화해할 수 있지만, 부부는 한번 멀어지면 영원히 끝일 수 있습니다.

시어머니의 심히 부당한 대우로 인해 혼인이 파탄에 이른 경우 이혼을 인정될 수 있고 더 나아가 제3자인 시어머니에게까지 손해배상책임을 물을 수 있습니다. 특히 고부갈등이 심한데도 남편이 아무런 역할을 하지 않고 방치한 경우 남편에게 위자료 등을 가액해 더 큰 책임을 물을 수 있습니다.

가끔 남편과 더불어 시어머니를 공동피고로 하여 위자료를 받아 달라고 요청하는 의뢰인이 있습니다. "변호사 님! 남편도 밉지만 시어머니와 시누이가 더 미워서 이들도 함께 혼내 주세요!"라면서 간절히 요청합니다. 물론 법리적으로 혼인 파탄으로 피해를 입은 당사자가 원인을 제공한 제3자에게 위자료 등 손해배상청구를 진행할 수 있습니다. 하지만 실무에서는 남편에게 포괄적으로 파탄의 책임을 묻고 시어머니에게는 책임을 묻지 않는 것이 일반적인 태도입니다. 시어머니까지 피고로 한다면 이혼재판이 너무 감정싸움으로 흐르고 자칫 집안싸움으로 번질 가능성도 있어 합의나 조정이 더욱 어려워지기 때문입니다.

한편 배우자가 자신의 부모에게 효도를 하지 않는다며 원망하는 사례도 있습니다. 흔히들 부부 각자의 직계존속만 챙긴다며 형평성을 거론합니다. 사실 효도의 개념은 워낙 폭넓고 불분명합니다. 어떤 특정 기준을 마련하기도 어려워 부당행위로 판단하기까지 실무적으로 무척 난감한 문제입니다.

새로운 가족의 탄생

다시 한 번 강조하지만 고부갈등에서 남편의 역할이 큽니다. 그렇다고 너무 중립을 지키다 보면 여기서도 저기서도 얻어맞을 수 있습니다. 문제를 해결하기 위해서는 큰 결심이 필요한데, 특히 결혼까지 했으면 부모 특히 어머니로부터 완전히 독립해 아내에게 최선을 다하는 자세가 바람직합니다. 결혼을 한 후에도 계속 어머니와 떨어지지 않으려고 한다든지 자꾸 기대며 아내를 소홀히 대할 거면 애당초 결혼을 하지 말거나 차라리 이혼하고 어머니와 단 둘이 사는 게 낫습니다.

시어머니가 아들과 며느리의 생활에 간섭하는 이유 중 하나는 그동안 부모로서 자녀 뒷바라지를 했고, 특히 결혼할 때 경제적으로도 아낌없이 지원했기 때문에 마치 지분권이라도 행사하듯 참견하고 지시하는 것이 당연한 권리라고 생각하기 때문입니다. 그렇다 해도 며느리는 시어머니의 부당한 요구에 단호히 그러나 예의를 갖춰 거절해야 합니다. 누구나 사생활의 자유가 있고 특히 결혼한 부부는 하나의 독자적 인격체이자 엄연히 한 가정의 주인입니다.

그럼에도 불구하고 요즘 또 다른 형태의 불화가 불거지고 있어 걱정입니다. 이른바 장모와 사위 간 반목을 뜻하는 '장서갈등(丈壻葛藤)'이 문제입니다. 최근 여성의 지위가 향상되고 처가와의 교류가 잦아짐에 따라 이제는 사위가 장모의 등쌀에 시달리며 스트레스를 호소하는 일이 늘어나고 있습니다. 고부갈등과 함께 이런 장서갈등까지 한꺼번에 나타나 이중고를 겪는 집도 있다고 합니다. 여기서 장서갈등으로 이혼을 심각하게 고민하는 남성의 사연을 더 살펴보겠습니다.

맞벌이 부부인 저희는 결혼한 지 5년 만에 딸아이를 갖게 되었습니다. 귀한 딸이 생겼으니 온 힘을 다해 키우겠다는 마음은 당연한

데, 경제적 현실을 생각하면 육아에만 전념할 수 없어 답답했습니다. 고민 끝에 아내를 배려하려고 힘든 직장을 관두게 했습니다. 편하게 집안일과 육아만 하라고 권했고 저는 생계유지를 위해 아내 몫까지 더 열심히 일했습니다.

그러다 보니 피곤해서 주말에는 소파를 벗어나지 못하게 되었고 아내의 불평불만은 더 커졌습니다. 제가 퇴직을 강요했고 살림과 육아도 쉽지 않은데 자기를 가사도우미 취급한다며 바가지를 긁어 댔습니다. 그러다가 다행인지 불행인지 아내가 경력단절여성 취업에 성공해 일자리를 얻게 되었습니다. 저는 딸아이 육아 때문에 마냥 기뻐할 수도 없었는데 그런 제 속을 아는지 모르는지 아내는 제 갈 길 가겠다는 입장이었습니다. 결국 장모님께 사정했지만 장모님은 노후 계획이 틀어진다며 탐탁해하지 않으셨습니다. 그래도 손녀가 눈에 밟혔는지 마지막으로 희생하기로 결심했다며 아예 저희 집으로 들어오셨습니다.

마음으로야 고맙긴 한데 장모님과 함께 살다 보니 불편한 일이 한두 가지가 아니었습니다. 아내는 원래 같이 살던 사람이니 별 불만 없이 장모님을 대했지만 저는 부모님을 어린 나이에 일찍 여의었던 터라 어른과 함께 생활하는 일이 보통 낯선 게 아니었습니다. 장모님이 계시다 보니 힘들게 일하고 집에 들어와도 저는 편하게 쉴 수 없었고, 처가 쪽 식구들이나 친족들이 제 집 드나들 듯 방문하는 것도 불편하기 짝이 없었습니다. 마치 처가가 제 집을 점령한 듯한 기분이 들 정도였습니다. 게다가 장모님은 점차 제 일상 하나하나에 간섭하고 심한 잔소리를 퍼붓기 시작하셨습니다. 하지만 딸아이 육아를 부탁하는 입장이라 굽히고 들어갈 수밖에 없으니, 인내해야만 했습니다.

그렇게 나름 버틴다고 버티다가 스트레스를 못 참고 아내에게 불편을 호소했습니다. 아내는 그러기에 왜 능력이 이것밖에 안 돼 자기 엄마를 힘들게 하느냐며 오히려 저를 나무랐습니다. 아니, 먼저 일을 관두라고 한 사람은 저이고 다시 일하러 나간 건 아내인데 이런 소리를 들으니 보통 괄시가 아니라는 기분이 들었습니다. 한두 번이면 말겠는데 말끝마다 저를 타박하는 소리를 해 대고 장모님까지 참기 힘든 말을 내뱉으시니 거의 미칠 지경이었습니다. 어느 때는 두 사람이 합심하여 거의 쌍욕에 가까운 모욕까지 퍼부었습니다.

이렇게까지 무시받으며 살아야 하는지 너무나 큰 모멸감이 듭니다. 아직 어리지만 딸아이 보기도 민망합니다. 제 편은 아무도 없고, 그저 저는 두 여자의 스트레스 해소용 샌드백과 같은 신세가 된 것입니다.

고부갈등에 따른 이혼 법리는 장서갈등에도 똑같이 적용됩니다. 즉 민법 제840조 3, 4호에 따라 배우자의 직계존속인 장모로부터 사위가 심히 부당한 대우를 받거나 배우자인 남편으로부터 자기의 어머니가 심히 부당한 대우를 받으면 재판상 이혼원인에 해당합니다. 여기서 '심히 부당한 대우'란 앞서 언급했듯, 결혼생활을 지속하는 것이 두 사람 모두 혹은 일방에게 큰 고통을 야기할 정도의 정신적·육체적 폭행, 학대, 모욕 등을 의미합니다. 따라서 단순히 감정을 건드리거나 몇 마디 욕을 한다든지 약한 신체적 접촉만으로는 해당되기 어렵습니다.

장모의 폭언이나 폭행, 지나친 간섭 등으로 사위가 정신적·육체적 피해를 받고 이혼을 청구한다면 장모에게도 위자료청구소송을 제기할 수 있습니다. 반대로 장모가 사위로부터 심히 부당한 대우를 받았다면 아내 측에서 남편을 상대로 위자료청구소송을 제기할 수 있습니다.

백년손님에서 백년원수로

말 많고 탈 많은 고부갈등이 이제는 장모와 사위 관계로 이어져 가정을 파탄 나게 만드는 주범으로 등장했습니다. 그만큼 장모를 필두로 처가 식구의 지나친 간섭과 부당행위 등으로 인해 고통받는 남편이 늘고 있습니다.

예전에는 딸이 이혼하겠다며 처가로 도망 오면 처가 식구가 잘 타일러 다시 돌려보내고는 했습니다. 하지만 요즘에는 오히려 처가 쪽에서 이혼을 권고하거나 강요하는 경우가 늘고 있습니다. 딸 하나만 있는 집안 같은 경우 사위로 들어가기가 여간 까다로운 게 아닙니다. 웬만한 후보는 자격 미달로 떨어져 나갈 만큼 눈이 높아졌습니다. 또 우여곡절 끝에 결혼했어도 성에 차지 않으면 가차 없이 이혼시킴니다.

사위가 제아무리 뛰어난 능력자라고 해도 처의 부모 입장에서는 귀한 딸을 거액의 혼수와 비용을 들여 혼인시켰다면 아무래도 기대치가 높을 수밖에 없고 따라서 갈등이 자주 일어나게 됩니다. 장모가 사위를 무시하며 폭언을 일삼는 일은 약과이고 때로는 사위를 폭행하는 경우도 있습니다. 아예 처가살이를 하면서 장모 등쌀에 시달리다가 결국에 쫓겨난 남편이 이혼을 먼저 요구하는 사례도 늘고 있습니다.

사실 미국 등 서양은 고부갈등보다는 장서갈등이 심합니다. 미국에서는 지금도 코미디나 농담의 소재로 장서갈등이 자주 쓰입니다. 가령 "아담은 세상에서 가장 행복한 남자였다. 왜냐하면 장모가 없었으니까!"와 같은 말이 나돌 정도입니다. 미국에서 장모는 주로 간섭 많고 잔소리 많이 하는 이미지로 그려지고 장서갈등은 부부갈등의 중심에 있습니다.

우리나라는 사위를 '백년손님'이라고 부릅니다. 사위는 그야말로 평생을 깍듯이 대해야 할 어려운 손님인 것입니다. 사위가 처가를 방문하면 장모가 버선발로 뛰어나와 반겼고, 늘 "믿는 건 자네밖에 없다."며 사위를 띄우고 딸을 부탁하는 데 열중했습니다. 또 씨암탉을 잡는 것은 물론 극진한 정성으로 산해진미를 대접하여 사위를 흡족하게 만드는 게 보통의 모습이었습니다. 하지만 이제는 백년손님이 아니라 '백년원수'라고 불러도 좋을 만큼 반목이 잦고 그만큼 사위는 홀대를 받고 있습니다. 고부갈등은 점차로 줄어드는 추세인데 장서갈등은 계속 증가하고 있는 형국입니다.

그냥 내버려 둘 일이 아니다

이런 장서갈등은 점차 여성의 경제 활동이 활발해지고 육아 등 처가의 도움을 받는 일이 많아지면서 두드러지기 시작했습니다. 아무래도 자주 보면 볼수록 반갑기보다는 서로의 안 좋은 점을 많이 보고 또 간섭하게 되다 보니, 싸우기까지 하는 것입니다. 사위는 장모가 도와주는 것은 좋으나 간섭하는 것은 받아들이기 힘들고, 장모 입장에서는 딸이 고생하는 모습을 보면 싫은 소리를 안 할 수 없습니다. 그러다 보니 장모와 사위 간 불협화음이 생깁니다. 장모와 사위도 남성과 여성 관계이다 보니 서로를 이해하기 힘들어 모두 자기 입장만 고수합니다. 결국 상황이 걷잡을 수 없어질 정도로 악화되어 이혼까지 생각하게 되는 것입니다.

위 사연처럼 처가에 의존하는 이유는 주로 경제와 육아 문제 때문입니다. 별도로 사람을 써서 도움을 받을 수 없는 맞벌이 부부는 거의 친정 부모에게 의지할 수밖에 없습니다. 시어머니가 있다 해도 아무래도 며느리 입장에서는 친정 부모가 편하기 때문입니다. 일부러 친정과 가깝게 살게 되고 교류가 잦아지다 보니, 부부가 독립해 이룬 가정도 친정의 영향력 안에 놓이게 됩니다. 그러니 사위는 답답해질 수밖에 없습니다.

고부갈등 속 남편의 역할이 중요하듯 장서갈등 속 아내의 역할이 무엇보다 중요합니다. 지나치게 친정 부모에게 의지하는 일은 삼가야 하고, 현실적으로 어렵다 해도 남편과 함께 힘을 모아 독립적으로 가정을 이끌어 나갈 수 있는 방안을 끝까지 모색해야 합니다.

남편이 다른 남자를
사랑합니다!

저는 30대 여성으로 혼기가 가까워지자 VIP 결혼정보회사를 통해 여러 주선이 들어왔고 고심 끝에 머리 좋고 인물 좋은 의사를 신랑 감으로 점찍어 교제를 시작했습니다. 외향은 깔끔하고 세련됐지만 보기와 다르게 수더분하고 무덤덤한 성격이었으며 무엇보다 저 빼고는 다른 이성에 관심이 없어 보여 듬직했습니다. 남들처럼 허세도 거짓도 없이 소박한 취향을 가진 타입이라 어디서 이런 남자를 만날 까 싶어 서둘러 결혼해 버렸습니다.

1년간 교제하면서 서로의 마음을 확인하는 스킨십 정도에만 그쳤는데 요즘 세태와는 다른 연애를 하다 보니 오히려 뿌듯했습니다. 이렇게 혼전 성관계 없이 말 그대로 손만 잡으며 건전한 연애를 했고, 이윽고 많은 이들의 축복을 받으며 결혼식을 올렸습니다.

그런데 남편은 신혼여행을 가서도 성관계를 요구하지 않아 당황스러웠습니다. 연애할 때처럼 가벼운 스킨십은 했지만 그게 다였던 것입니다. 또 제가 샤워하는 모습을 유심히 훔쳐보는 등 좀 이상한 행동을 했는데 신혼부부라면 충분히 이런 장난을 칠 수 있지 싶어 그냥 웃어넘겼습니다. 무엇보다 사랑하는 인연을 만났기 때문에 그 환상을 깨고 싶지 않은 마음이 컸던 것 같습니다.

남편이 아무래도 의사이다 보니 일상에 여유가 많지는 않았고, 그런 데는 성격 탓도 있었습니다. 너무 스트레스 받지 말고 쉬엄쉬엄 일하라고 해도 말을 듣지 않았습니다. 직업인으로서 프로페셔널한 면이 있다는 점이 더욱 매력으로 다가왔습니다. 주변에서도 남편이 의사로서 워낙 건실하고 능력 있다는 소리를 자주 해서 자랑스러웠지요. 다만 저와 잠자리를 갖지 않는 것만은 여전히 의아했고 풀리지 않는 미스터리처럼 제 머릿속을 괴롭혔습니다. 급기야 우울감이 찾아들기 시작했는데, 그렇다고 이런 사연을 집안 어른이나 친구들에게 쉽게 털어놓을 수도 없는 입장이라 답답했습니다.

그러던 중 두 번 다시 떠올리기 싫은 끔찍한 일이 제 눈앞에서 일어났습니다. 어느 호텔 커피숍에서 친구와 차를 마시고 있는데, 남편과 어느 젊고 건장한 남성이 사이좋게 프런트 데스크에서 체크인 하는 모습이 눈에 띄었습니다. 병원을 놔두고 이 시간에 무슨 일로 호텔에 왔으며 동행한 남성은 누구인지 수상했습니다. 불안이 엄습한 가운데 몰래 남편과 남성의 뒤를 쫓았고 둘은 호텔 방에 들어갔습니다. 닫힌 문 앞에 잠시 서 있다가 벌렁벌렁 뛰는 가슴을 부여잡고 심호흡을 한 뒤 초인종을 눌렀습니다. 살며시 조금 열린 문틈으로 알

몸에 가까운 남편이 밖을 내다봤고 결국 저와 눈이 마주치고 말았습니다.

그 후 남편과 동행한 남성은 후배 의사라는 사실이 밝혀졌습니다. 그렇게 남편이 동성애자라는 사실에 저는 절망과 자괴감에 빠진 나날을 보내고 있습니다.

배우자가 혼인 전부터 동성애 성향이 있었지만 속이고 결혼했을 수도 있고, 혼인 후 뒤늦게 성 정체성에 혼란이 생기거나 어떤 상황으로 인해 일시적으로 이런 행동을 했을 수도 있습니다. 어쨌든 남편의 행동은 민법 제840조 1호에서 규정하는 배우자의 '부정행위'에 해당하여 부부간 정조의무를 위반했다고 볼 수 있습니다.

배우자가 다른 이성을 만나는 것은 물론 다른 동성과 성관계를 갖는 것 역시 혼인 파탄의 중요한 사유가 될 수 있으며, 이혼 및 위자료를 청구할 수 있습니다. 이런 성 정체성을 알고도 고의로 숨기거나 적극적으로 속였다면 아예 혼인취소도 생각해 볼 수 있습니다.

이혼을 결심했다면 먼저 협의상 이혼을 진행해 보고 어려울 경우 재판상 이혼을 청구해야 합니다. 이때는 남편이 다른 사람을 만나는 사진이나 동영상 또는 남편이 잘못을 인정하는 각서, 녹음 등이 증거가 될 수 있습니다. 또한 아내는 동행한 남성을 상대로도 위자료를 청구할 있습니다. 판례에 따르면 기혼자임을 알면서도 불륜을 부추

겨 파탄에 이르게 하는 데 일정 역할을 한 사람도 손해배상 책임을 인정하고 있습니다.(대법원 2015. 5. 29. 2013므2441)

배우자의 커밍아웃

아내가 남편을 용서하고 다시 가정으로 돌아오게 하려면 남편이 다른 남성과 저지른 부적절한 행위가 일시적인 것인지, 아니면 남편의 원래 성 정체성이 동성애자나 양성애자인지 먼저 파악해야 합니다. 실체를 파악한 후 성향이 변할 수 있으면 다시 결혼생활을 이어나가도록 두 사람이 함께 노력해야겠지요.

만약 부부 사이에서 이를 공론화하지 않고 문제를 해결하려는 아무 노력도 기울이지 않는다면 상황은 더욱 악화될 것입니다. 성 정체성은 태어날 때부터 자연스럽게 형성되지만 성장 과정에서 바뀔 수 있고 그 자체는 잘못이 아닙니다. 상대방이 원하지 않는다고 해서 마음대로 바꿀 수 있는 문제도 아니므로 있는 그대로 인정하되 결혼생활에 미칠 영향을 따져 봐서 앞으로 어떻게 해 나갈지 분명히 자기 입장을 밝혀야 합니다.

어느 여성이 자신의 동성애 성향을 알고 있으면서도 형편 때문에 이를 속이고 일단 명망가의 장남과 결혼해서 자녀까지 출산한 후 모든 것을 털어놓았던 사건이 있었습니다. 더 이상 결혼생활을 유지하기 어려웠기 때문에 이혼을 하는 것이 서로를 위해 현명한 선택이었습니다. 이처럼 더 늦기 전에 배우자에게 솔직히 밝혀야 하고, 웬만

해선 결혼 전에 고백하고 상의하여 무리한 결혼에 이르지 않는 것이
바람직합니다.

천 개의 민낯, 부정행위

　몇 년 전 50대의 아주 교양 있어 보이는 여성이 이혼상담을 받으
러 왔습니다. 그런데 도대체 무슨 사연이기에 변호사 사무실까지 찾
아와서는 머뭇거리는지 이상했습니다. 차 한 잔을 대접하면서 마음
을 안정시켰고 여성은 여전히 상기된 상태로 이야기를 풀어놓기 시
작했습니다.

　어느 날 남편이 애지중지 갖고 다니던 노트북을 집에 켜 놓은 채
두고 나갔는데, 이 여성이 그것을 들여다봤습니다. 바탕화면에 깔린
이상한 이름의 폴더를 열자 낯뜨겁게도 성인동영상 수백 편이 쏟아
져 나왔습니다. 뭐 성인이니 그럴 수도 있겠다 싶었고 호기심도 생겨
영상을 클릭해 봤습니다. 나체의 남녀가 적나라하게 성행위를 하는
장면에 얼굴이 붉어졌는데, 영상 속 남자가 낯익어 자세히 보니 바로
남편이었습니다. 온갖 여성들과 변태적인 성행위를 하는 모습을 남
편 스스로 영상으로 담았던 것입니다. 게다가 입에 담기 힘든 욕설과
함께 음흉한 말을 내뱉기까지 했습니다.

　이야기를 마친 여성은 가방에서 USB를 꺼내 보이며 더욱 상기된
목소리로, 이렇게 복사해서 증거로 가져왔으니 하루라도 빨리 이혼
소송을 진행해 달라고 사정했습니다.

합당한 이혼사유라고 판단해 바로 이혼소송을 제기했습니다. 그런데 법정에서 담당 판사가 증거는 충분히 검토했으니 다음에도 비슷한 영상과 사진을 제출하려면 조금은 가려 달라고 부탁했습니다. 아니 재판에서 증거를 조금 가리고 제출하라니요? 원래 증거는 영상이든 사진이든 원본 그대로 제출해야 합니다. 하지만 이 사건은 증거가 차고 넘치고 판사 입장에서도 낯이 뜨거워 차마 보기 힘들었던 모양입니다. 다시 말해 너무 노골적이니 신체의 중요 부분은 가리고 제출해 달라는 취지였습니다.

남편에게는 변명의 여지가 없었고 따라서 잘못을 순순히 인정했습니다. 결국 여성은 충분한 재산분할과 위자료를 받고 이혼하게 되었습니다.

남편의 직장 와이프?

한창 '오피스 와이프(Office Wife)', '오피스 허즈밴드(Office Husband)' 같은 말들이 퍼져 나갔던 적이 있습니다. 집보다 직장에서 보내는 시간이 많다 보니 동료 이상의 감정이 생기고 급기야 부적절한 관계까지 발전한 것입니다. 집에서는 배우자의 꾸미지 않은 민낯만 본다면 직장에서는 항상 멋지고 반듯한 모습만 보기 때문에 서로 매력에 빠져 연인 사이가 되기도 합니다. '워라밸'을 강조하는 요즘에도 사정은 크게 달라지지 않은 듯한데, 이런 호칭이 나도는 상황에서 진짜 남편, 진짜 아내는 얼마나 속이 탈까요?

'부정행위'는 넓은 의미에서 성관계를 하지 않더라도 부적절한 신체접촉을 하거나 애정표현을 하는 것까지 포함합니다. 다시 말해 성관계에 이르지 않더라도 부부간 정조의무에 충실하지 않은 일체의 행위를 말합니다. 성관계의 직접적인 증거가 없어도 다른 이성과 데이트를 하거나 신체접촉을 하거나 은밀한 메시지를 주고받은 흔적이 남아 있다면 이를 근거로 이혼할 수 있습니다. 가령 메신저로 '사랑해', '보고 싶어' 같이 누가 봐도 애정이 담긴 문자를 주고받은 경우, 성관계의 증거가 되긴 어렵지만 이혼사유는 될 수 있습니다. 오피스 와이프, 오피스 허즈밴드로 불리는 상대방의 격려나 위로의 말 한 마디도 위험할 수 있다는 얘기입니다.

  물론 직장에서 특정 동료와 가깝게 지낸다는 것만으로 이혼사유가 되지는 않습니다. 이혼에 몰렸을 때는 끝까지 자신의 결백을 주장하면서 다른 동료의 진술서를 확보해서 두 사람의 관계가 부적절한 사이가 아니라는 것을 입증하면 도움이 됩니다. 부정행위 여부는 구체적인 사안에 따라 그 정도와 상황을 참작해 재판부가 최종적으로 판단합니다.

  ## 투명인간의 외도

  애정은 식은 지 오래고 한집에 살면서도 서로 있는지 없는지조차 무관심으로 일관하던 배우자가 외도를 하면 어떻게 될까요?

  부부 모두 사회적으로 인정받는 직업이지만 둘 사이가 평탄치 않자 서로의 사생활을 일절 간섭하지 않는다는 각서를 주고받은 사례가 있습니다. 결혼생활이 거의 파탄에 이르렀지만 남들 눈을 의식해 이혼은 하지 않고 나름 지성인답게 점잖게 갈등을 무마시키려던 방책이었습니다. 각서에는 "부부는 각자의 사생활을 인정하고 침해하지 않으며, 특히 상대방에게 성관계를 요구하지 않고 상대방의 이성 교제 또한 문제 삼지 않는다."고 명시되어 있었습니다.

너무나 '쿨'한 내용이라 왜 이혼하지 않는지 오히려 의아해질 정도였는데, 결국 부부 관계는 더욱 악화되어 이혼소송에 이르게 되었습니다. 남편이 아내가 다른 남성과 함께 외국행 비행기를 탄 것을 목격했다며 아내의 불륜을 주장했던 것입니다. 법원은 이혼을 선고했지만 예외적으로 위자료 청구는 기각했습니다. 설령 남편의 주장이 사실이라 하더라도 다른 이성과의 교제 및 성관계에 대해 책임을 묻지 않는다는 취지의 합의서를 작성한 사실이 있으므로, 혼인 파탄의 주된 책임이 아내에게만 있다고 볼 수 없다고 봤던 것입니다.

안 그래도 요즘 법원은 파탄의 책임이 양측 모두 대등하게 있다는 판결을 내리는 추세입니다. 설령 일방의 외도로 의심되는 행동이 있다고 하더라도 직접적인 증거가 없다면 쉽게 그 일방만의 책임을 묻지 않고, 혹여 상대방의 잘못은 없는지도 함께 살핍니다.

별거 중인 배우자의 외도

부부 사이에 파탄이 생기면 대부분 별거에 들어갑니다. 숨 쉬는 것만 봐도 화가 치미는 상황에서 한집에 붙어살기는 어렵습니다. 그런데 별거 중 배우자 일방이 외도를 했을 때도 합당한 이혼원인이 되는지는 문제가 됩니다.

그동안 법원은 사실상 혼인관계가 파탄됐어도 아직 법률적으로 이혼하지 않은 경우, 부정행위를 한 배우자와 그 상대방에게도 민형사상 책임을 물어 왔습니다. 껍데기만 남은 부부라도 법적으로 이혼하지 않은 상태에서 다른 사람을 만나면 부정행위로 법적 책임을 지운 것입니다. 하지만 별거까지 하는 마당에 과연 정조의무를 강제할 수 있느냐는 여전히 논란거리입니다.

이와 관련해 몇 년 전 대법원은 의미 있는 판결을 내렸습니다. 장기 별거 상태인 부부의 남편이 자신의 아내와 바람을 피운 남성에게 손해배상을 청구한 사건에서, "이미 부부의 관계가 파탄이 났다면 남편은 불륜남에게 책임을 물을 수 없다."는 결론을 내린 것입니다. 대법원은 "부부 공동생활이 파탄되어 회복할 수 없을 정도라면 제3자가 기혼자와 성적 행위를 하더라도 이를 두고 부부 공동생활을 침해했다고 볼 수 없고, 그로 인해 상대방 배우자의 권리도 침해된 것이 아니어서 불법행위가 성립하지 않는다."고 판단했습니다.(대법원 2014. 11. 20. 2011므2997)

혼인생활이 이미 파탄이 난 부부 일방과 성적인 행위를 한 제3자에게 불법행위 책임을 지우는 것은, 국가가 개인의 성적 사생활에 과도하게 개입하는 거라는 사회 인식을 반영한 결과라고 볼 수 있습니다. 위 판결은 이런 문제와 관련한 사실상의 첫 판결인 데다가 형식적인 외형 대신 구체적이고 실질적인 내용을 보고 판단했다는 점에서 의미가 큽니다.

그렇다면 몇 가지 궁금증이 생길 수 있습니다. 과연 외도를 한 부인에게도 책임을 물을 수 없는 것일까요?

위 판례는 제3자에 대한 책임 여부를 묻는 것이지 당사자인 부인에 대해서는 명시적인 판단을 하지 않았습니다. 다만, 제3자에게 불법행위 책임이 없다면 당사자인 아내에게도 책임이 없다고 보는 것이 논리적입니다. 따라서 남편이 당사자인 아내에게 위자료 책임을 묻는다 해도 청구가 기각될 확률이 높습니다.

그럼 별거가 아닌 각방 생활을 하는 부부 중 한 사람이 바람을 피웠다면 어떻게 될까요?

각방을 쓰는 부부도 실질적으로 결혼생활이 파탄된 경우가 있습니다. 하지만 실제로 재판에서 이를 입증하는 것이 문제입니다. 별거와 달리 동거하면서 각방을 쓰는 경우를 바로 파탄으로 인정하기는 어렵습니다. 그런 만큼 아직 별거에 이르지 않은 부부 중 한 사람이 바람을 피우면 자칫 이혼도 당하고 위자료 책임까지 질 수 있습니다.

지금도 이 사람을 사랑하고 있을까?

부정행위로 불거진 가정 파탄은 수습하기 힘들어 피해 당사자가 힘든 시간을 보내게 됩니다. 일면 억울할 수 있지만 역지사지, 상대방 배우자의 입장에서 조금만 생각해 보면 이해할 수 있습니다. 구차한 변명과 핑계로 일관하기보다는 하루라도 빨리 그 상처와 아픔을 보듬어야 합니다. 배우자가 충분히 오해할 수 있는 행동을 하고 상황을 만들었기 때문에 결코 책임을 면하기가 쉽지 않습니다.

　잘못한 일이 있으면 배우자에게 고백하고 용서를 구하는 편이 현명합니다. 이때 그동안 있었던 모든 자료를 투명하게 공개하는 것이 좋습니다. 배우자 역시 당장 이혼하기보다는 상대방에게 사과의 기회를 주고 진심이 담겼다면 용서하는 것도 나쁘지 않습니다. 때로는 법 말고 마음으로 해결하는 것이 나을 수도 있기 때문입니다. 마음속으로 '지금도 이 사람을 사랑하고 있을까?' 헤아려 보되 도저히 용서할 수 없고 신뢰할 수 없다면 그때 미래를 위해 과감한 결단을 해도 늦지 않습니다.

막장으로 가는 길

남녀 간 사랑으로 생기는 온갖 어지러운 마음을 '치정(癡情)'이라고
합니다. 정작 표준국어대사전에 나란히 표제어로 등재되어 있는 '치
정(治定)'이 필요한 대상입니다. 다시 말해 남녀 간 애정 문제는 마음
을 잘 다스려 안정시켜야 할 사건인 것입니다.

보통 '막장 드라마'는 얽히고설킨 인간관계가 모티브가 됩니다.
무분별한 성관계로 인한 출생의 비밀, 억지스러운 상황에서 터져 나
오는 갈등과 복수가 주요 요소들입니다. 그 와중에 발생하는 물리적
싸움의 방식으로는 머리채 잡아당기기, 멀쩡한 도자기 깨기, 골프채
휘두르기 등이 있는데 요즘은 김치로 싸대기를 날리는 신박한 장면
까지 나와 씁쓸한 웃음을 선사했습니다. 이처럼 막장 드라마는 보통
사람의 상식이나 도덕적 기준으로는 이해하기 어려운 사건이 전개

되며 시청자의 관심과 흥미를 이끌어 냅니다.

아무리 눈살을 찌푸려도 욕하면서 계속 보는 경향이 생기는 이유는 시청자 입장에서는 그만큼 재미가 있기 때문입니다. 하지만 정작 시청자 본인이 막장 드라마 속 주인공이 된다면 결코 웃을 수 없을 것입니다. 드라마는 드라마일 뿐이지만 사실 드라마보다 더한 현실 치정극이 우리 주변에서 수시로 발생하고 있습니다. 과연 이런 막장 드라마가 현실에서 가능한 일인지 다시 묻는다면 이혼전문변호사로서 자신 있게 그렇다고 말할 수 있습니다.

남녀의 관계는 당사자 말고 그 누구도 개입해선 안 됩니다만, 직업이 직업이니만큼 어쩔 수 없이 그 높고 거친 파고 속으로 내던져집니다. 여기에 그간 직접 부딪친 막장 치정 사례 몇 가지를 소개하겠습니다. 단순히 험담하고 재미를 삼고자 하는 목적이 아닙니다. 다시는 현실에서 일어나지 않기를 바라는 간절한 마음에서 비롯됐습니다. 부디 드라마는 드라마로 끝나기를 바랍니다.

마네킹 부인과의 이혼

명문 대학을 졸업하고 전문직에 종사하는 엘리트 남성이 있었습니다. 능력 하나 믿고 어느 명문가 규수와 혼인을 했고, 처가의 뒷받침으로 더욱 날개를 달았습니다. 출중한 외모까지 갖춰 평소에도 따르는 여성이 많았는데, 결혼 후에 그만 또 다른 부유층 여성과 눈이 맞았습니다. 참한 아내를 두고 엉뚱한 여성과 사랑에 빠진 남성은 자기가 먼저 이혼을 요구했습니다. 하지만 아무 잘못 없는 아내가 순순히 받아들일 턱이 없었습니다.

그동안 신세를 지던 처가를 배신하는 꼴이지만, 이혼하겠다는 마음은 확고했고 계속 이런저런 방법을 궁리했습니다. 머리가 비상한 남성은 결국 아내를 닮은 여성을 아내 대신 대역으로 출석시켜 이혼 절차를 진행하여 이혼판결까지 받아 냈습니다. 웬만한 법조인도 상상하기 힘든 일을 계획하고 치밀하게 실천에 옮겨 재혼할 수 있는 발판을 마련한 것입니다. 그 후 이 사실을 알게 된 아내의 심정은 어땠을까요? 온갖 수단을 써서 자기가 갖고 싶은 것을 갖고야 마는 남편이 무섭기까지 했다고 합니다.

아내는 자신의 신분을 속이고 이혼판결을 받아 냈기에 당연히 무효라고 따졌지만, 남성은 요지부동 이혼은 유효하다고 목소리를 높였습니다. 가정이 파탄 난 것에 대해 억울하고 괘씸한 마음이 들어 남성을 사문서위조죄(합의서 위조)와 공무집행방해죄(법원의 공무 방해) 등을 이유로 고소했고, 끝내 남성에게 징역이라는 실형이 내려졌습니다. 스스로 야망의 덫에 걸려 버린 남성은 그 어디에서도 환영받지 못하는 신세로 전락하고 말았던 것입니다.

사이코패스 남편, 소시오패스 아내

"남편이 사이코패스 같아요!" "소시오패스 여성과 결혼한 것 같아요, 무섭습니다!" 이렇게까지 하소연하는 사람들이 점차 늘고 있습니다.

전기기술자로 생업을 이어 가는 어느 남성이 있었습니다. 결혼하기 전 연애 시절부터 아내의 일거수일투족을 묻거나 따라 다니는 행태를 보였는데, 아니나 다를까 결혼 후 본격적으로 의처증이 나타나기 시작했습니다.

특히 며칠씩 지방 현장에 출장을 가 있을 때면 시도 때도 없이 전화를 걸어 아내의 일상을 감시했고, 영상 통화를 강요하는 일도 비일비재했습니다. 출장을 다녀와서는 마치 피의자 취조라도 하듯이 아내를 추궁했습니다. 아무 잘못 없는 아내는 이유 없이 남편에게 시달려야만 했습니다.

혼자 머릿속으로 아내가 주인공인 불륜소설을 지어 내는 남편을 언제까지 참아 내야 하는지, 스트레스가 극에 달할 즈음 남편이 폭력을 휘두르기 시작했습니다. 모든 것을 털어놓으면 용서해 주겠다며 자백을 강요했고, 아내는 거의 미칠 지경에 이르렀습니다. 남편은 아내를 의자에 묶고 온몸에 전선을 감아 전기고문을 시도했고, 욕조에 아 아내의 머리채를 잡아 넣어 물고문을 하기도 했습니다.

아내는 사이코패스가 등장하는 공포영화에서나 볼 법한 이런 일이 실제로 본인에게 발생했다는 사실이 믿겨지지 않았습니다. 몸은 몸대로 상하고 마음은 이미 갈기갈기 찢어져서 너덜너덜해진 상태인데도 아내는 이혼을 결심하지 못했습니다. 아직 어린 두 자녀가 눈에 밟힌 데다가 또 이상하게도 이런 끔찍한 일이 벌어진 다음 날에는 남편이 멀쩡한 정신으로 사과를 했기 때문입니다. 남편을 고소해도 모자랄 판에 아내는 그때마다 남편을 용서하며 스스로를 다잡았던 것입니다.

하지만 이런 끔찍한 상황이 계속 반복되어 결국 이혼소송을 제기했습니다. 그러나 남편이 다시 용서를 구하자 마음 약한 아내는 또 이혼소송을 취하하고 말았습니다. 이런 악순환의 고리는 일찌감치

끊어 버렸어야 했는데도 말입니다.

표적은 나이 불문

70대 나이의 재력가 남성이 있었습니다. 일찍 사별하고 홀몸으로 자산을 일궜던 그는 사교모임에서 우연히 어느 미모의 50대 여성을 만났습니다. 그 여성은 한의학 박사이자 의료재단 이사장이라고 자신을 소개했습니다. 화려한 외모와 청산유수 같은 말솜씨에 매력을 느낀 남성은 인생의 황혼에서 제대로 짝을 만났다며 설레기 시작했고, 결국 연인으로 발전했습니다.

남성은 평소 약간의 치매 증상이 있었는데 여성이 늘 곁에서 지극정성으로 돌봤습니다. 이에 감복한 남성은 만난 지 6개월 만에 혼인신고를 했습니다. 하지만 결혼 직후 여성은 남성의 재산을 하나하나 팔기 시작하더니 급기야 모든 재산을 본인에게 넘긴다는 유언장까지 작성하게 만들었습니다. 이 과정에서 여성의 전력은 모두 거짓임이 드러났습니다. 남성의 재산에만 눈독을 들인 채 적극적으로 환심을 사며 온갖 감언이설을 쏟아냈던 것입니다. 또 남성을 데리고 계속 주거지를 옮겨 다니며 연락처도 수시로 바꿨던 터라 남성의 자녀들과는 거의 만날 일이 없었습니다. 마지막 남은 부동산을 처분하자 여성은 서둘러 이혼 절차를 진행하여 결국 조정이혼이 성립하기에 이르렀습니다.

이 모든 일이 불과 10개월 사이에 발생했습니다. 요즘 말로 소위 '먹튀' 한 것입니다. 전 재산을 빼앗기고 이혼을 당한 남성은 작은 원룸에 방치되어 기력이 완전히 빠진 상태에서 가족들에게 발견되었습니다. 뒤늦게 이 사실을 알게 된 자녀들은 여성을 상대로 혼인무효소송을 제기했습니다.

재판부는 "고령과 치매질환으로 사고력이나 판단력이 결여된 상태라는 사실을 알고 허위로 혼인신고를 한 것으로 보이며, 정신적·육체적 결합을 생기게 할 혼인 의사합치 없이 이루어진 혼인신고이므로 무효이다."라고 선고했고, 이들이 조정을 통해 이혼에 합의한 조정조서의 효력도 취소했습니다. 혼인 자체가 무효가 되면 혼인을 전제로 한 이혼조정의 효력도 무효가 되며, 여성이 차지한 재산도 모두 돌려줘야 합니다. 그러나 이미 재산을 처분했거나 철저히 은닉했으면 다시 반환받기가 현실적으로 쉽지 않습니다.

대체 막장의 끝은 어디인가?

위 사례들처럼 부부간 막장 치정극에는 이혼뿐만 아니라 형사적 조치도 필수적입니다. 폭행이나 협박, 공갈, 상해가 있었다면 반드시 그에 상응하는 처벌을 받도록 해야 합니다. 또 배우자를 기망하여 금전을 편취한 경우에는 사기죄를 적용할 수 있습니다. 아울러 별도로 민사소송을 제기하여 손해배상청구를 할 수 있습니다.

마지막 사례처럼 치매 노인의 재산을 노리고 접근하는 꽃뱀이나 제비는 치명적입니다. 이런 불행을 막고 노인을 보호하기 위해 '성년후견인' 제도를 활용해야 합니다. 2013년부터 시행되고 있는 이 제도는 치매 노인과 같이 판단능력이 충분치 않은 고령자나 장애인 등의 재산과 신상을 보호하기 위한 조치입니다. 기존의 금치산자, 한정치산자 제도의 문제점을 개선한 것으로 법원은 여러 가지 사정을 종합적으로 신중하게 검토하여 성년후견인을 결정하고 있습니다.

위 사례들은 부부간 벌어진 일이지만 연인 사이도 마찬가지입니다. 연인 사이 이별하는 과정에서 상대방에게 매달리면 매달릴수록 상대방은 더 멀리 도망갑니다. 상대방에게 집착하면 재결합은 더 이상 어렵고 결국 살인이나 스토킹 같은 치정 범죄까지 발생합니다. 처음에는 자신의 악한 내면을 숨기며 사랑하는 척하지만 언젠간 본성이 나오고 마는 것입니다.

수렁에 빠진 남편,
건질까 말까?

　남편은 어느 명문 대학 교수입니다. 유복한 가정에서 태어나 넉넉한 지원을 받으며 엘리트 코스를 밟았고, 젊은 나이에 정교수가 되었습니다. 한눈팔지 않고 공부만 한 백면서생 타입이라 연애는 다소 고루했지만 요즘 사람 같지 않은 면에 오히려 마음이 끌려 혼인에 이르렀습니다.

　결혼 후에도 제가 특별히 뒷바라지할 것 없는 바르고 성실한 남편이었습니다. 훌륭한 남편 덕에 저 역시 젊은 나이에 교수 사모님으로 불리며 남부러울 것 없이 생활했습니다.

　평온하던 결혼생활에 금이 가기 시작한 건 남편이 잠자리에서 이상한 요구를 할 때부터였습니다. 나름 정기적으로 건전한 부부관계를 지속하여 서로 만족하고 있었다고 생각했는데, 어느 날 밤 남편은 뜻밖의 제안을 했습니다. 어디서 구했는지 짐작도 할 수 없는 이상야 롯한 의상을 제게 건네며 입히려고 했던 것입니다. 너무 당황스러웠 지만 욕망에 불타는 남편의 눈빛에 진심이 보였고, 부부간 못 들어줄 일이 뭐가 있겠나 싶어 참고 응했습니다. 남자는 다 그렇지 하며 약 간 실망했지만 오늘이 마지막이고 더 이상은 싫다는 의사를 분명히 전달했기에 문제가 없을 것으로 여겼습니다.

그러나 남편의 변태적인 성적 취향이 계속 드러나며 무리한 요구 는 더해졌고, 남편에 대한 실망감은 이루 말할 수 없는 지경이 되었 습니다. 그러던 중 우연히 남편의 휴대전화를 보게 되었습니다. 그 안에는 지금도 상상하기 싫은 음란한 사진과 영상이 가득 저장되어 있었습니다.

그냥 넘길 수 없어 부끄러움을 무릅쓰고 주변에 수소문한 결과 눈 앞이 아찔해졌습니다. 평소 남편은 강의와 연구를 이유로 출장이 잦 거나 귀가가 늦어지곤 했는데, 이 모든 것이 음란 행각을 벌이기 위 한 평계였다는 사실을 알게 되었습니다. 유흥업소와 퇴폐업소를 제 집처럼 드나들었고 변태적인 성매매까지 가리지 않았던 것입니다.

한순간에 남편을 향한 사랑과 존경이 땅바닥에 떨어졌습니다. 수 치스러워서 앞으로 살 길도 막막합니다. 남편에게 모든 사실을 알게 되었다며 치료를 권한다고 해도 자존심 강한 남편이 어떻게 나올지 더 두렵습니다. 달리 마땅한 대안이 떠오르지 않아 지금은 혼자 조용 히 이혼을 고민하는 중입니다.

배우자가 바깥일을 하면서 회식, 접대 등 업무 목적으로 유흥업소에 몇 차례 출입했다며 바로 이혼을 하고 싶다는 사례가 있습니다. 도둑질하면 나중에 또 도둑질할 확률이 높아지듯 처음에 잘못 길들이면 영영 헤어 나오기 힘듭니다. 사람은 습관의 동물이기 때문에 계속 반복하게 되고 정도가 지나쳐 언젠간 본인뿐만 아니라 타인에게 해를 입히게 됩니다.

긍정적 변화를 이끄는 습관이 '힘'이 된다면 부정적 변화로 내모는 습관은 '독'이 됩니다. 배우자가 상습적으로 불법 유흥업소나 퇴폐업소에 출입하고 심지어 성매매까지 했다면 이혼원인에 해당합니다.

밤의 유혹

유명 커피 브랜드 스타벅스의 여신 모양 로고는 신화 속 '세이렌(Seiren)'을 모티브로 삼았습니다. 세이렌은 여자의 얼굴과 새 모양을 한 반인반수로, 아름다운 노랫소리로 바다에 나온 뱃사람들을 홀려 죽게 만들었다고 전해집니다. 치명적인 매력을 지닌 위험한 여성을 뜻하는 '팜므파탈'에 비견할 만한 합니다.

신화 속에서 오디세우스는 세이렌의 유혹이 얼마나 위험한지 잘 알고 있었지만 피하지 않고 정면 돌파를 시도합니다. 선원들에게 밀랍으로 만든 귀마개를 하라고 지시했고, 자신은 귀마개를 하지 않은 채 돛대에 밧줄로 몸을 꽁꽁 묶었습니다. 그렇게 오디세우스는 세이렌의 신비로운 노랫소리를 듣고도 바다에 빠져 죽지 않은 유일한 영웅이 됩니다.

집에서 조금만 벗어나 밤거리로 나가 보면 세이렌의 유혹이 곳곳에 도사리고 있습니다. 휘황찬란한 네온사인 아래로 미남미녀가 즐비합니다. 하지만 애교 섞인 목소리와 현란한 손길이 원하는 것은 오직 하나, 바로 '돈'입니다. 이들은 손님을 '호갱' 이상, 이하로도 보지 않습니다. 어수룩하여 속이기 좋은 손님만 골라 최대한 뽑아 먹겠다는 목표에 혈안인 것입니다. 세이렌의 노랫소리에 맞춰 무모하게 목숨을 버리는 것처럼 '호갱'이 되는 일은 순식간입니다. 그리고 언젠간 향락과 외도에 물든 사실이 발각되어 부부간 갈등과 이혼의 시발점이 됩니다.

유혹하는 자와 유혹에 빠진 자

최근 교육부 감사에서 모 유명 대학 교수들이 법인카드로 강남의 고급 유흥주점에서 술값을 결제한 사실이 적발되어 징계를 받은 사건이 있었습니다. 특히 학생들로부터 존경을 받는 교수들이 저지른 부정이라 학생들이 받은 충격은 더 컸고, 사회적으로도 엄청난 비난을 받았습니다. 이뿐 아니라 비리 사업가가 강남의 유흥업소에서 고

위공무원을 접대하고 수천만 원의 유흥비를 지불하여 크게 논란이 된 사건도 있었습니다. 공무원이 부정한 목적으로 향응을 제공받았다면, 이혼을 떠나 형법상 뇌물죄나 청탁금지법위반죄가 성립되어 처벌까지 받을 수 있습니다. 접대의 수준이 단순히 식사와 술자리로 그치는 것이 아니라 불법적인 청탁과 성 접대나 거액의 돈까지 전달되니 큰 문제입니다.

그동안 주로 남편의 향락과 외도가 파경에 이르게 했다면 최근에는 아내의 유흥업소 출입을 남편 쪽에서 걸고넘어지는 사례가 늘고 있습니다. 실제 부정의 사실이 없었다 해도 이것을 빌미로 부부간 신뢰가 깨지고 관계가 멀어진다면 역시 이혼원인이 될 수 있습니다.

배우자가 상습적인 향락과 외도를 즐긴다면 아무리 성인군자 같은 사람이라도 참기 힘들 것입니다. 적극적으로 이혼소송을 제기하여 재산분할과 위자료를 받아 낼 방법을 강구하는 편이 낫습니다. 이때도 이미 배우자가 재산을 탕진했거나 은닉해 버렸다면 별 소용이 없으니, 배우자의 부정을 오랫동안 참는 게 절대 능사가 아님을 유념해야 합니다.

앞서 여러 차례 언급했듯, 당사자인 배우자와는 별도로 배우자를 유혹한 제3자를 대상으로 소송을 제기하여 위자료를 청구할 수 있습니다. 간통죄가 폐지된 이후 특히 이혼은 하지 않고 소위 '상간자'를 대상으로 벌이는 소송이 늘고 있습니다. 그런데 제3자가 유흥업소 종사자이고 일적으로 만난 것이어서 상대가 기혼인 줄 몰랐다고 주장하면 다소 난감해집니다. 그렇다 해도 한두 번 손님으로 만나면 기혼 여부까지는 모를 수 있지만 장기간에 걸쳐 몰래 만났다면 상대방의 사정을 속속들이 알았을 거라고 추정할 수 있습니다. 또 설령 몰랐다고 주장해도 그것을 확인하지 않은 과실을 따져 물을 수도 있으니 공동불법행위에 따른 위자료 책임을 지우는 게 타당합니다.

제 버릇 남 주나

결혼 후 특히 남편의 성매매 사실에 충격을 받고 이혼을 결심하는 아내가 많습니다. 대부분 친구들과 무심코 남긴 톡 등 메신저에 행적이 남아 적발되는 사례가 많습니다. 심지어는 신혼부부 중에서도 남편의 퇴폐업소 출입을 목격하고 "남편이 이런 사람인 줄 전혀 몰랐고 속았다."면서 혼인을 취소하겠다고 애원하는 새댁도 있습니다.

사례를 더 살펴보면 이런 부정행위는 결혼 후에 발현된 것이 아니라 결혼 전부터 습관인 경우가 많습니다. 원래 그런 것을 좋아했던 사람인데 연애할 때는 상대방을 속이며 계속 만났던 것입니다. 만약 배우자의 이런 습관과 행동을 미리 알았다면 당연히 결혼하지 않았을 것입니다.

배우자의 향락은 부정행위로 인정되어 이혼원인이 될 수 있습니다. 간혹 이혼소송에서 특정인을 만난 것도 아니고 업소를 몇 번 출입한 것이 무슨 문제가 되느냐며 항변하는 사람이 있습니다. 그러나 단순히 유흥업소를 몇 번 출입한 것이 아니라 불법 퇴폐업소를 상습적으로 출입하여 성매매까지 한 것으로 밝혀지면 이혼사유가 됩니다. 계속 가정을 유지하겠다는 의지가 있다면 무작정 잡아뗄 것이 아니라 배우자에게 진심으로 사과하고 다시는 그런 짓을 저지르지 않겠다는 확신을 보여 줘야 합니다.

순간의 쾌락이 영원한 고통으로

몇 년 전 세계적인 골프 스타 타이거 우즈의 혼외정사 스캔들이 화제가 되었습니다. 타이거 우즈의 혼외정사 상대방이 비슷한 외모의 백인 여성들이었다는 점도 충격적이었습니다. 타이거 우즈와 같이 성공해서 아쉬울 게 없는 사람들이 왜 바람을 피우는 걸까요?

바람을 피우는 사람들의 심리를 분석해 봤더니, 혼외정사를 한번 경험하면 전혀 새로운 감정을 느끼기 때문에 쉽게 빠져나올 수 없다고 합니다. 그들은 죄책감보다는 신선함, 즐거움이 크기 때문에 유혹을 떨치지 못하는 것입니다. 하지만 육체적으로만 연결된 관계는 오래가지 못합니다. 아이러니하게도 부부 사이 권태감이 찾아오는 원인 중 하나인 '성적 매력 저하'와 같은 이유로 말입니다. 특히 부부와는 달리, 그것밖에 없으므로 더 빨리 식어 버립니다.

게다가 꾸준히 상대방을 바꿔 가며 중독 증상까지 보인다면 문제는 더 심각해집니다. 마약이나 도박처럼 늪에 빠진 꼴이어서 치료를 요할지도 모릅니다. 중독은 뇌의 도파민이라는 신경호르몬이 과하게 분비되면서 일어납니다. 그 과정에서 쾌감을 느끼며 갈수록 더 강력한 자극을 요구합니다. 그러다 보면 재산까지 탕진하며 상습범이 되고 몸은 병들고 영혼은 피폐해질 수밖에 없습니다.

유혹에 빠지지 않으려면 오디세우스처럼 철저하게 대비해야 합니다. 안타깝게도 이미 중독되었다면 반드시 치료를 받아야 합니다. 한 가정이 박살나는 것은 시간문제입니다. 알고도 뒤늦게 후회하는 사람이 정말 많습니다. 상당수의 부부가 정상적인 결혼을 유지하지 못하고 결국 헤어지게 됩니다. 결혼생활에서, 그리고 인생에서 성공하고 행복하려면 탁한 영혼을 다시 맑게 해야 합니다. 그러기 위해서는 하루 빨리 잘못된 습관에서 벗어나 건전한 습관을 가져야 합니다. 부부가 함께 즐길 수 있는 취미나 운동을 찾아 해 나가면 금실도 좋아질 것입니다.

부디 순간적인 쾌락을 자제하고 좋은 습관을 들여 가정 안에서 진정한 행복을 찾기 바랍니다.

당신은 '호갱'입니까?

유혹에 빠진 '호갱'이 되지 않으려면 어떻게 방어해야 할까요?

서울 강남 등 유흥의 중심지에는 연예인 뺨치는 여성 종업원들은 물론 여성 고객을 상대하는 미남 종업원들이 수두룩합니다. 이들이 돈 많고 만만하게 보이는 손님을 골라 돈을 뜯어내는 수법을 보통 두 가지로 지칭합니다. 돈을 아주 많이 뜯어내는 것은 '공사친다'고 하고 돈을 조금 뜯어내는 것을 '농사짓는다'고 합니다.

큰 공사는 오랜 시간 공을 들이지만 일단 준공하면 거액을 벌 수 있는 것처럼 장기간 전략으로 은근히 유혹하다가 언젠간 한꺼번에 큰 돈을 가로채는 것입니다.

그러지 않고 정기적으로 소소하게 용돈 정도 뜯어먹는 일은 농사에 비유하는데, 이런 대상이 되어도 가랑비에 옷 젖듯 서서히 돈을 빼앗기게 됩니다.

이처럼 용의주도하게 차별화된 전략을 세워 실행해 나가는 걸 보면 이들도 나름 프로페셔널인 셈이고, 누구든 표적이 될 수 있으니 경각심을 가져야 합니다. 멀리서 보이는 그들의 외모가 아무리 매혹적이라고 해도 가깝게 다가서면 메두사의 마법처럼 돌로 변할 것입니다. 애초 한눈팔지 않고 가던 길 가는 것이 최선의 방어입니다.

부부의 침상은
소중하다

입에 담기 좀 부끄러운 이야기지만 어차피 이혼을 결심한 마당이
니 그간 속사정을 풀어놓겠습니다.

저는 30대 초반 나름 잘나가는 필라테스 강사이며, 남편은 40대
중반 명문대 출신 회계사입니다. 어떤 사교모임에서 처음 만나 서로
각자의 일을 열정적으로 해내는 모습에 반해 연애를 시작했습니다.
나이 차이가 좀 있었지만 대화가 잘 통했고, 특히 남편은 굉장히 신
사적으로 저를 대해 줬기 때문에 연애는 순탄하게 이어졌습니다.

그렇게 다 좋았지만 시간이 흐르다 보니 점잖고 보수적(?)인 연애
가 점차 지루해졌습니다. 아니, 서운해지기까지 했습니다. 사랑하는
사이인데 스킨십 정도는 당연히 괜찮지 않을까 싶어 용기 내어 남편
을 떠봤습니다. 하지만 남편은 정색을 하며 요즘 성생활이 너무 개방
적이어서 문제가 많다며 우리라도 정조를 지키자고 저를 다독였습

니다. 예상치 못한 반응에 당황했지만 신선한 측면도 없지 않아 한편으론 듬직해 보였습니다. 순결을 지켜 주는, 이 흔치 않은 남자야말로 이 시대의 진정한 로맨티스트라며 스스로 위안을 삼았습니다. 그렇게 우리는 결혼에 이르렀습니다.

그동안 참고 견뎌 낸 덕분에 말 그대로 순정한 '첫날밤'을 맞게 되었습니다. 잔뜩 기대하며 설레는 마음으로 잠자리에 들려고 하는데 웬걸, 신랑은 와인만 홀짝홀짝 마시더니 금방 취해 버려서는 즉시 잠들었습니다. 속이 무척 상했지만 결혼식 치르느라 피곤해서 그렇겠지 하며 다시 한 번 스스로를 달랬습니다. 하지만 그다음 날도 또 그다음 날도 신랑은 부부관계를 시도조차 하지 않았습니다. 술을 마신 것도 아닌데 게다가 신혼여행인데 이미 몇십 년 산 늙다리 부부라도 된 것처럼 남편은 저를 거부하며 떨어져 갔습니다.

혹시 말로만 듣던 '섹스리스' 부부가 되는 건 아닌지 두려워 신혼여행 내내 잠들지 못했습니다. 비행기가 인천공항에 도착한다는 기내방송이 흘러나오자 가슴이 철렁였습니다. 이대로 가는 것이 맞는 건지, 아니라면 과연 어디로 가야 할지 막막해졌기 때문입니다.

결혼하면 모든 게 끝났다는 듯이 긴장을 풀어 널브러지는 사람이 있습니다. 결혼 후 자기 관리를 안 해서 살만 찌고 게으른 생활을 하고는 합니다. 그러다가 심하면 서로 성적 매력을 느끼지 못해 소위

'섹스리스'가 되기도 합니다.

위 사연처럼 인천공항에서 바로 변호사 사무실로 찾아오는 신혼 부부가 없지 않습니다. 첫날밤의 실망과 좌절을 빠르게 대처하려는 나름 부지런한 사람들인 셈입니다. 신혼여행을 마쳤으면 먼저 양가 부모님을 찾아 인사를 드려야지 변호사 사무실이 웬 말입니까!

특히 연애를 많이 해 보지 않고 결혼한 사람이 섹스리스가 되는 경향이 있습니다. 결혼 후 오히려 다른 이성과의 잠자리에 대한 로망이 살아나기 때문입니다. 이들은 부부관계를 할 때 다른 이성을 떠올린다는 은밀한 속사정을 털어놓기도 합니다.

모두 도덕적 기준만으로 잘못을 따지기는 어려운 문제입니다. 부부간 원만한 성생활이 이루어지지 않으면 우울증에 빠질지도 모릅니다. 그만큼 성생활에서 얻는 충만감은 본능적 욕구뿐만 아니라 건강을 위해서도 필수입니다. 성 문제는 결혼생활을 지탱하는 중요한 기둥 중 하나로, 부끄럽다고 해서 결코 숨기거나 좌시해서는 안 됩니다.

밝히는 여자?

어느 날 막 신혼여행에서 돌아온 신부가 사무실을 찾아왔습니다. 신혼여행 내내 손만 잡고 잤던 신부가 아무래도 이상해 신랑을 뿌리치고 바로 상담을 청해 왔던 것입니다. 아직 살아가야 할 날이 많은데 왜 벌써부터 이혼을 고민하느냐며 우선 신부를 안정시켰습니다.

그러고는 어서 신랑과 함께 양가 부모님께 인사를 가라며 잘 타일러 돌려보냈습니다.

그런데 그로부터 약 1년 후 그 여성이 다시 찾아왔습니다. 신혼여행에서 돌아오자마자 이혼상담을 온 일이 특이했기에 당시 신부의 얼굴을 똑똑히 기억하고 있었고, 그 얼굴을 보자마자 또 무슨 일인지 놀랄 수밖에 없었습니다. 이번에는 단단히 작정한 듯 자리에 앉자마자 핏대를 세웠습니다.

여성은 그때 최악의 신혼여행에서 돌아온 이후에도 남편의 '부작위(아무런 행동을 하지 않는 것)'는 하나도 나아지지 않았다고 했습니다. 손을 잡거나 키스를 하는 등 그 흔한 스킨십은 물론, 단 한 번도 부부관계를 하지 못했다며 눈물을 뚝뚝 떨어뜨렸습니다.

더 심각한 문제는 여성이 먼저 시도하면 남편이 냉정하게 거부하며 자존심을 건드렸다는 데 있었습니다. 여성이 백 번 양보해 우선 상담이나 치료를 권했지만 남편은 "나는 아무 문제가 없다. 여자가 그것도 못 참고 왜 그렇게 밝히는 거냐?"고 하며 씻을 수 없는 모욕감을 줬다고 합니다. 남편은 아내와의 신체적·정신적 교감을 모두 거부하면서도 정작 자신은 아무 문제가 없는 정상이라며 오히려 아내를 색을 밝히는 이상한 여자로 취급했던 것입니다.

'안' 하는 건지 '못' 하는 건지

결국 여성은 이혼소송을 제기했습니다. 이혼재판에서 쟁점은 남편의 성관계 거부와 성기능 불능 여부였습니다. 남편은 부부간 성관계가 없었다는 점은 인정했지만 그 책임이 아내에게 있다고 주장했습니다. 여기에 맞서서 아내는 남편이 성적으로 불능이라고 주장했습니다.

이런 재판을 담당하는 판사는 참으로 난감합니다. 부부간 은밀한 성관계 문제를 놓고 귀책사유가 누구에게 있는지를 판단하는 일은 매우 곤란한 문제입니다. 따라서 법원은 성 문제에 관해서는 특히 더 보수적으로 조심스럽게 접근합니다. 성생활 불만족만으로는 이혼을 쉽게 결정하지 않고, 성기능 장애도 부부가 함께 노력하거나 의사 등 전문가의 도움을 받아 나을 수 있다면 이혼을 인정하지 않습니다.(대법원 2009. 12. 24. 2009므2413)

판사가 당사자의 겉모습만 보고는 이상 여부를 알 수 없는 노릇이니 재판 과정에서 의학적인 신체감정 결과를 요구하기도 합니다. 그런데 감정 결과가 '정상'으로 나오기라도 하면 문제는 더 복잡해집니다. 신체적으로 정상적인 성관계가 가능한데 그동안 왜 거부했던 것일까요?

어떤 병이나 증상 따위가 정신적·심리적 원인으로 생기는 성질을 보통 '심인성(心因性)'이라고 합니다. 비뇨의학에서도 심인성 발기부전을 매우 중요하게 다루는데 그만큼 환자가 많다는 얘기입니다. 심인성 발기부전의 원인은 개개인에 따라 다양하며 복합적입니다. 체질에 의한 경우도 있고 보통은 공포, 불안, 긴장, 분노 등으로 인한 스트레스를 이유로 생겨납니다. 상황과 상대에 따라 나타나기도 하는데, 검사 결과가 나쁘지 않은 남편으로서는 이때다 싶어 아내를 공격합니다. "그것 봐, 난 정상인데 당신이 문제가 있어서 그런 거 아니야!"라며 의기양양 큰소리를 칩니다.

잠시 당황하지만 아내는 "다른 여자랑 할 수 있음 무슨 소용이야. 아내랑 할 수 없으면 그게 불능이지!"라며 울분을 토합니다. 더 이상 정상적인 부부관계를 영위하기 힘든 이들에게 법원은 대개 이혼과 소정의 위자료 합의를 권고하며 조정으로 마무리합니다.

섹스리스(sexless)도 이혼사유?

성관계를 하지 않는 섹스리스 부부가 주변에 아주 높은 비율로 존재합니다. 이혼하지 않는 것이 이상할 정도입니다. 남녀 간 드러내기 힘들지만 가장 중요한 문제 중 하나가 바로 '성'입니다. 순수한 정신적 사랑을 뜻하는 '플라토닉 러브'도 있지만 과연 스킨십이 전혀 없는 연인, 성관계가 전혀 없는 부부가 마땅한지는 모르겠습니다.

어떤 원인으로든 이혼을 결심한 부부들 상당수는 부부관계가 없거나 소홀한 경우가 많습니다. 부부간 성 문제는 어떻게든 직간접적으로 이혼에 영향을 끼치는 것입니다. 부부 사이가 멀어지면 부부간 성관계도 소원해지고 설령 어쩌다 성관계를 갖게 되더라도 만족스럽지 못해 오히려 사이가 더 멀어질 수 있습니다. 그야말로 악순환인 것입니다.

부부간 성관계가 없는 것이 민법상 재판상 이혼원인에 해당되는지 따져 볼 필요가 있습니다. 그런데 민법 조항 어디에서도 부부간 성관계 문제를 명시적으로 드러내고 있지 않습니다. 결국 '기타 혼인을 계속하기 어려운 중대한 사유'에는 해당되는지 알기 위해 판례를 참고해야 합니다.

여기 어느 30대의 부부 사례가 있습니다. 무려 7년 동안 아내가 정당한 이유 없이 성관계를 거부한다며 남편이 제기한 소송에서 아내는 끝까지 이혼을 원하지 않았습니다. 1심과 2심에서는 "남편과 아내 사이 성관계가 없는 것이 아내의 거부로 인한 것인지 명확하지 않아 아내에게 결혼생활 파탄책임을 물을 근거가 없다."며 원고패소 판결을 내렸습니다.

그런데 대법원에서 결론이 바뀌었습니다. "부부가 결혼 후 7년 이상의 기간 동안 한 차례도 성관계를 가지지 못하고 불화를 겪다가 별거를 하게 되었다면, 부부에게 동등한 책임이 있거나 아내의 책임이 더 무겁다고 인정될 수 있는 여지도 충분히 있다."며 이 부부의 이혼을 인정했습니다. 즉 이유 없이 잠자리를 거부하거나 정상적인 성생활이 불가능할 정도로 불완전한 경우에는 헤어질 수 있다고 본 것입니다.(대법원 2010. 7. 15. 2010므1140)

사랑하는 사람과 늘 같이 있고 스킨십도 하고 성관계도 하고 싶은 욕구는 자연스럽습니다. 특히 결혼까지 했는데 배우자가 정당한 이유 없이 성관계를 거부하면 다른 배우자의 고통은 이루 말할 수 없습니다. 그렇다고 제3자가 일방의 말만 듣고 부부간 사정을 함부로 판단해서는 안 될 일입니다. 위 판례에서도 사건의 당사자인 아내가 혹시 다른 마음의 상처나 말하기 어려운 사정이 있을 수 있습니다.

나이에 따라 다르다고?

성관계를 하지 않는 모든 부부가 이혼할 수 있는 것은 아닙니다.

20년 넘게 성생활을 하지 않은 것을 이유로 어느 60대 아내가 70대 남편을 상대로 이혼소송을 제기했습니다.

1심 법원은 성관계를 갖지 않은 남편의 책임을 인정하며 이들 부부에게 이혼하라고 판결했습니다. 그러나 항소심에서는 성관계가 없다는 이유만으로는 이혼원인이 되지 않는다며 이혼을 기각했습니다. 재판부는 "성관계의 부재를 혼인 파탄의 원인이라고 볼 수 있으려면 상대방의 성관계 요구를 정당한 이유 없이 거부하거나 성기능 장애에 대한 치료나 개선의 노력을 기울이지 않는 등의 사정이 있어야 한다. 아내가 적극적으로 성관계를 요구하거나 치료를 권유했는데도 남편이 거부했다고 볼 만한 사정이 없어 이른바 '성적 유기'로써 혼인관계가 파탄됐다고 보기 어렵다."며 그 이유를 밝혔습니다.

이 판결문을 읽으면서 「내 나이가 어때서」라는 노래의 가사가 생각납니다. 또 이혼소송까지 한 부부가 다시 관계를 회복할 수 있을까 싶어 많이 씁쓸합니다.

판결에 따르면 일시적인 성관계의 부재는 이혼원인이 아니지만 장기간 정당한 이유가 없는 성관계 거부는 이혼원인이 될 수 있습니다. 또 건강과 나이 등 여러 가지 상황을 고려해야 합니다. 따라서 고령 부부는 단순히 성관계 부재만으로는 이혼원인이 되기 힘든 측면이 있습니다. 물론 고령 부부의 성적자기결정권을 무시한 판결이라고 비판할 수도 있지만, 법원이 사건의 구체적 특수성을 감안했을 것이라고 짐작해서 이해할 필요도 있습니다.

'섹스리스'를 핑계로 외도를 했다면?

부부 사이는 나쁘지 않지만 생계에 쫓기고 자녀를 키우다 보면 부부관계를 멀리할 수도 있습니다. 하지만 자칫 배우자의 외도로 이어져 관계가 악화되기도 합니다. 섹스리스이기 때문에 더더욱 배우자의 일거수일투족을 감시하게 됩니다. 어떤 아내는 남편이 외도한다는 심증은 있지만 물증이 없어 문제를 삼아야 할지 말지 고민하기도 합니다.

섹스리스 부부 중 일방이 외도를 하다가 걸리면 보통 "당신이 성관계를 거부하기 때문에 어쩔 수 없이 밖에서 한 것이다."라며 적반하장으로 받아칩니다. 자신의 책임을 은근슬쩍 상대방에게 전가하는 것입니다. 하지만 법적으로 따지면 섹스리스이든 아니든 밖에서 다른 이성과 잠자리를 하는 것은 당연히 이혼사유가 됩니다. 부부간 정조의무 위반이기 때문입니다.

과거에는 성 문제를 너무 금기시해서 말조차 꺼내지 못했습니다. 이렇게 감추려고 하다 보면 욕구를 이기지 못해 밖에서 부정행위를 저지릅니다. 하지만 이제는 시대가 달라져 부부간 성을 공론화하여 서로 열린 마음으로 문제를 해결하려고 노력합니다. 또 속궁합만 놓고도 진지하게 이별과 이혼을 고민합니다.

성 문제는 어느 일방만의 잘못이 아닌 경우가 대부분입니다. 병이라면 고쳐야 하고 아무리 말 못 할 사정이 있어도 연인이나 배우자에게는 솔직하게 고백해야 합니다. 어떤 남편은 아내의 분만 과정을 직접 두 눈으로 지켜보면서 큰 충격을 받고는 성관계가 힘들어졌다고 털어놓기도 했습니다. 또 남편은 아내를 사랑해서 매일 잠자리를 하고 싶은데 아내는 체질적으로 성행위를 힘들어할 수도 있습니다.

성 문제 특히 부부관계는 정답은 없지만 분명한 자기 입장은 있어야 합니다. 그래야 이혼에 이르는 길을 차단할 수 있습니다.

아무도 괜찮지 않다

부부간 성생활은 결혼생활을 행복하게 만드는 필수 요소입니다. 이혼소송을 진행하면서도 우연히 부부관계를 통해 사이가 회복되어 이혼을 취하하고 재결합하는 일이 실재합니다. 그만큼 남녀 사이 성은 중요한 변수로 작용합니다.

부부관계는 상대방에 대한 배려와 이해가 무엇보다 요구됩니다. 특히 자신의 욕구만 채우려고 달려들면 절대로 원만한 관계를 가질 수 없습니다. 남편은 아내가 진정으로 원하는 것이 무엇인지 그리고 불편해하는 것이 무엇인지 정확히 알아야 합니다. 술에 만취해 새벽에 들어와 술 냄새 나는 상태로, 자고 있는 아내를 깨워 성관계를 요구한다면 어느 아내가 기쁜 마음으로 응하겠습니까? 아내도 남편의 입장을 충분히 고려해서 남편이 진정으로 원하는 것이 무엇인지 알려고 노력하고, 당당히 본인의 욕구를 표현하여 서로 만족스러운 성관계를 가질 수 있어야 합니다.

결혼은 본질적으로 사랑하는 남녀 간 육체적·정신적 결합입니다. 바쁘고 피곤하다고 육체적으로 하나가 되는 일을 거부해서는 안 됩니다. 또 자기는 괜찮다고 상대방까지 괜찮은 게 아닙니다. 성관계 거부는 상대방의 자존심을 뭉기고 씻을 수 없는 상처를 남긴다는 점을 반드시 알아야 합니다.

섹스리스를 입증하려면?

앞서 부부 중 일방이 정당한 이유 없이 장기간 성관계를 거부하면 이혼사유가 될 수 있다고 했습니다. 그런데 성관계를 하지 않았다는 증거를 어떻게 확보할 수 있을지 난감합니다. 부부간 폭력 사건이라면 맞은 흔적을 사진으로 찍는다든지 상해진단서를 제출하면 되지만, 부부관계를 '안 했다' '못 했다' 하는 주장을 어떻게 뒷받침할 수 있을까요?

다소 구차하지만 대화를 유도해서 녹음하는 방법을 고려해 볼 만합니다. 침상에서 관계 제안을 했지만 상대방이 확실하게 거부한 상황을 담는 것입니다. "그래, 당신이랑은 하기 싫어." "거부한 지 벌써 1년째다. 1년 동안 부부관계를 거부하면 어떻게 해." "겨우 1년을 참지 못해? 역시 하기 싫다." 당사자는 가슴 아프겠지만 이혼소송에서는 이런 대화 녹음이 유용한 증거로 활용될 수 있으니 참고하기 바랍니다.

한편 부부 사이 성관계가 너무 많거나 성관계를 강요해도 문제입니다. 부부 사이라도 잠자리를 강요하면 '강간죄'로 다룰 수 있는지 문제를 제기할 수 있습니다.

과거에는 형법에 '폭행 또는 협박으로 부녀자를 강간한 자'라고 규정되어 있어서 과연 아내가 강간죄의 피해자가 될 수 있는지 논란이 있었습니다. '부녀'는 여자를 뜻하고 명문으로 아내를 제외한다는 규정이 없으므로 아내도 포함된다고 해석해야 타당합니다.

대법원 역시 이른바 부부강간 사건에서 아내는 당연히 부녀에 해당한다고 판단했고, 부부간 동거 의무와 관련해 동거의 내용에 폭행이나 협박에 따른 성관계까지 받아들여야 하는 것이 아니라는 점을 명확히 했습니다.(대법원 2013. 5. 16. 2012도14788)

지옥의 굴레를
벗어 나려면

 남편은 술만 마시면 제게 욕설을 내뱉고 폭력을 휘둘렀습니다. 조금만 귀에 거슬리는 잔소리를 하면 바로 주먹질과 발길질을 하며 위협했습니다. 그렇게 자그마치 40년을 살았습니다.

 어느 날은 제 휴대전화 요금이 평소보다 조금 많이 나왔다고 심하게 다그치더군요. 어디서 무얼 하느라고 전화통만 붙잡고 있었냐며 목까지 졸랐습니다. 취해서 그랬다지만 저는 진짜 죽을 것 같아 경찰에 신고를 했습니다. 급하게 출동한 경찰이 자초지종을 캐물었고, 남편의 처벌을 원하는지 물었습니다. 금방 마음이 약해져서 경찰을 돌려보냈지요.

 경찰이 가자마자 남편은 쓸데없이 경찰을 불렀다며 다시 주먹을 휘두르기 시작했습니다. 때마침 아들이 찾아왔고 이 모습을 목격한 아들이 못 참고 분노가 폭발했습니다. 베란다로 가더니 화분 받침으로 쓰던 벽돌을 꺼내 쥐고는 그만 아버지의 머리를 내리쳤습니다. 저역시 경황이 없던 터라 아들을 말릴 틈도 없었고 쓰러진 남편 머리주위에 흥건하게 피가 고이기 시작했습니다. 아들 역시 순간적으로일어난 일에 스스로 당황하며 벌벌 떨고 있었습니다.

남편에게 다가가 떨리는 손으로 살피는데 아직 숨통이 끊이지 않은 걸 확인했습니다. 그런데 그 순간 갑자기 울분이 터지며 저도 모르게 남편 목을 졸라 끝내 남편은 죽게 되었습니다. 남편의 죽음은안타깝지만 오랜 세월 가정폭력의 희생자였던 저도 아들도 억울하기는 마찬가지입니다.

너무나 끔찍한 사건입니다. 부부 싸움에 자녀까지 끼어들어 삼자대면이 이루어졌으나 결과적으로 최악의 파국에 이르렀습니다. 요즘 같은 세상에 아직도 이런 가정폭력이 있나 싶겠지만 안타깝게도여전히 심각합니다. 많이 알려지지 않아서 그렇지 지금도 누군가는가정이라는 허울 아래서, 사랑이라는 눈가림 아래서 고통받고 있습니다.

'가정폭력'이란 가정 구성원 사이의 신체적·정신적 또는 재산상피해를 수반하는 행위를 말합니다. 여기서 가정 구성원은 배우자, 자기 또는 배우자의 직계존비속 관계에 있는 자 등을 포함합니다.(가정폭력범죄의 처벌 등에 관한 특례법 제2조 1호, 2호)

배우자가 폭력을 행사한다면 즉시 헤어지는 방법 말고는 마땅한 대안이 없습니다. 안 그러면 똑같은 상황이 반복될 확률이 큽니다. 위 사연처럼 가정이라는 소중한 보금자리가 지옥이 되지 않으려면 하루라도 빨리 특단의 조치를 취해야 합니다.

맞고도 사는 이유

배우자의 폭력으로 고통을 호소하는 사람들은 대개 처음에는 이렇게까지 폭력이 심하지 않았다고 합니다. 그런데 어떤 폭력이든 습관적인 속성이 있기 때문에 처음에는 한두 번 가벼운 손찌검에서부터 시작합니다. 그러다가 점점 강도가 심해지고 수법도 다양해지고 횟수도 늘어납니다. 더 이상 안 되겠다 싶어도 정작 이혼까지 쉽게 이르지 못합니다. 왜 그럴까요?

상당수의 가해자는 폭력 행사 후 습관적으로 "모든 걸 반성한다." "앞으로 잘하겠다." 하면서 피해자를 안심시킵니다. 고가의 선물을 사 주며 회유하기도 합니다. 그러면 피해자는 '순간적인 실수였겠지.' '앞으로는 괜찮아지겠지.' 하며 긴장을 풀다가 다시 폭력의 희생자가 됩니다. 한마디로 폭력에 서서히 길들여지는 것입니다. 가해자도 피해자도 그러려니 무뎌지고 익숙해져 폭력이 일상이 되어 버립니다. 악순환이 반복되는 것입니다.

더 큰 문제는 가정폭력을 대물림하게 될 확률이 높다는 데 있습니다. 부모의 폭력을 보고 자란 아이는 자신도 모르게 폭력을 학습합니다. 특히 아들의 경우 어머니에게 폭력을 휘두르는 아버지를 보고, '아버지가 세상에서 가장 밉다! 나는 크면 저렇게 살지 말아야지.' 하면서도 자신도 모르게 아버지와 똑같이 아내에게 폭력을 행사하는 경우가 많습니다. 미워하면서 닮아 가는 것입니다. 폭력은 가족 구성원 모두를 무너뜨리고 가정을 파괴하는 가장 큰 악행입니다.

하늘과 땅이 알아도 판사가 모르면 소용없음

폭력을 당한 사람은 억울하겠지만 가해자가 발뺌을 하면 증거를 제시해야 합니다. 아무런 증거가 없으면 곤란합니다. 모든 소송, 특히 형사재판에서 사실의 인정은 증거에 의합니다. 범죄사실의 인정은 합리적인 의심이 없는 정도의 증명에 이르러야 한다는 '증거재판주의'가 대원칙입니다. 증거가 있어야 이혼도 하고 재산도 받고 처벌까지 이끌 수 있습니다. 하지만 부부 사이 작은 다툼부터 큰 사달까지 모든 일을 기록하고 녹취하고 진단서 떼고 하는 일이 쉽지 않은 게 현실입니다.

판사 앞에서 백날 억울하다, 믿어 달라 말로만 호소해야 아무 소용 없습니다. 판사는 신이 아니므로 진실을 알기가 어렵습니다. 증거가 없으면 당사자의 주장을 인정할 수 없습니다. 스스로 똑똑하게 증거를 준비해야 합니다.

배우자에게 폭행을 당한 경우라면 즉시 사진 혹은 동영상을 촬영하여 기록을 남기는 것이 좋습니다. 그리고 가까운 병원으로 달려가

진단서를 발급받아 놓도록 합니다. 상해진단서를 발급받을 때 상해 원인은 있는 그대로 '배우자 폭행'이라고 확실히 명기해야 합니다. 미처 준비하지 못한 경우 자녀나 지인의 진술도 유효하니 반드시 챙겨야 합니다.

집에서 나와야 할까?

한집에서 함께 생활하는 가족 구성원이 폭력을 행사할 경우 피해자는 신속하게 가해자와 분리되어야 합니다. 피해자가 가해자의 손바닥 안에 있는 것과 마찬가지이므로 나중에는 더 큰 희생이 따를 수 있습니다.

현재 가정폭력 범죄를 우선적으로 적용하기 위해 약칭 '가정폭력 처벌법'을 시행하고 있습니다. 경찰에 가정폭력으로 신고하면 긴급 임시조치 처분을 받는 등 형사처벌 절차에 관한 특례가 마련되어 있습니다. 피해자는 법원에 직접 피해자보호명령을 신청하고 이혼소송을 제기하며 접근금지가처분도 신청할 수 있습니다. 이때 법원은 가정폭력의 경중에 따라 배우자의 집과 직장 등 100미터 이내에는 접근을 금지하는 처분을 명할 수 있습니다. 가처분 결정은 비교적 신속하게 이루어지므로 본안소송이 종료될 때까지 어느 정도 폭력을 예방할 수 있습니다.

누구든지 가정폭력 사실을 알게 된 자는 신고할 수 있고 가해자는 형법상 폭행죄나 상해죄 등으로 처벌됩니다. 가해자를 강력하게 처벌하려면 형사사건으로 처리할 수 있습니다. 혹여 배우자에게 전과가 남는 것이 걱정된다면 전과가 남지 않는 가정보호사건으로도 처리할 수도 있습니다.

가정폭력범죄에 대하여 신고를 받은 경찰은 즉시 현장에 나가 폭력행위를 제지하고 가해자와 피해자를 분리 조치해야 합니다. 위 사연에서 경찰이 출동했을 때 적극적으로 이런 조치를 취했더라면 극단적인 결과가 일어나지 않았을 수도 있습니다. 그러나 배우자가 전과자가 되는 것이 싫고 보복이 두려워 어느 정도 안정되면 경찰을 돌려보내는 일이 많습니다. 다시 한번 말하지만, 형사처벌 대신 가정보호사건으로 처리할 수도 있으니 반드시 특단의 조치가 필요합니다.

가정폭력과 정당방위

위 사연처럼 가정폭력의 피해자가 가정폭력의 가해자가 되는 사건이 있습니다. 가정폭력을 신고하거나 이혼소송을 제기하면 대부분 가정폭력이 멈추거나 줄어듭니다. 하지만 간혹 재판 중이나 재판이 끝난 후에 보복하는 경우가 있습니다. 보복을 막으려다가 오히려 피해자가 범죄를 저지르는 것입니다. 이런 범죄의 경우 피해자가 정당방위를 주장하지만 대부분 정당방위로 인정받지 못하는 게 현실입니다.

1993년 부산에서 아내가 14년간 자신을 구타하고 학대하던 남편이 목에 칼을 들이대고 위협을 하자 그 칼을 빼앗아 남편을 찔러 숨지게 한 사건이 일어났습니다. 당시 1심은 정당방위를 인정하지 않고 아내에게 징역 5년을 선고했습니다. 인권변호사들을 중심으로 이런 결과에 반발하며 '무죄석방공동대책위원회'가 꾸려졌습니다. 당시 항소심 변호를 맡은 변호사가 누구였을까요? 바로 문재인 대통령입니다. 당시 변호사였던 그의 변론 요지는 이렇습니다.

"1심 판결은 피고인이 당하고 있던 위해의 상황을 과소평가했다. 만약 피고인이 절박한 생명의 위협 속에 놓여 있었다고 한다면, 설사 피고인이 거기에서 벗어나기 위하여 상대방에게 살의를 품었다고 하더라도 정당방위가 인정되어야 한다. 자신이 죽을지도 모르는 절박한 위기와 공포에 놓여 있던 사람이 더 현명한 선택을 하지 않았다 하여 정당방위를 부정해서는 안 된다."

논리적이면서도 감성적인 변호가 재판관의 마음을 움직일 수도 있었을 텐데 항소심 역시 정당방위를 인정하지 않았습니다. 다만 형량은 1년이 감경되어 징역 4년이 선고되었습니다. 사건 전후의 정황이나 수사 기록을 살펴볼 때 정당방위로 인정될 수 없다는 논리였습니다.

이 사건은 1998년 앞서 소개했던 '가정폭력처벌법' 제정을 촉진시켰습니다. 그런데 그로부터 30년 가깝게 지났지만 현재도 법원의 판단은 크게 변하지 않았습니다. 지금까지 가정폭력 피해자에 의한 배우자의 사망 사건 가운데 정당방위를 인정받은 경우는 단 한 차례도 없습니다.

굴레를 벗어나기가 쉽지 않다

2018년에도 비슷한 사건이 벌어졌는데 마찬가지로 가정폭력 피해자의 정당방위가 인정받지 못했습니다.

아내는 37년 동안 남편의 크고 작은 폭력에 시달렸습니다. 만삭일 때도 폭력을 휘두를 정도였으니 기가 찰 노릇입니다. 사건이 벌어진 날 남편은 수석으로 아내를 쳤습니다. 어쩌다 제풀에 쓰러진 남편을 보고 이성을 잃은 아내가 수석을 집어 남편을 쳐서 사망에 이르렀습니다.

이 사건은 정당방위 요건이 충분히 갖춰졌다고 봐야 합니다. 침해의 현재성도 있고 다른 최후의 수단이 없었던 점도 인정됩니다. 하지만 법원은 그대로 살인죄를 인정했습니다. 판결을 지켜본 아내는 차라리 그 전에 이혼했어야 했다면서 땅을 치며 후회했습니다.

정당방위를 부인하는 법원의 판결은 법리적으로는 이해가 되지만 심정적으로는 아쉽습니다. 특히 법원에서 정당방위가 안 된다는 논거 중 하나가 굳이 배우자를 가해할 필요 없이 이혼을 하는 등 다른 회피할 방법이 있었다는 것입니다. 물론 이론적으로는 이혼하면 가정폭력에서 벗어날 수 있습니다. 그런데 이혼 자체도 말처럼 쉬운 일이 아닙니다. 우리나라는 세계에서 이혼하기 가장 어려운 나라 중 하나입니다. 이혼재판이 한두 달 만에 끝나는 것도 아니고, 최소 1~2년이 소요됩니다. 3~4년 걸리는 사건도 수두룩합니다. 그러니 이혼재판 중에도 다시 폭력에 노출되는 것입니다.

꽃으로도 때리지 마라

어쩌면 결혼생활은 싸움과 화해, 별거와 재결합의 끊임없는 반복으로 구성되는 건지도 모르겠습니다. 입만 열었다 하면 싸우는 부부도 함께 오랜 세월 살다 보면 '미운 정'이라도 든다고 합니다. 그놈의 정이란 게 뭔지 잘 모르겠습니다만, 폭력은 어떤 상황에서도 정당화될 수 없습니다. 아무리 상대가 잘못했다고 해도 감정적인 폭력만큼은 절대 피해야 합니다.

가정폭력의 악순환을 끊기 위해서는 피해자뿐만 아니라 가족들과 주변에서도 이를 고치기 위해 적극적으로 나서서 노력해야 합니다. 무엇보다 폭력 피해 당사자가 절망 직전에서 불안과 자기 연민으로 그래도 이 사람만 한 사람 없다며 스스로를 다독이는 일은 없어야 합니다. '사랑'이라는 성스러운 이름으로 자행한 가학적 행위는 한 가정을 피로 물들게 만듭니다. 하루라도 빨리 이 불행의 공동체에서 본인과 자녀를 탈출시켜야 합니다.

세상에서 가장 비겁한 행동은 자신보다 약한 사람을 무시하고 괴롭히는 것입니다. 특히 가정폭력은 다른 사람도 아닌 가족이 가해자와 피해자라는 측면에서 다른 일반적인 폭행보다 피해자가 느끼는 감정은 더욱 심각합니다. 폭행을 당한 신체적인 아픔보다 사랑하는 가족에게 맞았다는 자괴감과 자책감과 실망감은 평생 심각한 트라우마가 될 수 있습니다. 폭력을 행사하는 순간 더 이상 가족이 아니라 원수가 되는 것입니다.

그래서 우리는 이 말을 꼭 기억해야 합니다.

"꽃으로도 때리지 마라!"

아무리 힘들어도 가족은 서로 사랑하고 이해하고 배려해야 할 존재입니다.

피는
물보다 진할까?

결혼 준비가 한창인 30대 회사원입니다. 예비 신부를 만나 결혼에 이르기까지는 반년이 채 걸리지 않았습니다. 출중한 미모에 온화한 성격이 제 어머니를 닮아 금방 빠져들었던 것 같습니다. 짧은 연애에도 쉽게 결혼을 결심한 데는 사실 전 여자친구의 몫이 크다고도 할 수 있습니다.

전 여자친구와는 첫 직장에서 만나 3년여 동안 비밀연애를 했습니다. 아무래도 같은 직장에 있다 보니 퇴근 후 술자리에서 상사 뒷담화를 즐기는 일이 데이트였습니다. 둘 다 술을 좋아하고 함께 스트레스도 풀 수 있어 일석이조였습니다. 하지만 그녀의 성격이 많이 변덕스럽고 괴팍해서 제가 자주 피곤했습니다. 주사라도 부리면 진저리가 날 정도였습니다. 계속 이렇게 힘들게 연애를 해야 하나 고민이 깊어졌습니다.

그러다가 결혼 얘기도 없고 연애 감정도 시들해질 무렵 헤어지기로 마음먹었습니다. 그녀는 생각보다 '쿨'하게 이별 통보를 받아들였습니다. 한숨은 돌렸지만 계속 한 직장에서 얼굴을 봐야 하는 것이 부담으로 남았습니다. 그래서 더 예비 신부와 결혼을 서둘렀는지 모릅니다.

회사에 청첩장을 돌렸고, 전 여자친구도 그 속은 모르겠지만 겉으로는 축하한다는 말을 건넸습니다. 그런데 며칠 후 전 여자친구가 급하게 저를 회사 옥상으로 불러냈습니다. 그녀는 놀란 표정으로 제게 아이를 가졌다고 했습니다. 며칠 전 몸이 이상해서 산부인과를 갔었는데 임신 6개월 판정을 받았고, 곰곰 따져 봤더니 저의 아이라는 것이었습니다. 청천벽력 같은 소리에 저는 정신을 잃을 지경이었습니다. 그녀는 제 아이를 가졌으니 이번 결혼은 포기하고 다시 시작하자며 사정했습니다.

다른 걸 떠나 어떻게 반년이 지나서야 임신 사실을 알게 됐는지 어처구니가 없었는데, 이제 와서 저를 붙잡고 결혼해서 함께 살자고 하니 더 이상 할 말이 없었습니다. 몸과 마음도 모두 얼어붙은 저는 앞으로 어떻게 해야 할지 깜깜해졌습니다.

결혼을 앞둔 남성도 전 여자친구도 모두 무척 당황스러울 것입니다. 장래를 약속한 연인 사이에서 일찌감치 아이가 생겼다면 축하할 일이지만, 이미 헤어진 상태에서 아이가 생겼으니 난감한 게 당연합니다. 게다가 남성은 결혼을 앞둔 상황이고, 전 여자친구 역시 혼자가 된 상황에서 임신 사실을 알게 되었으니 앞이 깜깜하긴 마찬가지입니다.

일단 남성의 입장에서는 과연 누구의 아이인지 따져 물어볼 수 있습니다. 여성은 본인 스스로 누구의 아이인지 거의 정확하게 알거나 추측할 수 있지만, 남성은 그럴 수 없습니다. 안 그래도 헤어진 마당에 여성은 더 큰 배신감이 밀려오겠지만 남성 입장에선 충분히 의심할 수 있는 쟁점입니다.

만약 여성이 아이를 출산한다면 아이는 즉시 여성의 친자가 되고, 남성은 자신의 자녀라고 인정하는 인지나 소송을 통해 친자임을 확인할 수 있습니다. 남성의 결혼 진행 여부와는 관계없이 먼저 이 문제가 선결되어야 앞으로의 수습 방안도 도출할 수 있을 것입니다.

친자관계는 그 가족뿐만 아니라 사회를 형성하는 핵심적 요소 중 하나입니다. 인간은 누구나 태어나면 누군가의 보호와 지원을 받아야 성장할 수 있습니다. 친자로 확인되면 친부는 당연히 양육비를 지급해야 하며 부양의무도 발생합니다. 자녀를 양육하는 사람은 친모나 친부 중 한 명이 될 것이지만 면접교섭을 강제할 수는 없습니다. 실무에서 헤어진 연인 사이에서 아이가 생긴 사례를 다수 보았지만, 다시 재결합해서 결혼을 하거나 정기적으로 면접교섭을 하는 경우는 거의 없었습니다.

신사의 품격

예전 인기 드라마 「신사의 품격」을 기억하실 겁니다. 주인공 김도 진(장동건 분)은 꿈에도 생각지 못했던 아들의 등장으로 사랑하는 여자 서이수(김하늘 분)에게 이별을 고할 수밖에 없었습니다. 김도진의 첫사 랑은 어린 나이에 김도진과의 사이에서 아이가 생기자 어떻게 해야 할지 모르다가 그를 떠났습니다. 김도진은 이 사실을 까맣게 모른 채 살았고 20년이 지난 후 갑자기 아들의 존재가 드러났습니다. 김도 진뿐만 아니라 연인 서이수도 굉장한 충격에 빠질 수밖에 없었는데, 이별 통보에도 불구하고 사랑의 힘으로 계속 관계를 이어 나가 결국 결혼에 골인합니다. 드라마는 해피엔딩으로 끝났지만 만약 현실에 서 이와 비슷한 일이 벌어진다면 그야말로 난리가 날 것입니다.

드라마는 드라마일 뿐, 만일 사랑하는 사이에 아이가 생긴다면 당 사자가 알아서 상식적으로 친자 여부를 판단할 것입니다. 모자관계 는 출산이라는 사실 자체로부터 확인할 수 있어 큰 문제가 발생하지 않지만 부자관계는 따져 봐야 합니다.

혼인 중이라면 아내가 품고 낳은 자녀는 법적으로 남편의 자녀로 추정되고, 설령 혼인관계가 종료되었다 해도 일정 기간 안에 출생한 자녀 역시 일단 남편의 자녀로 추정됩니다. 즉 자녀는 친생자 추정을 받는 '혼인 중의 자녀'로 신분을 취득합니다. 전에는 혼인이 끝나고 300일 이내에 태어나도 전남편의 아이로 '간주'했는데, 헌법재판소 의 위헌 결정(헌법재판소 2015. 4. 30. 2013헌마623)으로 현재는 '추정' 즉 확 실한 반대의 증거가 나오면 다른 남자의 아이가 될 수 있다는 가능성을 열어 놓았습니다.

제844조(남편의 친생자의 추정)

① 아내가 혼인 중에 임신한 자녀는 남편의 자녀로 추정한다.

② 혼인이 성립한 날로부터 200일 후에 출생한 자녀는 혼인 중에 임신한 것으로 추정한다.

③ 혼인관계가 종료된 날부터 300일 이내에 출생한 자녀는 혼인 중에 임신한 것으로 추정한다.

내 아이가 아닌 것 같다면

위 사연에서 남성은 임신 중인 전 여자친구의 태아에 대해 친자확인을 요구하는 방법을 생각해 볼 수 있습니다. 하지만 이것이 실제로 가능할까요? 생명윤리법상 태아 역시 생명으로 규정하고 있기 때문에 임신한 상태의 태아를 대상으로 친자확인검사를 하는 것은 원칙적으로 불법입니다. 기술적으로는 양수검사를 통해 친자확인검사를 하는 것은 가능하고 실제 일부 국가에서는 이러한 검사를 하기도 합니다. 그러나 국내에서는 임신 중 친자확인검사 자체가 불법이기 때문에 소송에서 직접적인 증거로 채택될 수 없습니다.

임신을 했는데 정작 남편 혹은 연인이 누구의 아이인지 의심한다면 여성의 입장에서는 믿었던 사람에 대한 배신감이 밀려올 것입니다. 특히 미혼의 여성이라면 더욱 난처합니다. 얼마 전 모 탤런트의 연하 여자친구가 임신한 사건이 화제가 된 적이 있었습니다. 부부간에는 친생자로 추정되지만 연인 사이라면 말 그대로 '혼인 외의 자녀'가 되고 친자로 추정되는 것이 아니어서 친부의 인지 절차를 거쳐야 합니다. '인지(認知)'란 혼인 외로 출생한 자녀에 대하여 친아버지나 친어머니가 자기 자식이 맞다고 확인하는 일을 말합니다.

민법 제855조(인지)

① 혼인 외의 출생자는 그 생부나 생모가 이를 인지할 수 있다. 부모의 혼인이 무효인 때에는 출생자는 혼인 외의 출생자로 본다.
② 혼인 외의 출생자는 그 부모가 혼인한 때에는 그때로부터 혼인 중의 출생자로 본다.

인지에는 인지신고만으로 성립하는 '임의인지'와 소송에 의해서 친자관계를 확정하는 '강제인지'가 있습니다. 혹시 다른 사람의 자녀로 가족관계등록부에 등재되어 있고 그 사람의 친생자로 추정된다면 소송으로 친생부인이 이루어진 후에 인지할 수 있습니다. 친생

자로 추정되지 않을 때에도 소송으로 친생자관계 부존재 확인 과정을 거쳐야 합니다. 또한 다른 사람이 이미 인지하고 있으면 인지에 대한 이의의 소를 제기하여 확정판결을 받아야 합니다.

만약 친부로 추정되는 남성이 인지를 거부할 경우 인지청구소송을 제기할 수 있고, 법원은 유전자검사를 명하게 됩니다. 그런데 남성이 유전자검사를 거부하는 경우가 종종 발생합니다. 이럴 때 현실적으로 강제할 수 있는 방법이 없어 법원이 무척 난감해집니다. 어쩔 수 없이 문자 등 정황증거를 참고해 친자 여부를 결정할 수밖에 없습니다. 좀 우습게 과장되었지만 과거 모 유명 정치인이 친자 확인 소송에서 끝까지 검사를 거부했지만 법원이 자녀의 얼굴을 법정에서 보고 너무 닮아 친부로 인정했다는 이야기도 전해집니다.

이처럼 법적 절차를 통해 친자로 확인되면 그 효력은 출생한 때부터 인정됩니다. 자녀에게는 혼인 중 출생자와 같은 법적 권리와 의무가 생깁니다. 법적으로 양육비 지급을 받을 수 있고 친부모의 재산에 대해 다른 자녀들과 동등하게 상속권을 갖게 됩니다. 간혹 재벌회장이 숨겨둔 내연녀가 재벌 회장의 장례식장에 아이와 함께 찾아와 상속재산을 요구하는 사건을 목격하게 됩니다. 가족들은 황당하겠지만 현행법상 혼외자도 다른 자녀들과 똑같은 비율로 상속을 받습니다. 법을 떠나 자신의 친자식이라면 도의적으로도 먼저 책임지는 자세를 보이는 것이 마땅합니다.

「신사의 품격」 김도진의 경우처럼 20여 년이 지나 친자가 나타났다 해도 현실에서는 반갑게 맞이하지 않습니다. 아무리 혈연으로 이어진 부자관계라지만 기른 정이 없으면 쉽게 다가서지 못합니다. 다만 친모는 그동안 혼자 키웠기 때문에 친부 몫의 양육비를 청구할 수 있습니다.(대법원 1994. 5. 13. 92스21) 양육비는 아이가 성년이 되는 만 19세까지 매월 자녀의 연령과 양육 환경, 친부의 수입 등에 따라 약 50만 원에서 200만 원 정도로 받는 게 일반적입니다. 친부가 양육비를 지급할 능력이 되지 않다가 나중에 나름 재력가가 되면 미처 받지 못한 양육비까지 일시금으로 청구할 수 있고, 혼자 양육하던 중 아이가 큰 병에 걸려 예상치 못한 목돈이 들어갔다면 나중에라도 상대방에게 청구할 수 있습니다.(대법원 1994. 6. 2. 93스11)

양육의 무게를 견뎌라

제비는 짝 중 하나가 죽어 새 짝을 얻으면 가시를 물어다 이전 짝의 새끼에게 먹여 죽인다는 오래된 이야기가 있습니다. 제비의 독특한 양육 방식에 관한 이야기지만, 이것이 허투루 들리지 않는 것은 과거 전처소생의 자식이 계부나 계모로부터 구박과 학대를 받는 일이 흔했기 때문입니다. 제대로 먹이고 입히며 양육하지 못하는 어른의 책임이지 아이가 무슨 죄가 있겠습니까마는, 예나 지금이나 양육비 부담이 큰 건 마찬가지인 듯합니다. 하지만 어떤 상황에서도 자녀의 양육비는 자녀의 이익을 최우선으로 무조건 지급해야 하고 한계가 따로 없습니다.

종종 양육비 책임을 지고도 지급을 미루거나 거부하는 일이 발생해 문제입니다. 이런 폐해를 개선하고 관리하기 위해 정부는 '양육비 이행 확보 및 지원에 관한 법률' 시행령을 개정했습니다. 현재도 여성가족부 산하 '양육비이행관리원(www.childsupport.or.kr)'에서 양육비 청구를 돕고 있으나 실제 효과를 높이기 위해 새롭게 방안을 마련했습니다. 이에 따르면 양육비를 제때 주지 않는 채무자에 대해 재산규모를 조사할 수 있는 범위가 넓어졌고, 양육비를 받지 못해 어려움을 겪는 부모에게 한시적으로 긴급 양육비를 지원한 후 이를 채무자로부터 징수할 수 있도록 했습니다. 정부가 나서 양육비 채권회수율을 높임으로써 한부모 가정의 안정적인 생활을 도모하기 위한 목적인 것입니다.

실제로 내 아이가 아니라면

법에 의해 혼인 중 자녀로 추정되더라도 친자관계를 끊을 수 있습니다. 즉 법적 추정에 다툼이 생기면 친생자가 아니라는 증거를 가지고 '친생부인의 소'를 제기할 수 있습니다. 이런 기회는 마련되어 있지만 법적 추정을 뒤집기 위해서는 확실한 증거가 있어야 하고 엄격한 절차를 거쳐야 해서 녹록하지 않은 게 현실입니다.

또 법적 추정에서 벗어난 상태라도 다툼이 발생하면 자기 자녀가 아니라며 '친생자관계부존재확인의 소'를 제기하면 됩니다. 가령 혼인이 성립한 날로부터 200일이 되기 전에 출생했다거나 여동생이 미혼모가 되어 오빠가 그 자녀를 자신의 가족관계등록부에 기재 혹은 부모를 알 수 없는 고아를 자녀로 기재한 경우 등을 생각해 볼 수

있습니다. 이때는 친생부인의 소와는 달리 원칙적으로 소를 제기할
수 있는 기간의 제한이 없습니다.

민법 제846조(자의 친생부인)

부부의 일방은 제844조(남편의 친생자의 추정)의 경우에 그 자가
친생자임을 부인하는 소를 제기할 수 있다.

민법 제847조(친생부인의 소)

① 친생부인의 소는 부 또는 처가 다른 일방 또는 자를 상대로 하여 그
　사유가 있음을 안 날부터 2년 내에 제기하여야 한다.
② 제1항의 경우에 상대방이 될 자기 모두 사망한 때에는 그 사망을 안
　날부터 2년 내에 검사를 상대로 하여 친생부인의 소를 제기할 수 있다.

누구나 비밀이 있지만

클럽에서 만나 교제하다가 아이가 생기자 혼인신고부터 하고 출
산한 부부가 있었습니다. 그런데 나중에 알고 보니 아이는 다른 남자
의 아이였습니다. 남편은 자신을 속이고 결혼한 아내에게 너무 화가
나서 혼인취소소송을 제기했습니다. 유전자검사를 통해 친자가 아

님이 밝혀졌고 혼인을 결정하는 데 임신 사실이 중요하게 작용했기 때문에 아내가 남편을 명시적·묵시적으로 기망한 것으로 인정되어 혼인이 취소된 것입니다. 친자관계는 법 이전에 인륜의 영역에 있음에도 불구하고 아내는 이를 숨기고 결혼만 하면 된다는 어리석은 생각을 갖고 있었던 것입니다.

물론 사람은 누구나 숨기고 싶은 자기만의 비밀이 있고 배우자나 연인 사이라 하더라도 이런 비밀을 꼭 밝힐 필요도 없습니다. 가끔은 사실대로 말할 용기가 나지 않아 영화나 드라마에 나오는 이야기인 것처럼 꾸며 상대방에게 들려주고 반응을 떠보기도 합니다.

하지만 혼인에 앞서 혼인 결심에 영향을 미칠 중대한 사실은 미리 고지해야 합니다. 특히 자녀 관련 문제는 한 줌의 거짓도 있어서는 안 됩니다. 부부 당사자를 떠나 자녀의 인생과 미래가 걸린 중차대한 사안이며, 절대로 이해관계가 개입될 수 없습니다.

부부도 결국 타인

결혼 10년 차 아내는 남편이 의심스러웠습니다. 남편은 매일 늦게 들어오고 항상 휴대전화를 손에서 놓지 않았습니다. 또 밤이면 몰래 누군가와 톡을 주고받았습니다. 아내가 남편에게 수상하다고 하면 남편은 아내에게 의부증이라며 오히려 아내를 타박했습니다.

그러던 어느 날 아내는 남편의 휴대전화 비밀번호를 몰래 알아내 잠금을 해제했습니다. 남편 톡에는 연인으로 의심되는 어떤 여자와 주고받은 내용들로 가득했습니다. 분노한 아내는 남편과 그 여성을 상대로 각각 이혼소송과 위자료청구소송을 제기했습니다. 훔쳐본 톡과 이메일 내용까지 출력해 증거자료로 제출했습니다.

그러자 남편은 아내가 자신의 사생활을 침해했다며 경찰에 신고 했습니다. 검찰은 아내를 기소했고 아내는 재판에서 "남편의 외도로 피해를 입은 배우자에게는 비밀이라고 할 수 없고 남편의 외도를 잡기 위한 정당한 행위였다."고 주장했습니다.

과연 배우자 외도 증거를 수집하기 위해 몰래 휴대전화나 이메일 등을 열어 보는 것이 합법일까요? 위 사건에서 법원은 아내의 유죄를 인정했습니다. 아무리 부부 사이라도 배우자 동의 없이 아이디와 비밀번호 등을 몰래 알아내 사적인 내용이 담긴 내용을 읽어 보는 것은 형사처벌의 대상이 된다는 취지였습니다. 재판부는 "법률에서 말하는 '타인의 비밀'이란 일반적으로 알려져 있지 않은 사실로 이를 다른 사람에게 알리지 않는 것이 본인에게 이익이 되는 것을 의미한다. 남편의 사적인 내용이 담긴 휴대전화나 이메일은 일반적으로 알려져 있지 않은 사실로 이를 다른 사람에게 알리지 않는 것이 이익이 되므로 '정보통신법'에서 말하는 '타인의 비밀'에 해당한다."고 밝혔습니다. 다만 법원은 아내가 초범이고 부부였던 점을 감안해 벌금 30만 원 형의 선고를 유예했습니다.

조사하면 다 나와

위 사건에서 비록 아내의 증거수집 행위는 유죄가 되었지만 소송에서 이기기 위해서라면 무슨 일이라도 하겠다는 그 심정은 충분히 이해가 됩니다. 소송에서 하늘과 땅이 알고 나와 상대방이 알아도 판사와 검사, 경찰이 모르면 아무 소용없습니다. 소송에서 이기려면 반드시 제3자가 보고 들을 수 있는 확실한 증거가 있어야 합니다. 주장하는 사실을 뒷받침하는 증거를 함께 내서 법원의 판단을 기다려야 합니다. 판사가 알아서 움직이는 것이 아니라 주장하는 쪽에 증거가 있어야 억울함을 풀고 진실을 밝히며 승리할 수 있습니다.

　이혼재판 역시 승소하기 위해서는 상대방의 책임 또는 사실관계를 입증할 증거가 있어야 합니다. 아울러 증거가 실제 재판에서 효력이 있는지도 잘 따져 봐야 합니다. 따라서 이혼소송도 불사하겠다는 마음을 먹었다면 우선 침착과 냉정을 찾아 최대한 많은 증거를 수집해야 합니다. 빠짐없이 기록하고 샅샅이 모아서 상대방을 꼼짝하지 못하게 만들어야 최후의 승자가 됩니다.

　배우자의 외도로 소송을 제기해서 승소하려면 철저하게 증거를 마련해 협의상 이혼뿐만 아니라 재판상 이혼에서 유리한 고지를 점령해야 합니다. 2015년 헌법재판소가 간통죄 위헌 결정을 내렸기 때문에 이제 간통 현장을 목격했다 하더라도 간통죄로 처벌하지 못합니다. 따라서 배우자나 상간자를 상대로 민사 손해배상청구를 한다든지 이혼으로 재산분할과 위자료를 확보하는 방안을 적극 모색해야 합니다. 그냥 모른 척 눈감고 넘어가겠다는 생각이 아니라면 전쟁 선언 전에 용의주도하게 준비해야 승리를 장담할 수 있습니다.

　더 이상 배우자의 외도를 이유로 배우자와 상간자를 형사적으로 처벌하기는 어렵지만 이혼 시 재산분할과 위자료를 청구할 때 압박용으로 활용될 수 있습니다. 지난 세월 부부의 정이 남았고 가정을 지키겠다는 의지가 생길 수도 있지만 애써 봐야 이미 떠난 마음 돌아오기는 힘듭니다. 함께 남남처럼 살아도 상관없다면 몰라도 그렇지 않다면 망설이지 말고 자신의 앞날을 도모해야 합니다.

　협의상 이혼은 재판상 이혼보다 빠른 시간 안에 결론을 맺을 수 있지만 배우자와 상간자의 부정행위를 명확하게 적시하고 그에 따른 손해배상을 받는 것이 아닙니다. 피해자 입장에서는 결혼생활 파탄의 주범을 가려야 그나마 감정이 해소된다는 측면에서 부족함이 있는 것이 사실입니다. 만약 배우자와 상간자의 부정행위를 입증할 증거가 있다면 협의상 이혼보다는 재판상 이혼을 진행하는 것이 낫습니다. 물론 긴 시간 진흙탕 싸움이 될 것이 두렵겠지만 앞날을 위해 이를 적극 활용해 재산분할과 위자료 산정에 주도권을 쥐고 또 상간자까지 압박해야 합니다.

배우자의 불륜이 의심된다면

우선 배우자의 소지품 등을 잘 살펴서 외도 등 불륜의 흔적이 될 만한 것을 확보해야 합니다. 배우자가 작성한 수첩이나 일기장이 있다면 미리 사진도 찍어 놓고 복사도 하면서 챙겨 둬야 합니다. 물론 일기장은 개인의 사생활을 기록한 문서이므로 증거가 되는지 논란이 있습니다만, 법원이 증거로 인정하지 않더라도 참고자료 정도로는 보고 있습니다.

또 바람을 피우는 사람은 아무래도 소비가 많기 때문에 배우자의 신용카드 사용내역을 유심히 살펴볼 필요가 있습니다. 어디서 무엇을 먹고 어디를 갔는지 대략 추정할 수 있는 단서가 일자별로 나와 있어 아주 유용합니다.

그런데 위와 같은 증거들은 모두 간접증거, 정황증거입니다. 확실하게 승소하려면 직접증거가 필요합니다. 직접증거는 상대방이 빠져나갈 수 없는 증거입니다. 예컨대 성관계 영상이나 사진, 애정표현 문자나 톡 등이 있어야 합니다.

차량 블랙박스 역시 확보할 수 있는 좋은 증거입니다. 불륜 당사자들은 주로 개인 차량을 이용하여 이동하므로 블랙박스에 녹음된 애정표현 등 대화를 통해 단서를 확보할 수 있습니다. 다만 너무나 내밀한 대화가 오고갔다거나 혹여 자신에 대한 험담까지 직접 들을 수 있어 마음의 준비를 단단히 해야 합니다.

가장 많이 사용하는 증거는 바로 '휴대전화'입니다. 휴대전화는 부정행위를 잡는 데 가장 큰 역할을 합니다. 문자나 톡, 텔레그램 등과 같은 모바일 메신저를 샅샅이 뒤져서 바람피웠음을 추정할 수 있는 내용을 차곡차곡 모아 놓아야 합니다. 사진이나 영상, 녹음 자료 등이 있으면 소송에서 증거로 쓰이는 데 더욱 유용합니다.

이때 유의해야 할 점이 있습니다. 헌법 제17조는 "모든 국민은 사생활의 비밀과 자유를 침해받지 아니한다."고 명시하고 있습니다. 아무리 배우자라 하더라도 적극적으로 휴대전화 비밀번호를 알아내 몰래 열어 보거나 지문인식 잠금을 배우자가 잘 때 손가락을 대서 해제하는 등의 행위는 원칙적으로 불법입니다. 형법상 '비밀침해죄'는 봉함이나 기타 비밀장치한 편지, 문서, 전자기록 등을 기술적 수단을 이용해 그 내용을 알아내는 것을 말합니다. 컴퓨터나 인터넷, 휴대전화 등에서 배우자나 연인의 비밀번호를 몰래 알아낸 다음 그 아이디로 접속해도 불법으로 처벌될 수 있습니다.(형법 제316조 2항)

그런데 비밀번호가 설정돼 있지 않은 배우자 휴대전화를 몰래 본 경우는 비밀침해죄에 해당되지 않습니다. 사실 실무에서는 휴대전화를 봤다고 처벌되는 경우는 거의 발생하지 않습니다. 휴대전화를 만지다가 우연히 비밀번호가 풀렸다거나 우연히 내용을 보게 되었다고 항변할 수 있기 때문입니다.

또 배우자와의 대화를 녹음하는 것은 가능합니다. 배우자와 직접 대면하거나 전화통화를 하면서 배우자가 자신의 잘못을 인정하는 것을 녹음하는 것은 법적으로 문제되지 않습니다. '통신비밀보호법'을 보면 "공개되지 않은 타인간의 대화를 녹음 또는 청취하지 못한다."고만 규정돼 있기 때문입니다. 대면하거나 전화로 통화하는 것은 공개된 것이고 타인 간의 대화도 아니기 때문에 처벌받지 않습니다. 혹여 내용이 삭제되었다 하더라도 복원 기술에 기대어 희망을 이어 나갈 수도 있는데, 이때는 휴대전화 소유자 본인의 동의를 얻어야 합니다.

한편 배우자의 외도 현장을 잡는다고 몰래 위치를 추적하는 행위도 처벌받을 수 있습니다. '위치정보법'에 따라 누구든지 개인 또는 소유자의 동의를 얻지 않고 당해 개인 또는 이동성이 있는 물건의 위치정보를 수집·이용 또는 제공해서는 안 됩니다. 즉 위치추적은 명백한 범죄행위입니다. 다만 배우자가 직접 미행해서 외도하는 장면을 목격했을 때 사진을 찍는 것 정도는 허용됩니다.

동의 없는 위치추적이 명백한 범죄행위임에도 불구하고 자주 이용되는 것은 유리한 증거를 확보하기 위해서입니다. 불법적인 경로로 수집된 증거는 형사소송에서는 증거능력이 배제되지만 이혼 등 가사소송에서는 증거로 인정될 수도 있습니다. 배우자의 부정행위는 엄격한 증명을 요구하지 않기 때문입니다. 하지만 불법적인 방법으로 증거를 수집하면 사생활 침해로 별도의 형사책임을 질 수 있으니 유의해야 합니다.

자녀의 진술서 역시 이혼소송 승리에 기여할 수 있습니다. 자녀는 누구보다 사실관계를 잘 알고 거짓말을 하지 않기 때문에 특히 마지막 무기로 활용할 수 있습니다. 양가 친족의 경우 각자 상대방 편일 테니 도움을 받기 힘들지만, 간혹 사이가 좋지 않은 친족은 오히려 적극 나서 진술서를 써 줄 수도 있으니 미리 내 편으로 만들어 놓으면 유리합니다.

상간자를 향한 복수

배우자가 바람을 피우면 배우자도 밉지만 배우자와 바람을 피운 상간자가 더 밉다고 합니다. 그래서 이혼은 하지 않고 상간자만 상대로 손해배상과 위자료를 청구를 하는 일이 있습니다. 특히 간통죄가 폐지된 이후 더욱 늘어나고 있는데, 법원은 결혼한 사람인 줄 알면서 불륜을 저지른 상간자에게도 손해배상책임을 인정하고 있습니다.(대법원 2015. 5. 29. 2013므2441)

상간자에게 손해를 물으려면 상간자가 누구인지 구체적으로 파악해 놓아야 합니다. 가끔 상간자를 상대로 소송을 하고자 하는데 이름이나 주소, 휴대전화 번호도 모르는 경우가 있습니다. 소송을 하려면 당사자를 특정할 수 있는 최소한의 정보는 있어야 합니다.

배우자의 휴대전화 등을 살펴 낯선 이름이거나 특수 문자 혹은 별명 같은 이름으로 저장된 목록은 의심의 여지가 있습니다. 또한 지난 통화내역을 보면서 야밤이나 특정 시간대에 집중적으로 통화가 이루어진 기록이 있다면 의심해 봐야 합니다. 요즘은 웬만하면 SNS 계정을 가지고 있으므로 그 안에서 추적을 통해 연결고리를 찾아낼 수도 있습니다.

상간자가 기혼임을 전혀 모르고 만났다면 그에게 책임을 묻기는 어렵습니다. 예를 들어 클럽에서 만나 하룻밤 사랑을 나누었는데 기혼자임을 말하지 않았다면 그에게 책임을 전가시키기 어렵습니다. 물론 직장에서 만난 사이거나 오랜 기간 연애를 했다면 상대방이 기혼자임을 충분히 알 수 있는 상태이므로 상간자에게 책임을 물을 수 있을 가능성이 큽니다.

그리고 배우자와 상간자 간 나눈 문자나 톡 대화 내용 중에서 상간자가 기혼임을 알 수 있었다고 추론할 단서가 있어도 됩니다. 증거가 없다면 어쩔 수 없이 배우자를 추궁해서 상간자가 기혼임을 알았다고 진술하게 만들어야 합니다.

이때 단순히 정황증거만으로는 부족합니다. 문자나 톡 등 메신저에서 '보고 싶다' '사랑한다' 등 진한 애정표현이 있어야 합니다. 단순히 '잘 들어갔어요?' '잘 지내요?' 정도의 내용만으로는 부족합니다. 누가 봐도 애인 사이라고 인정할 만한 사진이나 영상이 있으면 좋습니다. 키스나 포옹 또는 성관계가 잡힌 것만 증거가 되고 단순히 식사를 같이 하거나 단체로 여행을 간 사진만으로는 부족합니다.

한편 화가 난다고 직접 상간자를 찾아가 뺨을 때리거나 물을 끼얹는 등 폭력을 휘두르면 폭행죄로 처벌받을 수 있습니다. 단순히 머리채를 잡고 흔들면 폭행죄에 해당하지만 머리채를 잡고 뽑아 버리면 상해죄가 되어 가중처벌 될 수 있습니다. 또 상간자의 직장에 찾아가 외도 사실을 말하거나 시위를 하면 명예훼손죄를 물을 수 있습니다. 온라인상에서 비슷한 행위를 해도 마찬가지입니다.

마지막으로 상간자를 향한 법적 청구는 그 시효가 배우자의 부정을 안 날로부터 3년, 부정행위 시점부터 10년임을 잊지 말아야 합니다.

민법 제841조(부정으로 인한 이혼청구권의 소멸)

전 조 제1호(배우자에 부정한 행위가 있었을 때)의 사유는 다른 일방이 사전 동의나 사후 용서를 한 때 또는 이를 안 날로부터 6월, 그 사유 있는 날로부터 2년을 경과한 때에는 이혼을 청구하지 못한다.

민법 제766조(손해배상청구권의 소멸시효)

① 불법행위로 인한 손해배상의 청구권은 피해자나 그 법정대리인이 그 손해 및 가해자를 안 날로부터 3년간 이를 행사하지 아니하면 시효로 인하여 소멸한다.
② 불법행위를 한 날로부터 10년을 경과한 때에도 전 항과 같다.

기타 증거 확보 방법

증거가 불충분하다면 '가사조사제도'를 활용해 볼 수 있습니다. 가사조사제도는 법원이 지정한 가사조사관이 양쪽 당사자를 대면시키거나 한쪽 당사자만 불러 주장과 반론을 진술하게 한 후 보고서를 작성하고 이를 재판에서 증거로 활용하는 제도입니다.

또한 공공기관이나 단체, 개인 또는 외국의 공공기관 업무에 속하는 특정사항에 대한 조사를 법원을 통해 촉탁해서 증거를 수집하는 '사실조회' 절차도 활용할 수 있습니다.

재산 내역을 모를 경우 부동산을 찾고 싶을 때는 법원행정처나 국토교통부 등에 사실조회서를 보내 상대방 명의로 된 부동산을 조회해 달라고 요청하여 찾을 수 있고, 은행의 경우에는 상대방의 주거래 은행에 사실조회서를 보내면 입출금내역을 확인해 볼 수 있습니다. 또 상대방 명의의 신용카드 내역을 조회할 수 있고, 배우자와 상간자의 동반 해외여행, 출국 여부를 확인하기 위해 여행사에 조회를 요청하거나 출입국 사실을 조회할 수도 있습니다.

법원을 통한 조회는 당연히 합법이지만 간혹 혼자서 무리하게 증거를 확보하다가 사생활 침해가 되어 형사적인 문제가 발생할 수 있으니 유의해야 합니다. 가끔 흥신소를 이용해서 배우자가 바람피우는 것을 잡아도 되는지 문의하는 경우가 있습니다. 현재 흥신소는 합법과 불법 사이를 아슬아슬하게 오가며 활동하고 있습니다. 개정된 '신용정보법'에 따라 흥신소 등 탐정업체의 영리활동이 다양해졌으나 여전히 위법 여부는 사안별로 구체적으로 따져 봐야 합니다. 흥신소가 다른 사람의 전화를 도청하거나 차량에 몰래 위치추적기를 설치하는 등 사생활을 침해한다면 당연히 불법이며, 위법한 내용의 조사를 의뢰할 경우 의뢰인은 교사범으로 처벌될 수 있으니 주의를 요합니다.

증거수집도 적정선을 넘지 않는 범위 내에서 해야 합니다. 또 합법적인 증거수집이라고 해도 이혼을 심각하게 고려하거나 재판을 준비할 때 증거확보 차원에서만 활용해야 합니다. 사소한 의심으로 설레발치면 결혼생활을 영영 망칠 수 있습니다. 상대방을 의심할수록 상대방은 점점 더 멀어지고, 의심하는 본인도 점점 몸과 마음이 피폐해집니다. 차라리 그 시간에 본인 스스로 당당해지고 자존감을 회복하는 다른 방법을 찾는 것이 좋습니다.

3부

끝을 시작으로 만들기 위한 밀고 당기기

어느 날 갑자기
이혼소장이 날아왔다

결혼한 지 10년째 되는 저는 고등학교에서 영어를 가르치는 '워킹맘'입니다. 직장에서 일은 일대로 하고 집안에서 육아와 살림까지 척척 해내는 자칭 '슈퍼맘' 말입니다. 지금도 여전히 학교에서 이리저리 아이들에게 치이고 집으로 돌아오면 또 남자아이 둘에게 치이는 일상이 연속되고 있습니다. 학생들만 숙제가 있는 게 아니라 교사도 숙제를 해내느라 그야말로 하루하루가 정신없이 지납니다. 아직까지 별 탈 없이 해 온 일들이기는 한데, 이렇게까지 내가 능력자인가 생각해 보면 혼자 씁쓸히 웃을 수밖에 없네요.

이런 중에 주말에라도 남편이 집안일을 도와주면 좋을 텐데, 대기업 임원이 되려고 바쁜 남편은 주말에는 골프 회동을 나가느라 더 바쁩니다. 남편이 집안에서 첫째이다 보니 모든 경조사를 주관해야 하고 몇 해 전 홀로된 시어머니까지 부양하고 있으니 현대판 맏며느리인 셈입니다. 경제만 안정적이고 체력과 심리는 불안정하기 짝이 없네요.

제게 주어진 무지막지한 역할들로 인해 가끔 나는 누구인지 정체성에 혼란이 오는데요, 그나마 제가 사랑하는 'BTS'가 있어 버틸 만합니다. 처음에 제 귓속에 쏙 들어오는 멜로디를 듣고 누구 노래인가 찾아보다가 BTS를 알게 됐고, 팬클럽에 가입해 지금까지 소위 '덕질'을 하고 있습니다. 너무나 바쁜 와중에 BTS까지 돌봐야 하니 매일매일 능력치를 최고로 올리며 살아야 하지만 제가 좋아하는 일, 저를 위한 일이라고 생각하면 BTS는 전혀 스트레스가 아닙니다. 물론 우리 두 아들이 BTS보다 우선이긴 하지만요.

그런데 어느 날 술을 마시고 자정쯤 귀가한 남편이 잠은 안 자고 부엌에서 부스럭거리는 소리를 내고 있어 내다봤습니다. 남편은 라면을 끓이는 중이었고 저는 화들짝 놀랄 수밖에 없었습니다. 평소 가족들 건강 챙긴다고 라면을 일절 안 먹었고 당연히 집에 라면을 두지도 않았는데, 이 야밤에 남편이 라면을 끓이고 있다니 어리둥절했습니다.

남편은 꼬부라진 혀로 갑자기 라면이 먹고 싶어 사 왔으니 상관하지 말라며 냉담하게 말을 건네더군요. 무슨 이유였는지 그 말이 너무나 듣기 싫어 저도 가만히 있지 않았습니다. 지금까지 몸 생각해 준 게 하나도 소용없다며 당장 물 끓이는 걸 멈추라고 했습니다. 남편은 못 들은 척하며 라면 봉지를 뜯으려고 했습니다. 다시 불같이 화를 내며 당장 그만두지 않으면 헤어질 거라는 말을 외쳤고, 남편은 잠시 멈칫하더니 끓는 물속에 면과 스프를 넣었습니다. 울화통을 부여잡고 어떻게 나오나 끝까지 지켜봤는데 남편은 라면을 다 끓이더니 한 젓가락 먹지도 않고 개수대에 부어 버리더군요. 저는 기가 막혔습니다.

이때부터 저희 부부의 냉전이 본격화되었고, 그러던 어느 날 갑자기 제게 이혼소장이 날아왔습니다.

별다른 문제없이 잘 지내던 부부도 일방적으로 이혼 통보를 받는 일이 있습니다. 먼저 말로 이혼 얘기를 꺼내면 그나마 대화라도 해 볼 텐데, 느닷없이 이혼소장이 날아들면 어떤 심정일까요? 청천벽력 같은 상황에 말문이 막히고 머릿속엔 도대체 '왜?'라는 질문만 맴돌 것입니다.

설마 남편이 '라면' 하나 때문에 충동적으로 이혼을 결심하진 않았을 겁니다. 그동안 쌓이고 쌓였던 스트레스가 한꺼번에 폭발한 것으로 보입니다. 이참에 두 사람이 함께 결혼생활을 돌이켜보며 무엇이 잘못되었고 앞으로 어떻게 할 것인지 진지하게 이야기를 나누는 기회를 가져 보면 어떨까 싶습니다. 부부든 연인이든 사소한 오해와 가벼운 말실수, 순간적인 감정 충돌로 다툼이 일어날 수 있고, 진심을 담은 사과만으로 해결되기도 합니다.

위 사연처럼 배우자 일방이 이혼을 요구한다고 해서 바로 이혼이 성립되는 것은 아닙니다. 너무 걱정 말고 자초지종을 살피며 침착하게 대처하면 없던 일로도 만들 수 있습니다. 이혼소장을 받았다면 선택은 두 가지입니다. 이혼을 원치 않으면 적극적으로 대응해 이혼청구를 기각시키면 됩니다. 법에서 정한 이혼사유가 없으면 이혼청구를 기각시킬 수 있고, 법적으로 부부 관계를 계속 유지할 수 있습니다. 이혼을 원한다면 소위 '맞소송'을 제기하면 됩니다. 현재 재판이 진행되고 있는 법원에 이혼 및 위자료, 재산분할을 청구하는 반소장을 제출할 수 있습니다.

이혼을 원치 않는다면

이혼소장을 받으면 답변서에 "이혼을 원하지 않는다. 이혼청구를 기각해 달라."고 기재해서 법원에 제출하면 됩니다. 전자소송은 인터넷으로 접수해도 됩니다. 답변서 양식은 다음과 같습니다.

답 변 서

피고는 원고의 청구에 대하여 다음과 같이 답변합니다.

다 음

청구취지에 대한 답변

1. 원고의 청구를 기각한다.
2. 소송비용은 원고가 부담한다.

…… 라는 판결을 구합니다.

청구원인에 대한 답변

피고는 원고의 청구원인 주장사실 중 원고와 피고가 혼인신고를 마친
법률상의 부부라는 사실만을 인정하고, 이혼을 원하지 않으므로 원고의
청구 기각을 원합니다.

재판기일이 정해지면 반드시 법정에 출석하는 것이 좋습니다. 간
혹 이혼을 원치 않고 대수롭지 않게 생각해 출석하지 않거나 변호사
만 출석시키는 경우가 있는데, 당사자가 출석해서 판사에게 직접 호
소하며 재판에 성실하게 임하는 것이 유리합니다.

법정에서는 "이혼을 원하지 않고 가정을 지키겠습니다."라고 확실
하게 말하면 됩니다. 그 후 진심으로 결혼생활을 유지하고 가정을 지
키려는 마음을 행동으로 보여 줘야 합니다. 말이나 서면만으로는 의
지 확인이 부족하기 때문입니다. 예를 들어 상대방과 지속적으로 대
화를 시도하거나 함께 부부상담을 받는 방법 등이 있습니다.

이혼을 원하지 않는다면서도 그동안 결혼생활이 힘들었고 상대방

의 험담을 늘어놓으며 공격하는 사람이 있습니다. 이러면 오히려 혼인의 파탄이 인정될 수 있으니 주의해야 합니다. 그렇게 결혼생활이 힘들고 상대방이 미우면 차라리 이혼을 하는 게 낫겠다고 법원이 판단할 수 있습니다.

원고가 유책배우자라면

이혼소송을 제기한 상대방을 공격하고 잘못을 지적해서 이혼을 기각시키는 방법도 있습니다. 가령 외도한 배우자가 적반하장으로 이혼소송을 제기하면 유책배우자임을 입증하면 됩니다. 하지만 이럴 경우 상대방의 외도를 객관적으로 인정할 수 있는 증거를 제시해야 합니다. 증거도 없이 외도를 주장하면 자칫 의부증이나 의처증으로 몰려 이혼이 결정될 수 있습니다.

답변서의 내용은 대략 이런 식으로 작성하면 됩니다. "원고는 소중한 가정을 외면하고 다른 이성과 부정행위를 행한 유책배우자입니다. 하지만 피고는 가정을 지키기 위해 최선의 노력을 다하고 있습니다. 그러므로 유책배우자인 원고의 이혼청구를 기각시켜 주시기 바랍니다."

이와는 반대로 유책배우자를 상대로 이혼소송을 제기했는데 유책배우자가 이혼을 거부하는 일도 있습니다. 대개 재산분할을 하기 싫어서 겉으로만 이혼을 거부하며 기각을 구하는 일종의 '쇼맨' '쇼우먼' 같은 스타일이 있습니다. 이런 이중인격성으로 인해 법정 자체가 자칫 연극 무대로 변질될 수 있습니다. 법정 안에서는 "오, 사랑하는 아내여! 왜 이혼소송까지 했는가? 내가 당신을 얼마나 사랑하는데……."라고 목소리 높여 방백을 하지만, 법정 밖에서는 "감히 네가 날 상대로 이혼소송을 해? 어림없지. 절대 이혼 못 해, 돈도 못 줘!"라며 싸늘한 귓속말 건넵니다. 또 법정 안에서는 상대방을 바라보며 "얼굴이 많이 상했네. 내가 해 준 밥이 그립지? 이혼 취하하고 집으로 돌아오면 내가 따뜻한 밥 지어 줄게."라며 측은해하다가도 법정 밖으로 나오면 눈도 맞추지 않고 바로 변호사와 뒤돌아갑니다. 이런 이중인격성 말과 행동을 입증할 증거를 확보하는 일은 쉽지 않습니다만, 법정 밖에서 자연스럽게 본의를 표출하도록 유도한 후 기록으로 남기는 등 노력이 필요합니다.

"결혼은 해도 후회, 안 해도 후회."라는 말이 있습니다. 이혼 역시 해도 후회하고 안 해도 후회합니다. 이혼이라는 최악의 문턱에서 '사랑의 힘'이 작동하지 않는다면 '진실의 힘'에 기대야 그나마 후회를 덜합니다.

사소하지만 결코 사소하지 않은

남녀 관계는 고작 라면 한 그릇 때문에 싸움이 커져서 헤어질 수 있는 약하디약한 연결인지 모릅니다. 한 이불 속에서 잠꼬대로 다른 이성의 이름을 불렀다가 의심을 사서 헤어진 부부도 있고, 사주나 궁합이 맞지 않는다며 관계를 포기하거나, 또 종교가 다르다고 제 갈

길 가기도 합니다.

행복한 부부의 모습은 모두 똑같아 보인다지만, 재미있는 것은 그래서 자칫 지루해질 수 있다는 점입니다. 부부 사이에 권태가 찾아들면 배우자는 삶의 우선순위에서 점점 멀어집니다. 아무 탈 없이 평온하게 지내다가도 이혼을 결심할 수 있다는 얘기입니다. 부부든 연인이든 헤어지려고 마음만 먹으면 온갖 이유와 핑계를 동원합니다. 아주 사소한 일로도 이별을 부를 수 있는 것입니다.

요즘은 각종 메신저로 간편하게 대화를 주고받는 것이 일상이 되었습니다. 그만큼 글을 간편하게 생산하고 소비하는 시대인데, 그 덕분에 맞춤법에 대한 관심이 높아졌고 또 이것이 남녀 관계를 해치는 빌미가 되기도 한다고 합니다. 맞춤법 때문에 서로의 호감도가 떨어지거나 급기야 헤어지는 일까지 벌어질 수 있다는 얘기입니다. 실제 어느 조사에 따르면 연애하면서 가장 정 떨어지는 순간으로 '약속을 지키지 않았을 때'와 '반복적으로 맞춤법 틀릴 때'를 꼽았다고 합니다. 맞춤법 지적은 여성이 더 많다고 하는데, 이는 여성이 맞춤법을 더 민감하게 받아들인다는 의미겠지요. 반대로 흔히 잘못 쓰이는 말을 올바르게 쓰는 이성이라면 호감도가 급상승한다고 합니다.

맞춤법 오류를 바로잡는 일처럼 두 사람 사이 발생한 오류를 먼저 바로잡아야 보다 단단하고 오래가는 관계를 만들 수 있습니다. 사랑의 맞춤법, 잘 익혀 둘 필요가 있습니다.

이혼이 최선인가

세상에 완벽한 사람은 없기에 서로 좀 더 이해하고 포용하려는 태도가 필요합니다만, 아무리 사소한 결함과 실수라고 해도 그것으로 인해 도저히 결혼생활이나 인간관계를 유지하기 어렵다면 인연을 끊는 것도 방법이긴 합니다.

가끔 이혼을 원치 않다가도 오랜 재판 과정에 지치고 상대방의 치졸한 행동에 실망해 결국 이혼하는 일이 생깁니다. 사실 이혼소장까지 받은 사이에서는 특별한 이유가 없는 한 이혼하는 것이 낫습니다. 본인만 노력한다고 깨진 그릇이 다시 붙는 것이 아니기 때문입니다. 이미 상호간 도저히 회복할 수 없을 만큼 신뢰가 깨졌다면 가정을 유지할 가치 또한 없어집니다.

이혼소송 중인 부부는 서로 지나치게 과거에 집착하는 경향이 있습니다. 그러나 과거는 돌이킬 수 없습니다. 아무리 배우자를 원망해봐야 관계만 더 멀어지고 본인도 괴롭습니다. 과거보다는 현재가 중요하고 미래를 위해 나아가야 합니다. 용기 있게 이혼해서 새 출발을 하는 것이 본인과 남은 가족들을 위한 더 나은 길일 수 있습니다. 지금의 인연을 놓아 주더라도 언젠간 새로운 인연이 다가오기 마련입니다. 때로는 이혼이 최선입니다.

원수 아닌
친구로 남는 법

결혼생활 15년이 훌쩍 지난 40대 여성입니다. 행정고시 출신인 남편은 직장에서 오랫동안 능력을 발휘하여 고위직에 오른 관료인데요. 내친김에 곧 있을 시장 선거에도 나설 태세입니다. 다 좋은데 이렇게 바깥일로만 인정받으면 뭐하겠습니까, 가정생활은 영 꽝인데. 지금까지 남편의 본모습이나 낯 뜨거운 집안일이 밖으로 새 나가지 않은 것은 오직 저의 인내와 노력 때문입니다. 남편은 제게 큰 빚을 지고 있는 셈입니다.

남편은 저뿐만 아니라 집안일을 돕는 가사도우미나 운전기사에게 늘 권위적인 태도를 보였습니다. 가끔은 자기 분을 참지 못해 입에 담아서는 안 될 욕도 내뱉었고 점점 한 공간에 있는 것만으로도 숨이 막혀 왔습니다. 교묘한 방식으로 사람을 괴롭히는 것이 이골이 날 정도였지만, 그렇다고 결정적 한 방도 아니어서 크게 문제 삼지는 못

했죠. 그런 남편을 혼내 줄 수 있는 좋은 방법이 없을까 고민하다가 '이혼'을 떠올리게 되었습니다.

그렇다고 아무 준비 없이 섣불리 이혼 얘기를 꺼내면 남편 성격에 가만히 있지 않을 테고, 또 앞으로 있을 선거에 이미지가 나빠질 수 있어 절대로 이혼에 합의하지 않을 게 뻔했습니다. 그런데 어느 날 술에 취해 늦게 귀가한 남편의 옷가지를 챙기는데 양복 안주머니에서 어떤 봉투를 발견했습니다. 모 사업가의 명함과 현금다발이었습니다. 이런 일이 몇 차례 반복되었고, 아무래도 수상해 사진을 찍어 뒀는데, 그러다가 남편이 불법청탁을 받았다는 심증을 굳히게 됐습니다.

장고 끝에 이혼소송을 제기하였습니다. 그리고 수사기관에 남편이 뇌물을 받았다며 고소하기에 이르렀습니다. 남편이 수사기관에서 조사를 받는 동안 남편을 계속 압박하여, 결국 이혼소송에서 유리한 위치에 서서 이혼 합의를 이끌어 낼 수 있었습니다. 사건은 직장에서 징계처분을 받는 것으로 일단락되었고요.

마침내 이혼을 하며 남편으로부터 벗어나 제 꿈(?)을 이룬 듯했지만, 어찌 된 영문인지 마음 한구석이 씁쓸하고 허전합니다. 잘나가는 남편의 앞길을 괜히 막은 건 아닌지 미안해지기까지 합니다. 이참에 남편이 잘 지내는지 연락이라도 해서 한번 만나 보려고 하는데요, 이런 제 마음이 많이 이상한 건 아닌지 모르겠어요.

앞선 사연에서도 이미 설명했습니다만, 이혼소송 관련 먼저 유책주의와 파탄주의 입장을 이해할 필요가 있습니다. 이혼소송에서 파탄의 원인을 제공한 배우자는 이혼을 청구할 수 없다는 입장을 '유책주의'라고 합니다. 반면 특정 배우자의 잘못과 상관없이 파탄에 이른 경우 부부 중 누구나 이혼을 청구할 수 있다는 입장이 '파탄주의'입니다. 유책주의는 가족공동체의 의무를 중시하고, 파탄주의는 개인의 행복을 중시하는 경향이 있습니다.

민법 규정만으로는 유책주의인지 파탄주의인지 명확히 분간하기 어렵지만 법원은 오랫동안 유책주의 입장을 견지해 왔습니다. 그런데 유책주의에 따르면 파탄이 누구의 잘못으로 인한 것인지를 반드시 따져야 하기 때문에 결국 구질구질한 진흙탕 싸움이 되고 맙니다. 이혼한다고 해도 상처와 앙금이 고스란히 남아 결코 행복한 이혼이 될 수 없습니다. 이겨도 왠지 패잔병 같은 심정으로 살아가게 되는 것입니다.

싸움꾼으로 변신하다

종종 외국 변호사들을 만나 그 나라 법 제도와 문화에 대한 이야기를 듣습니다. 특히 이혼을 주제로 대화를 하다 보면 많은 외국 변호사들이 제게 반문합니다. 왜 한국 부부들은 이혼하면서도 법정에서 원수처럼 싸우는지 이해가 안 된다는 겁니다. 미국과 유럽 등지에서는 가령 부부가 1년 동안 별거를 하면 어떤 이유인지 누가 잘못했는지 상관없이 바로 '쿨'하게 이혼할 수 있고, 이혼해서도 친구같이 잘 지낸다고 합니다. 이혼하면 친구는커녕 원수가 되기 십상인 우리는 상상하기 힘든 풍경인 셈입니다.

사실 재산분할, 위자료, 양육권 등은 그다지 큰 문제가 아닐 수 있습니다. 오로지 '이혼'이라는 목표만을 달성하기 위해 앞뒤 가리지 않고 온갖 비방과 모욕을 던집니다. 남편을 '인간쓰레기' '한량'이라고 부르거나 아내를 '꽃뱀' '속물'이라고 칭하는 등 서로 상대방의 인격과 자존심을 건드리는 언사를 주고받는 일이 흔합니다. 이들을 대리하는 양쪽 변호사들조차 가끔 냉정을 잃고 감정싸움에 휘말릴 때가 있습니다. 각자 남편과 아내로 빙의되어 부부싸움을 대신하고 있다는 착각이 들기도 합니다.

이혼의 자유

이혼소송을 맡아 각종 서류를 작성하다 보면 책 한 권 분량은 우습게 나옵니다. 어떤 때는 주장과 증거가 차고 넘쳐 대하소설 분량이 되기도 합니다. 상상을 초월하는 내용으로 온갖 장르를 넘나들기도 하고요. 양뿐만 아니라 질적으로도 무척 흥미진진한 이야기를 담고 있어서 변호사는 최대한 구성의 묘를 살리는 작가(?)가 되어야 합니다.

의뢰인은 소장 작성부터 개입해 마음속에 불타오르는 '화'를 모두 쏟아 붓습니다. 넋두리는 기본이고 그동안 드러나지 않았던 상대방의 비밀과 약점 그리고 상대방의 가족들까지 줄줄이 소환해 험담을 늘어놓습니다. 하지만 법적 공방이기 때문에 아무리 주장과 사연이 넘쳐 나도 증거가 없으면 무력합니다. 따라서 변호사는 최대한 감정을 배제시켜 객관적으로 입장을 정리해야 합니다.

법원은 원칙적으로 유책주의 입장이기 때문에 당사자의 시시비비를 가리는 데 중점을 둡니다. 안타깝지만 이혼소장에서부터 상대방을 최대한 나쁜 사람으로 만들어 원고가 피해자라는 것을 부각시켜야 합니다. 그러다 보면 아무래도 상대방의 화를 돋우는 자극적인 내용이 포함되기 마련입니다. 이때 나름 꼼꼼한 성격을 가진 당사자는 유리한 면이 있습니다. 평소 일기장이나 가계부, 메모 등을 작성해 놓았다면 그것을 토대로 쓸거리가 많아지고 증거도 확보할 수 있기 때문입니다.

하지만 파탄주의하에서는 혼인 생활 파탄 외에 굳이 상대방의 잘못을 무리하게 주장하지 않아도 되기 때문에 이혼소장도 길게 쓸 필요가 없습니다. 미국을 비롯한 상당수 선진국에서는 소장 등 이혼서류는 객관식 형태의 체크리스트나 간단한 형식의 서면만 제출하고 있습니다.

객관식에 강한가, 서술형에 강한가?

2014년 우리 법원도 새로운 이혼소장 양식을 시범 도입했습니다. 혼인 파탄의 유형을 압축, 열거해 놓아서 선택 표시만 하면 되니 굳이 서술할 필요가 없습니다. 이른바 '객관식 소장'인 셈입니다. 파탄의 이유를 장황하게 기술하던 예전 방식과는 달리 제시된 유형에 'V' 표시만 해 이혼에 이르게 된 과정을 알 수 있도록 했습니다. 파탄된 사정을 가령 '배우자가 아닌 자와 동거·출산' '배우자 아닌 자와 성관계' '장기간 별거' '가출' '잦은 외박' '기타 부정행위' 등에서 고르도록 합니다.

기존 서술형 소장은 상대방에 대한 비난 위주로 구성되어 쓸데없이 상대방을 자극하기 쉬웠고, 그 때문에 이혼소송 과정에서 사이가 더 나빠지는 원인이 됐습니다. 반면, 객관식 소장에서는 상대방에 대한 비난을 최대한 자제할 수 있어 소송이 아닌 조기 조정으로 사건을 마칠 가능성이 높아졌습니다. 그만큼 당사자들은 빠르게 일상으로 복귀할 수 있습니다. 또 비법률가도 쉽게 소장을 작성할 수 있어 소송비용도 절감됩니다.

하지만 결혼생활에서 일방적인 피해자라고 생각하고 억울함을 호소하는 당사자에게는 이런 객관식 소장 모델이 썩 마음에 들지 않을 겁니다. 쏟아 내고 싶은 말이 책 한 권 분량을 훌쩍 넘는다면 단순히 몇 개의 객관식 조항이 그 마음을 모두 대변할 수 없습니다. 별수 없이 추가 준비서면을 작성하고 법정에서 장황하게 속마음을 털어놓아야 그나마 후련해집니다.

끝까지 간다?

부부는 서로에 대해 잘 알기 때문에 약점을 잘도 찾아내 공격합니다. 마음만 먹으면 상대방을 파국으로 몰아갈 수도 있습니다. 그러다 보니 심한 경우 수사기관에 진정을 하거나 심지어는 없는 범죄사실도 만들어 고소하기도 합니다. 실제로 아내가 남편의 마약 복용 전력을 고발한 사건도 있고, 남편 회사의 탈세 사실을 국세청에 고발하거나 각종 뇌물, 학위 비리 등을 샅샅이 찾아내 공개하기도 했습니다. 당사자뿐만 아니라 가족들까지 합심하여 고소, 고발 전쟁에 가담하면 이혼소송을 시작으로 관련 소송이 하나둘씩 늘어나게 됩니다.

하지만 '사실'을 공개하더라도 자칫 명예훼손으로 처벌받을 수 있다는 사실을 유념해야 합니다. 직장에 찾아가서 남들 앞에서 불륜 사실을 크게 떠들거나 온라인 게시판에 공개하는 것처럼 불특정 또는 다수인이 인식하거나 전파할 가능성이 있으면 오히려 명예훼손 혐의로 공격받을 수 있습니다. 개인의 권리와 사생활 보호에 대한 인식이 높아졌기 때문에 아무리 배우자의 일이라고 하더라도 신중을 기해야 합니다.

종종 의뢰인이 변호사에게 상대방을 아주 박살내 달라고 요청하는 경우가 있습니다. 그런데 아무리 억울하고 분해도 상대방을 벼랑 끝까지만 압박해야지, 그 이상으로 아예 밀어 버린다면 상대방이 파멸하거나, 심지어 극단적인 선택을 하는 경우도 발생합니다. 그러면 이혼소송은 아무 소용없게 됩니다. 당분간만이라도 상대방이 직장도 다니고 사업도 잘돼야 재산분할, 위자료, 양육비 등을 많이 받을 수 있습니다. 특히 자녀를 생각한다면 좋은 아빠, 좋은 엄마로 남는 것이 바람직합니다. 자신의 권리와 실리만 최대한 취하는 이성적인 태도가 현명합니다.

한편 이혼소송 중에 이혼에 뜻이 없던 상대방이 갑자기 돌변하는 경우가 있습니다. 이혼소장에 적힌 이런저런 내용을 보고 속에서 열불이 나는 것입니다. 멀쩡하던 사람도 피가 거꾸로 솟는 지경에 이르면 가만히 있을 턱이 없습니다. 끝까지 가정을 지키겠다는 결심이 '절대 이혼'으로 바뀌면서 맞소송을 제기합니다.

이혼소송 중 격해진 감정이 범죄로 이어지는 경우도 있습니다. 최근에도 아내가 남편의 폭행을 원인으로 이혼소송을 제기했는데, 이혼을 거부하던 남편이 화가 나서 아내를 살해한 끔찍한 사건이 발생하기도 했습니다. 이혼소송을 제기한 아내가 자살한 사건도 있습니다. 별거를 하던 중 아내에게 남자가 생겼는데 이를 알게 된 남편이 아내를 감시하고 미행했습니다. 각종 촬영물을 내세우며 아내의 직장과 처가에 배포하고 간통죄로 고소한다며 협박하고 돈을 요구했습니다. 이에 수치심을 참지 못한 여성이 결국 극단적인 선택을 했습니다.

이혼하는 마당이라고 막무가내 폭로를 일삼는 행위는 서로의 미래를 위해 바람직하지 않습니다. 최대한 감정을 배제하고 건조하게 편익만 취한다는 자세로 임하는 것이 좋습니다. 아울러 소송 중에 배우자나 그 가족들로부터 폭력이나 협박을 받는다면 그 대비책은 있는지 미리 고민해 봐야 합니다. 이혼 자체는 어렵지 않지만 이혼 후 닥쳐올 후회와 상실, 현실적 고통은 버티기 어려울지 모릅니다. 이혼

도 하나의 비즈니스라고 생각해서 깔끔하게 마무리하겠다는 자세가
필요합니다.

부부의 딜레마

'죄수의 딜레마'라는 이론이 있습니다. A와 B는 주가조작 사기 범
행의 공범으로 각자 다른 방에서 조사를 받고 있습니다. 수사를 했지
만 기소하기에는 증거가 부족하여 둘의 자백만이 유일한 증거입니
다. 이때 검사가 A와 B 서로 모르게 동일한 제안을 합니다. "다른 공
범에 대해 범행을 자백하면 자백한 당신은 1년 형으로 감경되고, 다
른 공범은 중형인 징역 10년을 받게 된다."

　누구든 자백하면 가볍게 처벌되지만 그렇지 않은 공범은 중형을
받습니다. 당연히 자백하는 것이 본인에게 더 유리합니다. 하지만 따
져 보면 이 둘에게 최상의 선택은 모두 자백하지 않고 혐의를 부인
하거나 묵비권을 행사하는 것입니다. 그러면 둘 다 증거불충분으로
석방될 수 있습니다.

　이혼소송에서도 이 죄수의 딜레마와 비슷한 상황이 벌어집니다.
부부는 상대방의 약점과 잘못을 너무도 잘 압니다. 사실 재판에서 꼭
필요한 주장만 하고 서로의 잘못을 적극적으로 밝히지 않으면, 서로
상처받지 않고 신속하게 재판을 끝낼 수 있습니다. 하지만 유리한 고
지를 차지하겠다고 악의적으로 상대방의 치부와 약점을 발설하면
상대방도 가만히 있을 리 없습니다. 이왕 헤어지게 된 마당에 이판사

판으로 나옵니다. 위 사연의 아내처럼 20년을 함께한 남편의 비리를 들추는 가정 '내부고발자'가 되기도 합니다. 서로 상처 주지 않고 원만하게 합의나 조정으로 해결할 수 있는데도 말입니다.

이혼하고도 친구처럼 안부를 묻고 잘 지낼 수 있는 문화가 어서 정착되기를 기대해 봅니다.

'졸혼'이 이혼의 대안이
될 수 있을까?

　어느새 결혼한 지 40년이 가까워졌으니 저희 부부생활도 황혼에 깃든 셈입니다. 60을 넘어선 남편은 젊은 시절 시작한 사업을 지금까지도 왕성하게 이끌고 있습니다. 남들은 자수성가한 남편을 존경과 부러움의 눈빛으로 치켜세웁니다. 그럴 때마다 저는 씁쓸한 마음을 숨길 수 없습니다.

　사실 그동안 남편이 사업을 핑계로 바람을 피워도 모른 척 참았습니다. 심지어 외도 상대가 제 앞에 나타나 인사까지 해도 다 받아 줬습니다. 남편은 거의 모든 재산을 자기 명의로 지켰고 가끔 제게 폭언을 쏟은 적도 있습니다. 그래도 꾹 참으며 여기까지 왔습니다. 오로지 아이들을 생각하여 가정을 지켜 내야겠다는 마음뿐이었습니다.

　그러던 중 남편이 별안간 별거를 제안했습니다. 어차피 나이도 들었고 아이들도 다 컸으니 따로 떨어져 살자고 했습니다. 조만간 재산도 나눠 줄 테니 걱정 말라는 당부도 덧붙였습니다. 그러고는 '졸혼'

이야기를 꺼냈습니다. 저도 TV프로에서 들어 본 말이었는데 남편의 입에서 이런 말이 나올 줄은 꿈에도 생각하지 못했습니다. 어쨌든 저 역시 지칠 대로 지친 상태라 남편과 떨어져 산다는 건 마치 독립을 얻은 것처럼 의미 있는 일이라고 판단했습니다. 억울해서라도 이혼은 못 하겠는데 그 대안이 될 수 있겠다 싶었던 것입니다.

그런데 그 후 남편은 약속을 하나도 지키지 않으며 발뺌하기 시작했습니다. 졸혼을 핑계로 남은 인생 본인 하고 싶은 대로 다 하며 살겠다는 전략이었던 것입니다. 이런 남편을 더 이상 용서할 수 없어 결국 이혼소송을 제기하게 되었습니다. 하지만 남편은 졸혼으로 인한 별거를 제가 가출한 것으로 둔갑시켜 자신에게 유리하게 만들었습니다. 미리 전문가와 머리를 맞대고 이혼소송 대비책을 짜 놓았던 것입니다. 용의주도하지 못했던 저는 졸혼이 아니라 정말 졸도하게 생겼습니다.

'졸혼(卒婚)'은 결혼생활을 졸업한다는 뜻으로, 이혼하지 않은 부부가 서로 간섭하지 않고 독립적으로 살아가는 일을 뜻합니다. 인도의 '해혼(解婚)'에서 유래했는데, 마하트마 간디는 서른일곱의 나이에 해혼식을 올렸다고 합니다. 간디같이 존경을 받는 성인도 결혼생활은 힘들었나 봅니다.

법적으로 완전히 남남이 되는 이혼과 서류상 혼인 관계가 유지되는 졸혼은 엄연히 다릅니다. 남남처럼 살 뿐 계속 부부입니다. 대개 이혼 직전 별거를 하는데, 졸혼 역시 별거가 필수이긴 하지만 사이는 좋은 부부가 많습니다. 말 그대로 학교를 졸업하듯 결혼생활을 졸업하는 것입니다. 졸혼이 성공적으로 지속되면 배우자는 가장 친한 친구가 됩니다.

요즘 부쩍 이런 졸혼에 대한 문의가 많아졌습니다. 이혼하지 못하는 부부 또는 이혼까지는 아니지만 각자의 삶을 살고 싶어 하는 부부가 대부분입니다. 간혹 이혼소송 중에 조정으로 졸혼하는 사례도 생겨나고 있습니다.

졸혼의 방법과 유의점

졸혼은 법적 개념이 아니므로 특별한 요건이 필요하지는 않습니다. 그렇다고 배우자 일방이 졸혼을 원한다고 바로 졸혼이 되는 것도 아닙니다. 졸혼을 요구해도 상대방이 거부하면 졸혼은 성립되지 않습니다. 만약 일방적으로 남편이 졸혼을 선언하고 집을 나간다면 그것은 '가출'이 되고, 장기간 집에 들어오지 않으면 '별거'가 됩니다. 졸혼은 부부가 합의해야 성립합니다.

졸혼할 때 유의할 점이 있습니다. 바로 재산 문제입니다. 특히 아내가 남편한테 뒤통수를 얻어맞은 사례가 종종 있습니다. 위 사연처럼 처음에 아내는 졸혼 생각이 없었는데 남편이 하도 요구를 하니까 승낙했습니다. 그러고는 약속한 재산을 확실하게 받았어야 했는데 그러지 못 하다가 남편이 나 몰라라 하게 되었습니다. 당장은 돈이 없어서 못 주고 졸혼하면 나중에 주겠다는 남편의 말만 믿었던 것입니다. 아내가 도저히 참을 수가 없어서 이혼을 요구했더니 웬걸, 남편은 아내가 가출한 유책배우자라면서 이혼도 안 하고 재산도 안 주겠다고 버티는 것입니다. 결국 아내는 재산 한 푼 받지 못한 채 집에서 쫓겨나 딱한 처지가 되고 말았습니다.

이런 경우 아내가 제 발로 집을 나가면 가출이 됩니다. 졸혼이나 별거나 집을 나가려면 반드시 상대방과 합의를 하고 합의서나 녹음 등 증거를 남겨야 합니다. 남편의 말만 믿고 그냥 나가면 부부간 동거의무를 저버리거나 배우자를 유기한 사람으로 몰릴 수 있습니다.

다른 이성을 만난다면

졸혼에서 가장 뜨거운 이슈는 부부 각자의 사생활을 어디까지 보장할 것인가에 있습니다. 서로 자유로운 생활을 영위하려는 데 목적이 있으므로 거주, 생계, 여가 등 각자의 일상을 간섭하지는 않습니다. 그런데 졸혼 후에도 서로 왕래할 것인지 더 나아가 상대방의 연애를 허용할 것인지는 매우 민감한 문제입니다. 특히 다른 이성과 교제하거나 동거하는 것까지 폭넓게 인정하기란 정서적으로 쉽지 않습니다. 따라서 미리 구체적으로 합의하지 않는 이상 나중에 분쟁이 발생할 여지가 큽니다.

가령 남편은 졸혼했기 때문에 다른 여성을 만나도 된다고 생각했는데 아내는 거기까지 허용한 건 아니라고 주장할 수 있습니다. 구체적인 합의서만 있다면야 큰 문제가 되지 않겠습니다마는, 이성 교제를 허용한다는 합의서가 있는데도 부정행위를 이유로 이혼소송을 제기하여 위자료를 청구하는 일도 생깁니다. 이성 교제에 책임을 묻지 않는다는 취지로 각서를 작성하고 긴 별거에 들어간 부부 중 일방이 다른 이성과 해외여행을 간 사건에서, 법원은 혼인 파탄의 책임을 묻지 않았습니다. 장기간 파탄된 부부가 다른 이성을 만나는 것은 불법행위로 보기 힘들고, 게다가 각서나 합의서가 존재한다면 차후에 이를 번복하거나 문제 삼기 어렵다는 것입니다.

배우자를 가구로 착각한 배우자

도종환 시인의 「가구」라는 시에는 "본래 가구들끼리는 말을 하지 않는다."는 시구가 나옵니다. 가정에서 부부의 역할을 담담하게 그리는 시인데, 말없이 제자리만 지키는 부부의 모습이 무척 애잔합니다. 이처럼 해를 묵을수록 이심전심이 되는 부부 관계는 소중합니다.

한편 이런 관계는 부부 서로 무관심하다는 방증이기도 합니다. 간혹 말을 붙이려고 하면 상대방의 말에 맞장구를 쳐주기는커녕 무턱대고 화를 내며 책잡는 게 실상입니다. 또 무관심하다가도 갑자기 지나치게 잔소리와 지적을 해대며 극과 극을 달립니다.

사랑의 반대말은 미움이나 증오가 아니라 '무관심'이라고 합니다. 사랑이 식은 가정 안에서 가족은 모두 가구들이 됩니다. 혼자들 사느니만 못합니다. 졸혼은 배우자 사이에 자유와 휴식을 통해 재충전의 시간을 갖는 일입니다. 졸혼이 반드시 황혼녘에서나 의미 있는 것도 아닙니다. 조기졸업이 있듯 신혼일 때도 중년일 때도 결혼의 중간점검 차원에서 당사자 간 합의만 있으면 언제든 가능합니다.

옛날처럼 남편과 아내의 역할이 정해져 있다는 생각은 많이 없어졌습니다. 부부는 통치하고 지배하는 관계가 아닙니다. 남성과 여성이라는 성적 정체성은 각자 지키되 집안일은 평등하게 나누고 도와야 합니다. 졸혼을 고민하는 쪽은 대개 전통적 가부장제하에서 버텨왔던 여성들입니다. 그만큼 힘들고 지쳤다는 신호입니다. 결혼은 행복하기 위해서 하는 것이고 졸혼이나 이혼도 결국 더 나은 삶을 위한 것입니다.

하지만 결혼처럼 졸혼을 선택한다고 무조건 행복이 찾아온다는 보장은 없습니다. 오히려 외롭고 힘들 수 있습니다. 얼마 전 졸혼을 선언한 이외수 작가 부부, 남편이 뇌출혈로 투병하게 되자 아내가 "한날한시에 같이 가자."며 남편에게 돌아온 경우도 있었지요. 그러므로 졸혼은 충분히 심사숙고한 후에 결정하기를 바랍니다.

졸혼합의서

졸혼을 하려면 미리 조건을 정해 합의해야 합니다. 아무리 상대방을 믿어도 반드시 기록과 증거를 남겨야 합니다. 특별한 형식은 없습니다. 다만 합의 내용은 구체적으로 작성하는 것이 좋습니다. 각자의 행동 자유와 사생활 보장 내용을 구체적으로 기재해야 합니다.

특히 앞으로의 생계가 달린 재산 문제는 확실하게 합의해야 합니다. 각자 거주를 어떻게 할 것인지 또 생활비는 어떻게 충당할 것인지를 역할과 책임을 나눠 명문으로 기재해야 합니다. 되도록 미리 증여를 받아 놓는 것이 좋은데, 가령 상대방 명의의 집은 지분권을 획득하거나 금전으로 받을 수 있습니다. 이혼으로 인한 재산분할에서는 양도세나 증여세 등 세금부담이 거의 없지만 졸혼은 고스란히 세금을 부담해야 한다는 점을 유의해야 합니다. 또 재산이 없고 경제능력이 없는 배우자의 경우 상대방으로부터 언제까지 얼마의 생활비를 받을 것인지 반드시 구체적으로 합의해야 합니다.

졸혼 합의는 서면으로 남겨야 하고 공증까지 받아 놓으면 나중에 분쟁 발생 시 유리합니다. 다음 양식을 참고하길 바랍니다.

졸 혼 합 의 서

남편 ○○○와 아내 ○○○는 졸혼에 합의하고 다음의 사항을 약속한다.

1. 졸혼 내용: 남편과 아내는 별거하고 앞으로 서로의 생활에 일체 간섭하지 아니한다.

2. 졸혼 기간(복귀 조건일 경우):   년 월 일 ~   년 월 일

3. 정기 미팅: 매주 셋째 주 금요일 저녁 식사(가족 식사)

4. 권리와 의무:

① 남편은 아내에게 합의서 작성 즉시 서울 서초구 서초동
   졸혼아파트 1동 101호에 관하여 증여를 원인으로
   소유권이전등기절차를 이행한다. 소유권 이전과 관련하여
   취득세, 증여세 등 관련 제세공과금은 1/2씩 부담한다.

② 남편은 아내에게 합의서 작성일부터 20년간 매월 생활비 100만
   원씩 지급한다. 만일 그 지급을 지체할 경우 미지급금액에
   대하여는 각 지급기일 다음 날부터 다 갚는 날까지 연 10%의
   비율로 계산한 지연손해금을 가산하여 지급한다.

③ 각자 매일 1회 두 자녀에게 안부 메시지를 보낸다.

④ 양가 대소사 참여는 각자 자율에 맡긴다.

⑤ 각자의 사생활과 취미생활을 존중하고 간섭하지 않는다.

⑥ 각자의 집에 방문 시 용건 불문 미리 사전에 알리고 허가를
   받는다.

년   월   일

남편 ○○○ (인)

아내 ○○○ (인)

남자 없이
출산한다면?

옆집 부부는 결혼생활 5년이 넘도록 아이가 생기지 않자 여러 차례 인공수정을 시도했다고 합니다. 확실하진 않지만 남편 쪽 생식능력에 문제가 있다는 판단에 부부의 고심이 깊어졌습니다. 그러다가 어쩐 일인지 아내가 자연임신이 되어 출산까지 잘 마쳤고, 그때 비로소 한시름 놓았다고 들었습니다.

그런데 행복한 육아도 잠깐, 한창 아이를 키우던 중 아이가 혼외자라는 소문이 퍼지기 시작했습니다. 예민해진 남편이 아내를 추궁했고, 불행하게도 소문은 진실로 밝혀졌습니다. 이에 절망한 남편이 즉각 이혼소송을 제기했다고 합니다. 이혼은 이혼대로 한다지만 남편이 아이 또한 친자관계에서 지우려고 해서 요즘 더 거세게 다투는 중이랍니다.

사연을 다 듣고 나서 보니 사정이 무척 딱했습니다. 옆집 여자의 외도는 제 알 바 아니지만 같은 여성으로서 아이를 갖고 싶은 욕구는 충분히 이해할 수 있기 때문입니다. 사실 저 역시 아이가 생기지 않아 불임클리닉을 다니는 형편입니다. 그런데 옆집은 일찌감치 입양을 하거나 공식적으로 다른 사람의 정자를 제공받아 아이를 가졌으면 어땠을까 하는 아쉬운 마음이 듭니다. 동기는 다르지만 방송인 사유리 씨처럼 말입니다.

사유리 씨의 출산이 사회적 관심을 받으며 화제가 된 적이 있습니다. 저 역시 당연히 집중해서 뉴스를 지켜봤습니다. 사유리 씨는 일본에서 남성의 정자를 기증받는 인공수정을 통해, 결혼하지 않고 아이를 출산했는데요. 소위 '자발적 미혼모'가 되었다고 합니다. 앞서 12년 전 이혼의 곡절을 겪었던 방송인 허수경 씨가 여러 번의 도전 끝에 같은 방식으로 아이를 출산하기도 했습니다. 두 사람 모두 아이를 임신하기 어려운 상황에서 여성으로서의 정체성을 찾고 엄마의 사랑으로 아빠의 빈자리를 채우겠다고 각오했다고 합니다.

이 두 경우는 남편 없이 아이를 가졌다지만, 옆집은 남편도 있으니 서로 동의하에 이런 방식을 시도했으면 좋지 않았을까 한번 생각해봅니다. 그런데 이건 제 생각일 뿐 현실적으로 이렇게 아이를 갖는 것이 법적으로 가능한지 모르겠습니다. 또 정자를 제공한 익명의 남성이 갑자기 나타나 친자임을 주장할 수 있지 않을까 염려되기도 하고요.

'자발적 미혼모'는 결혼하지 않고 애인 또는 정자은행을 통해 아이만 낳아 기르는 여성을 말합니다. 방송인 사유리 씨로 인해 크게 화제가 되었고 많은 이들이 용기 있는 선택이라며 축복하고 응원했습니다. 혹자는 왜 정상적으로 결혼해서 아이를 낳지 않을까, 과연 이렇게까지 아이를 가져야 하나 고개를 갸우뚱하기도 했습니다. 또 아빠 없이 자랄 아이의 처지를 걱정하는 목소리도 높았습니다.

사유리 씨는 병원에서 자연임신이 어렵고 시험관 시술조차 쉽지 않다는 진단을 받고 이런 선택을 한 것으로 전해집니다. 평상시 아기를 간절히 원했고 출산만을 위해 급하게 결혼할 사람을 찾거나 사랑 없는 결혼은 원치 않았다고 합니다.

허수경 씨 역시 당시 미혼모에 대한 사회적 편견이 더 심한 때였음에도 불구하고 비슷한 방식으로 건강한 딸을 출산했습니다. 딸을 혼자서 키우는 동안 아주 행복하게 잘 지내는 모습을 보며 많은 이들이 감동을 받았습니다.

이처럼 결혼은 싫지만 아이를 갖고 싶어 하는 여성이 적지 않습니다. 의료기술의 발달로 남자 없이도 엄마가 될 수 있는 시대가 되었기 때문입니다. 하지만 그 과정에서 넘어야 할 산이 여전히 만만치 않습니다. 사유리 씨가 우리나라를 떠나 일본에서 출산한 이유도 바로 그 과정이 그다지 자유롭지 못하기 때문입니다.

아직은 비혼 출산 합법화를 위해 나아가야 할 길이 멀게만 느껴져

안타깝습니다. 어느 시대든 개인의 선택과 의지로 아이를 낳고 잘 기를 수 있는 환경이 조성돼야 마땅합니다.

사유리 씨의 선택은 보호받아 마땅하다

사유리 씨는 소위 '아이를 낳을 수 있는 권리'를 주장합니다. '낙태할 권리'를 인정하라는 것과 유사한 논리로 출산을 권리로 인정해 달라는 것입니다. 지금도 낙태죄 찬반 논란이 팽팽하고 더욱 심도 있는 고민이 이어지고 있습니다. 여성의 자기 결정권과 건강권 그리고 태아의 생명권 모두 포기할 수 없습니다.

그런데 아이를 낳게 해 달라는 권리는 낙태죄 찬반 문제와 달리 당연히 인정해야 한다고 생각합니다. 여성 스스로 자신의 몸으로 아이를 출산하겠다는데 이를 막을 명분을 찾기 힘듭니다. 간혹 아이의 미래를 생각한다면 쉽게 허용할 문제가 아니라고 주장하는 사람이 있습니다. 하지만 이런 주장에는 소위 '한부모가정'의 아이들은 모두 불행하다는 편견이 숨어 있습니다. 설령 아이가 출산 과정을 알게 되었다고 해서 왜 태어나게 했느냐며 원망하진 않을 것입니다. 오히려 어떤 과정보다 더 강한 의지가 뒷받침되어 태어난 소중한 아이입니다. 그럼에도 불구하고 사유리 씨와 같은 출산 과정은 우리나라에서는 아직 불법입니다.

다음의 법률을 한번 살펴보겠습니다.

> **생명윤리 및 안전에 관한 법률 제24조(배아의 생성 등에 관한 동의)**
>
> ① 배아생성의료기관은 배아를 생성하기 위하여 난자 또는 정자를
>   채취할 때에는 다음 각 호(배아생성의 목적에 관한 사항 등)의 사항에
>   대하여 난자 기증자, 정자 기증자, 체외수정 시술대상자 및 해당
>   기증자·시술대상자의 배우자가 있는 경우 그 배우자의 서면동의를
>   받아야 한다.

　'생명윤리법'에 따르면 배우자가 있는 경우는 동의를 받아야 하지만 배우자가 없는 경우는 특별한 규정이 없습니다. 이 규정 때문에 일선 병원에서는 기혼자는 반드시 배우자의 동의를 받은 경우에만 시술을 허용한다고 합니다.

　일반적으로 법조문에 명백하게 금지하는 규정이 없는 행위는 불법이 아니라고 해석합니다. 배우자가 있으면 동의를 받아야 한다고 규정이 되어 있지, 배우자가 없을 때는 규정이 없으므로 굳이 동의를 받을 필요가 없습니다. 그런데 우리나라 병원에서는 배우자가 없는 미혼 여성은 정자를 기증받을 수 없다고 합니다. 법적으로 혼인관계에 있는 부부만이 수증자가 될 수 있고, 이때도 남편이 무정자증 진단을 받거나 심각한 유전질환을 갖는 등 특수한 경우에만 허용되는 것입니다.

　어느 분야에서든 어떤 행위를 금지하고 규제하려면 타당한 이유

가 있어야 합니다. 아무리 표현의 자유를 주장해도 다른 사람의 권리와 이익을 침해했다면 명예훼손죄로 처벌받을 수 있습니다. 음주운전을 금지하고 안전벨트 착용을 강제하는 것도 공공의 질서와 안전을 지키는 이익이 더 크기 때문에 타당한 것입니다. 그런데 비혼모가 정자를 수증하고 인공임신을 하는 것이 과연 어떤 법 이익을 해칠까요? 오히려 비혼모 출산은 아이의 생명권을 적극적으로 지키는 행위이고, 국가적 차원에서도 출산율 증가에 도움이 되므로 적극적으로 권장할 일이라고 봅니다.

정자 제공자는 친부가 될 수 있을까?

민법은 혼외자 문제를 해결하기 위하여 인지 제도를 마련해 놓고 있습니다. 여기서 '인지'란 혼인 외의 출생자에 대하여 생부 또는 생모가 자신의 자녀라고 인정하거나, 재판으로 부 또는 모를 확인해서 그들 사이에 법률상의 친자관계를 형성하는 것을 말합니다. 인지청구소송에서는 통상적으로 유전자검사를 신청합니다. 유전자시험성적서의 결과에 따라 과학적으로 친생자 여부를 확정하는 겁니다. 인지 판결을 받아 가족관계등록 절차에 따라 신고하면 법률상 자식이 됩니다.

해당하는 법률을 자세히 살펴보면 다음과 같습니다.

민법 제862조(인지에 대한 이의의 소)

자 기타 이해관계인은 인지의 신고 있음을 안 날로부터 1년 내에 인지에 대한 이의의 소를 제기할 수 있다.

민법 제863조(인지청구의 소)

자와 그 직계비속 또는 그 법정대리인은 부 또는 모를 상대로 하여 인지청구의 소를 제기할 수 있다.

민법 제864조(부모의 사망과 인지청구의 소)

제862조 및 제863조의 경우에 부 또는 모가 사망한 때에는 그 사망을 안 날로부터 2년 내에 검사를 상대로 하여 인지에 대한 이의 또는 인지청구의 소를 제기할 수 있다.

그러나 현실적으로는 정자 제공자는 여성이 자신의 정자로 출산했더라도 그 정보를 알기 어려워 친자임을 주장할 수 없습니다. 마찬가지로 비혼모도 정자 제공자에게는 인지나 양육비를 청구할 수 없습니다. 면접교섭권 정도는 고민해 볼 만합니다. 혹여 자신의 친자임을 알게 되면 아이를 한 번이라도 보고 싶은 마음이 생기는 게 인지상정입니다. 그러나 친모가 면접교섭을 불편해하고 거부한다면 면접교섭권 역시 허용하기는 어렵습니다. 만약 정자 제공자가 친권을 강력하게 주장한다면 여기에 따르는 양육비 지급까지 각오해야 합니다.

통상 기증한 정자를 이용한 인공수정은 불임이나 난임 부부를 대상으로 이루어집니다. 이때 출산한 자녀가 바로 친자가 되는지 여부와 관련하여 중요한 판례가 있습니다. 여기서는 남편과 혈연관계가 없는 자녀에 대해 친생 추정이 이루어지는지가 쟁점입니다.

어느 부부가 불임으로 고민하다가 다른 남성의 정자와 아내의 난자를 이용해 인공수정으로 첫 아이를 낳고 친자로 출생신고를 했습니다. 그런데 이후 추가 인공수정을 하지도 않았는데도 둘째를 가졌고 남편은 무정자증이 치유됐다고 기뻐하며 둘째도 친자로 출생신고를 했습니다. 그렇게 10년이 넘게 살았는데, 알고 보니 둘째는 아내가 외도해서 출산한 혼외자였습니다. 당연히 부부 갈등이 심해졌고, 결국 이혼소송 중에 남편은 두 자녀를 상대로 자신의 친자가 아니라며 '친생자관계부존재 확인의 소'까지 제기했습니다.

민법은 혼인이 성립한 날부터 200일 후 또는 혼인관계가 종료된 날부터 300일 이내에 출생한 자녀는 혼인 중에 임신한 것으로 추정합니다.(민법 제844조) 이 소송의 쟁점은 부부가 동거하지 않은 기간에 태어난 자식에 대해서만 친생추정 원칙이 적용되지 않는다는 기존 판례가 유지되느냐 여부였습니다. 즉 이 사건처럼 부부의 동거 기간에 태어나기는 했으나 유전자가 다른 경우 친생추정의 예외로 볼 것인지가 문제입니다.

1심은 두 자녀 모두 친생추정 예외사유에 해당하지 않는다며 소를 각하했습니다. 2심은 둘째 자녀의 경우 친생추정 예외사유에 해당한다고 판단했지만, 10여 년 동안 양육하고 보호한 양친자 관계가 인정된다며 소를 각하했습니다.

이에 대법원은 친생자와 관련된 민법 규정, 특히 친생추정 규정의 문언과 체계, 그 입법 취지와 연혁, 헌법이 보장하고 있는 혼인과 가족제도 등에 비추어 아내가 혼인 중 남편이 아닌 제3자의 정자를 제공받아 인공수정으로 자녀를 출산한 경우에도 친생추정 규정을 적용해야 한다고 봤습니다. 즉 실제 두 자녀가 친자가 아니더라도 친자로 봐야 한다는 결론입니다.(대법원 2019. 10. 23. 2016므0000) 언뜻 보면 이해가 잘 안 되지만 대법원의 논리를 다시 살펴보면 다음과 같습니다.

남편이 친자가 아님을 알면서도 잘 살아오다가 부부 사이가 악화되어 이혼소송을 벌인다고 뒤늦게 친자관계까지 부인해서는 안 된다는 것입니다. 첫째 자녀에 대해서는 남편이 자신이 인공수정에 동의하였는데, 이제 와서 친자임을 부인하는 것은 신의성실원칙 중 '금반언(禁反言, 일단 행한 표시나 행위를 번복할 수 없다.)'원칙에 반하는 행동입니다. 쉽게 말하면 '한 입으로 두 말 하지 말라.'는 뜻입니다. 둘째 자녀에 대해서는 남편이 다소 억울할 수 있습니다. 아내가 다른 남성과 외도를 해서 출산한 혼외자의 경우에도 친자로 추정하는 것이 부당하다고 생각할 수 있습니다. 이때는 즉시 '친생부인의 소'를 제기하면 됩니다.

친생추정 규정은 혼인한 부부간 출생한 자녀를 친생자로 추정하여 자녀의 권리를 보호하려는 측면이 있습니다. 반면 진실한 혈연관계와 일치하지 않는 친자관계를 강요하는 부작용도 있습니다. 이러한 결과를 바로잡기 위해서 민법은 친생추정 규정에 따라 형성된 친자관계를 부인할 수 있는 방법을 별도로 둔 것입니다. 다만 신분관계를 조속히 확정해야 할 필요성과 신분관계를 둘러싼 법률관계의 안정성을 위해 친생부인의 소는 남편 또는 아내가 친생부인의 사유가 있음을 안 날부터 2년 이내에 제기해야 합니다.

남자 없는 출산, 새로운 가족의 탄생

사유리 씨는 여성으로서 남자가 출산의 필요조건이 아님을 몸소 보여 줬습니다. 남자 없이 가족을 꾸릴 수 있다고 스스로 증명한 것입니다. 또 결혼만이 가족의 시작이 아니라는 것을 여실히 깨닫게 해 줬습니다. 이를 계기로 가족의 정의에 대해 다시 사회적으로 논의할 필요가 생겼습니다.

거래의 신속과 원활함을 추구하는 재산법은 그 성질상 사회경제의 변화에 민감하고 진보적인 성향이 강합니다. 하지만 가족법 분야는 그 사회의 전통적 관습이나 습속에 의해 지배되기 때문에 보수적인 성향이 나타나기 마련입니다. 그만큼 한번 변화가 일어나면 사회적 파장은 큽니다. 대표적인 예가 2005년 호주제 헌법불합치 결정(헌법재판소 2005. 2. 3. 2001헌가9·10·11·12·13·14·15, 2004헌가5 병합)과 그에 따른 호주제 폐지였습니다.

우리나라는 아직 지나치게 혈연관계를 중시하는 문화가 존재합니다. 특히 호주제 폐지에도 불구하고 여전히 가부장적 문화의 흔적이

남아 있습니다. 가령 이혼 시 친권자로 지정되지 않으면 자녀와 혈연
관계가 끊기는 건 아닌지 걱정을 하는 사람들이 있습니다. 특히 남자
쪽 집안에서 자녀를 여자 쪽 집안으로 절대 넘길 수 없다며 강력하
게 반대하는 일이 많습니다. 하지만 이미 호주제가 폐지되었기 때문
에 자녀는 더 이상 한쪽 집안 호적에 오르는 일은 없습니다. 친권자
가 아니더라도 혈연관계가 변하지 않는 것은 마찬가지입니다.

다만, 자녀를 양육하고 친권을 갖고 있는 일방이 재혼하며 재혼배
우자를 부모로 하는 '친양자입양'을 신청하는 일이 있습니다. 친양
자로 인정되면 실제 친부모와의 관계가 완전히 단절되고 양부모와
새로운 친자관계가 성립됩니다. 이혼한 상대방이 혈연관계에 집착
한다면 거세게 반대할 수밖에 없는 것입니다. 어떻든 친자관계 성립
과 유지에 가장 우선적으로 고려해야 할 것은 자녀의 행복과 복지입
니다.

바야흐로 가족은 다양한 형태로 탄생하고 진화하고 있습니다. 시
대가 바뀌면서 가족의 정의나 규범도 바뀌어야 합니다. 그저 남녀가
결혼해서 자녀를 낳고 함께 사는 가족만이 가족이 아닙니다. 정상가
족이라는 개념은 아예 없어져야 마땅하고 비혼 출산 역시 다양한 가
족 형태 중 하나로 지원 대상이 되어야 합니다. 나의 가족과 다르니
까 '틀리다'는 편견은 버려야 합니다. '틀린 것'이 아니라 '다른 것'
입니다. 다양성을 존중하고 이해하며 받아들이는 사회가 진정 건강
한 사회입니다.

아이의 성을
바꿔 버린다고?

얼마 전 남편과 이혼한 30대 후반 여성입니다. 세 살배기 딸아이가 계속 마음에 걸려 이혼을 망설였지만 남편의 외도로 더 이상 참을 수 없어 결국 이혼했습니다.

아직 아이가 어리지만 좀 더 빨리 이혼하는 게 저나 아이를 위해 낫다는 판단이 섰고, 결국 남편과 협의이혼을 진행했습니다. 친권과 양육권 모두 제가 갖고 남편은 매달 50만 원의 양육비를 지급한다는 조건이었습니다. 그런데 이혼 후 처음 석 달은 양육비가 제때 들어왔는데 그 후 한 번 거르더니 일 년 가깝게 감감무소식이 되었습니다. 너무나 괘씸해 남편을 찾아가 따지려고 해도, 어디서 무엇을 하는지 연락도 안 닿고 가까운 친구들도 잘 모른다고 해서 미칠 지경이었습니다.

그러던 어느 날 남편으로부터 연락이 왔습니다. 제가 양육비 지급

말을 꺼내기도 전에 남편이 먼저 돈을 좀 빌려 달라는 부탁을 해 오더군요. 사람이 염치가 없어도 유분수지 어떻게 이미 남남이 된 전 부인에게 급전을 요구하는지, 그것도 양육비도 지급하지 않고 그럴 수 있는지 속상했습니다. 안 그래도 혼자 아이 키우며 몸도 마음도 지쳐 가는 상황에서 절망할 수밖에 없었습니다.

어쨌든 전남편의 지금 상황과는 상관없이 그동안 못 받았던 양육비를 모두 받아 낼 작정입니다. 또 이참에 아예 아이의 성까지 바꿔 볼까 하고 있습니다. 사실 더 걱정되는 게 있습니다. 지금도 말도 안 되는 급전을 요구하는데 이렇게 아무 개념 없이 돌아다니던 남편이 한참 나중에라도 패가망신한 상태로 딸한테 찾아와 아버지랍시고 몸을 의탁해 버리면 어떡하나 두렵습니다.

자녀 양육은 부모 모두의 의무로, 어느 한쪽만 책임질 일이 아닙니다. 이혼한다고 양육 책임에서 완전히 벗어나는 것도 아니어서 자녀가 장성할 때까지는 각자 일정 역할과 비용을 분담해야 합니다.

그럼에도 불구하고 미성년자 자녀를 둔 이혼 부부의 양육 관련 분쟁이 끊이지 않고 있습니다. 특히 여성 혼자 자녀를 키우는데, 전남편이 양육비를 제때 지급하지 않고 심지어 거부하거나 재산까지 감추는 사례가 많습니다. 요즘 같은 시대에 여성 혼자 일하면서 아이를 키운다는 것은 보통 힘든 일이 아닙니다. 하지만 이혼하면서 당자자 간 협의 또는 법원의 결정으로 자녀에 대한 친권과 양육권이 나뉘면, 권리를 갖지 못한 쪽에서는 더 이상 자신의 아이가 아니라고 여기는 경향이 있습니다.

양육비 지급을 게을리하면 양육비 판결문 등을 근거로 급여 등에서 공제하거나 기간 내에 양육비 지급 의무를 이행하도록 법원의 명령을 받아 내야 합니다. 경제사정 등이 변경되면 양육비 변경심판청구도 할 수 있습니다. 만일 지급 의무자가 이행명령을 거부하면 법원은 과태료를 물리거나 감치(구속) 처분까지 할 수 있습니다. 끝까지 버티다가 감치 결정을 받은 사례가 점점 늘어나고 있는 걸 보면, 아무리 친부모라 해도 돈 앞에서는 파렴치한 인간이 될 수밖에 없나 봅니다.

친권, 양육권이란 무엇인가?

'친권'과 '양육권'은 서로 비슷한 것 같지만 다른 개념입니다. '친권'이 법적인 권리의무라면 '양육권'은 자녀를 데리고 키우는 실제 현실에서의 권리의무라고 할 수 있습니다.

친권자인 부모는 미성년 자녀의 보호와 교양, 이를 위해 거소를 지정하고 자녀의 재산을 관리합니다. 미성년자는 법률행위가 제한되기 때문에 부모가 법정대리인 역할을 수행하는 것이고 재산관리 외의 친권은 거의 의무에 가깝다고 할 수 있습니다.

친권은 부모가 혼인 중인 때는 공동으로 행사합니다. 이혼하면 부모 중 친권을 행사할 자를 협의하거나 법원에서 직권으로 정하고, 자녀의 양육에 관한 사항도 정합니다. 보통은 편의상 자녀와 함께 생활하는 일방이 친권자이자 양육자가 되는 일이 많습니다. 자녀의 입장에서는 친권자보다는 양육자가 더 중요합니다. 따라서 친권과 양육권은 자녀와 부모의 친밀도, 경제적 능력, 자녀의 희망 등을 꼼꼼히 따져 결정해야 합니다.(대법원 2010. 5. 13. 2009므1458)

이혼하고 양육자로 지정되지 않아 자녀와 떨어져 살아야 하는 부모 일방은 면접교섭권을 갖게 됩니다. 면접교섭권이란 자녀와 부모가 직접 대면하거나 서신교환 등 접촉할 수 있는 권리로 자녀 쪽에서도 부모를 상대로 청구할 수 있습니다.

이 모든 결정은 자녀의 의지를 비롯해 자녀의 성장과 복리에 최대한 초점을 맞춰야 합니다. 잘 알다시피 호주제가 폐지되고 2008년부터 '가족관계등록제'가 도입되었습니다. 가장인 '호주'가 없어지고 '나'를 중심으로 부모, 배우자, 자녀 등의 정보를 담아 기록해 나가는 방식입니다. 결혼을 하면 새로운 관계가 형성되고 그에 따른 책임도 따르지만 법 역시 '나'를 중시하는 쪽으로 나아가고 있습니다.

이런 흐름에 맞춰 이혼 가정의 경우도 부모의 입장이 아닌 자녀의 입장을 최우선적으로 고려해 가족관계를 만들어 나가야 할 것입니다. 현재 법원은 양육비 산정기준표 등을 토대로 부모 소득과 자녀의 수, 거주지와 교육비 등을 종합적으로 고려해 양육에 관한 사항을 결정하고 있습니다.

결론부터 말하자면, 아이의 성을 바꿀 수는 있지만 쉽지는 않습니다. 설령 친권자라 해도 아이의 성을 마음대로 변경할 수 있는 것은 아닙니다.

위 사연에서 엄마가 단독친권자이므로 법원에 아이의 성 변경 심판청구를 할 수는 있지만 친부의 의견을 들어야 합니다.

특히 이혼했더라도 아이를 위해 양육비 지급과 면접교섭을 성실히 수행한 친부가 아이의 성 변경을 반대한다면 법원으로서도 허가해 주기가 쉽지 않습니다. 이를 반대로 생각해 보면 친부의 입장에서 아이의 성을 계속 유지하고 싶으면 양육권자의 말을 잘 듣고 양육비를 잘 지급하며 면접교섭권을 통해 아이를 자주 만나 친밀한 관계를 유지하는 것이 좋습니다.

친부의 행태가 그동안 불성실했기 때문에 아이의 성 변경 가능성이 있지만 남편이 반대할 수 있습니다. 특히 나이가 있을수록 친자의 성 변경 문제에 예민한 반응을 보이는 경우가 많습니다. 너무 감정적으로 대응하지 말고 잘 설득해 동의를 받아 해결하는 편이 나을 것입니다.

아버지가 돌아왔다

처자식을 버린 사람이 세월이 흐른 후 부랑자가 되어 나타나 아버지랍시고 손을 벌린다니, 상상만 해도 끔찍한 일입니다. 양육비 한 푼 받지 못한 채 어머니 혼자 재혼도 하지 않고 고생해서 키운 자식이라면 아버지라는 존재 자체를 증오할 것입니다. 게다가 딴 여자와 바람나서 떠났던 사람이 갑자기 나타나 먹여 살리라고 한다면 무척 황당할 것입니다.

이혼으로 아버지와 어머니는 남남이지만 자녀를 기준으로 보면 아버지는 여전히 직계혈족입니다. 민법에 따르면 직계혈족 간은 서로 부양의 의무(제974조)가 있습니다. 따라서 이혼을 했든 아버지 역할을 제대로 못 했든 따지지 않고 아버지는 부양을 청구할 권리가 있습니다. 도의적 의무로 그쳐도 충분한 관계에서 단순히 혈연이라는 이유로 자녀에게 법적 부양의무까지 생기는 것입니다. 자녀의 입장에서는 너무나 억울할 수 있기 때문에 이런 경우 실무상 자녀의 부양의무 수준을 그다지 높지 않게 책정하는 것이 보통입니다.

요즘은 아버지 쪽에서 자녀의 양육권에 관심을 갖는 경우가 늘고 있어 오히려 분쟁이 많아지고 있는 상황입니다. 아버지가 됐건 어머니가 됐건 그냥 아무 자녀나 손을 잡고 데려가면 끝나는 일이 아니기 때문입니다. 자녀 양육은 무조건 자녀의 복리를 최우선시해야 합니다. 외국의 경우 법원에서 양육권자를 결정할 때는 반드시 한쪽만 지정하는 것이 아니라 양쪽 모두에게 나누기도 합니다. 가령 아이가 일정 연령이 될 때까지는 아버지가 키우다가 일정 연령 이후에는 어머니가 양육권자가 된다든지, 평소에는 어머니 곁에서 생활하지만 방학 때는 아버지에게 가 있는 등 보다 세심하게 결정합니다.

최근까지만 해도 어린 자녀를 위해서는 아버지보다는 어머니가 양육권자로 적절하다는 생각이 많았지만, 꼭 그렇지만은 않습니다. 어머니가 외도하여 이혼에 이르게 된 경우에는 아버지 쪽에서 아이를 맡겠다는 의지가 강할 수 있고, 또 그게 더 나을 수 있습니다.

아이는 아무 잘못 없다

아무리 지치고 힘들어도 이혼을 망설이는 이유가 아직 미성년자인 자녀 때문인 경우가 많습니다. 매일매일 얼굴은 울상이지만 "자식 때문에 참는다."는 말을 입에 달고 삽니다. 그만큼 자녀에 대한 책임감이 크다는 얘기입니다. '나'보다 자식을 위하는 부모의 마음이야 오죽하겠습니까마는, 그래도 양육 조건만 잘 갖춘다면 이혼 자체를 미룰 이유도 없다고 봅니다.

함께 살 때만큼은 아니지만 면접교섭권도 있으니 자녀와의 유대 관계는 계속 유지할 수 있습니다. 또 이미 이혼을 생각할 만큼 관계가 파탄되어 있다면 부부가 함께 붙어 있는 것이 오히려 자녀의 양육에 좋지 않은 영향을 미칠 수 있습니다.

위자료보다는 재산분할

보통 이혼소송을 제기하면 본인의 억울함과 상대방에 대한 원망으로 위자료에 사활을 겁니다. 금전으로나마 상처를 치유받고 싶은 욕구가 강하고 또 이혼 자체로 재산상 손해가 발생하는 일은 거의 없기 때문에 더욱 그렇습니다. 조금 서글프지만 마음이 떠났으니 이제 밥그릇 싸움만 남은 셈입니다. 잉꼬부부였다 해도 갈라질 때면 "아주 나쁜 사람이에요." "저 사람 때문에 인생 망쳤어요." 이렇게 서로를 헐뜯는 소리가 나옵니다. 상대방을 코너에 몰아 위자료라도 한 푼 더 받아 내려는 속셈이 깔려 있기도 합니다.

이혼하면서 상대방으로부터 받는 금전을 뭉뚱그려 '위자료'라고 말하는 경우가 많은데 이는 사실과 다릅니다. 특히 이혼소송으로 인정받는 위자료 액수는 그다지 크지 않습니다. 아무리 마음의 상처가 크게 남았다 해도 위자료는 1000만 원에서 3000만 원 사이입니다. 예외적으로 많이 나와야 5000만 원 선입니다. 아예 위자료를 인정하지 않는 사례도 심심치 않게 나옵니다. 법원이 이혼 위자료를 기대보다 적게 인정하는 이유는 위자료는 '정신적 고통'에만 해당하는 손해배상이기 때문입니다. 따라서 위자료는 소정의 위로금 정도의 의미를 띠고 있습니다.

이혼 후 경제적 기반은 실질적으로 재산분할청구권을 행사하여 분할받는 재산에 있습니다. 그러니까 더더욱 도가 지나칠 정도로 싸울 필요가 없습니다. 상호 아무런 이익 없이 시간과 감정을 낭비할 이유가 없습니다. 차라리 재산분할청구권에 집중하여 경제적·현실적 이익을 도모하는 편이 낫습니다.

재산분할의 대상들

재산분할의 대상은 원칙적으로 '혼인 중 배우자 공동의 협력에 의해 취득한 재산'입니다. 부부가 결혼생활 중에 공동으로 형성하고 유지하며 관리한 재산에서 각자의 기여도를 따져 정당하게 자기의 몫을 가져갑니다. 다만 이런 적극재산에서 소극재산인 '채무'를 공제합니다. 부부의 채무가 단순한 개인채무나 영업채무라면 분할의 대상이 아니지만 집 구입을 위한 담보대출, 생활비 카드대금과 같이 공동재산의 형성 등에 수반하여 부담한 채무인 경우에는 재산분할의 대상이 됩니다.

여기서 '혼인'은 법률혼과 사실혼 모두 해당하며 부부가 함께 생활하면서 축적한 재산을 그 대상으로 인정합니다. 이혼의 의사가 있다면 이 내용을 토대로 미리 재산목록을 정리해서 대략적인 금액을 산정해 놓는 것이 좋습니다. 그러자면 괜한 감정싸움에 에너지를 쏟을 시간도 없게 됩니다. 곧 살펴보겠지만 부동산, 동산, 예금, 연금, 보험금 등 거의 모든 재산이 재산분할의 대상이 되므로 따로 장부가 필요합니다.

퇴직금, 연금도 나눌 수 있을까?

과거 대법원은 퇴직금과 같이 장차 받을 개연성만 있다면 재산분할 대상이 되지 않는다는 입장이었습니다. 부부 일방이 아직 퇴직하지 않고 직장에 근무하고 있을 경우, 퇴직일과 수령할 퇴직금이 확정되었다는 특별한 사정이 없다면 포함시킬 수 없다는 것입니다. 따라서 퇴직금에 대한 재산분할청구는 기각되어 왔습니다.

그런데 이혼 후 수령권자 일방만 거액의 퇴직금을 받고 상대방과는 한 푼도 나누지 않아 불합리하다는 목소리가 높았습니다. 재산분할이라는 것이 부부가 열심히 일해서 형성한 재산을 나누는 것이고, 외조든 내조든 기여도가 인정되는 이상 퇴직금이 장래에 받는 것이라고 해서 제외한다면 부당합니다. 또 이혼과 함께 퇴직하여 퇴직금을 받거나 아니면 중간정산을 받으면 분할하지만, 유독 장차 받을 퇴직금만 안 된다면 형평성에 어긋납니다.

이에 2014년 대법원 전원합의체는 미래의 퇴직금도 재산분할 대상으로 인정하는 것이 실질적 정의에 부합한다며 판례를 변경했습니다.(대법원 2014. 7. 16. 2013므2250) 과거 대법원은 퇴직금을 일시불이 아닌 매달 연금 방식으로 받는 경우에 대해서도 이혼 때 나눠 가질 재산이 아니라고 판단했습니다. 그러나 이 역시 변경되어 현재는 퇴직연금도 미래의 일시불 퇴직금처럼 재산분할 대상이 됩니다. 따라서 상대방도 매달 연금의 일정 비율을 나눠 받을 수 있는데, 가령 공무원 퇴직연금일 경우 공무원으로 일한 기간 중 혼인기간이 얼마나 되는지에 따라 비율이 정해집니다.(대법원 2014. 7. 16. 2012므2888)

국민연금, 공무원연금 등 각종 특별법에 의한 연금은 이제 아예 '분할연금제도'가 명시되어 있습니다. 그러므로 부부가 이혼하면 일정 요건에 따라 연금의 절반을 전 배우자에게 지급해야 한다는 사실을 미리 숙지하고 있어야 합니다.

집값이 계속 오른다면?

각종 부동산 대책에도 불구하고 아파트를 비롯한 집값은 유례없이 폭등하고 있습니다. 어느 조사에 따르면 서울 도심 지역 아파트값은 평당 기준 홍콩과 뉴욕에 이어 세계 3위를 기록하고 있다고 합니다.

재산분할 대상 재산 중 특히 금액이 큰 집값이 계속 상승하며 변동이 있다 보니, 이혼하면서 심지어 이혼 후에도 눈치싸움이 치열합니다. 아파트 같은 경우 예전에는 재산분할을 하더라도 세금 문제 등의 이유로 자신의 기여도 지분에 맞춰 돈으로 받으려는 사람이 많았는데, 요즘에는 시세차익이 워낙 커서 일단 아파트로 받으려는 사람이 늘고 있습니다. 보통 아파트 시세는 KB국민은행 부동산시세를 기준으로 합니다. 그런데 단독주택이나 빌라, 상가건물 등은 시세를 정확히 알 수 없기 때문에 재산분할 시 당사자 간 시세에 합의하지 못하면 별도로 감정을 해야 합니다.

집값은 언제를 기준으로?

이혼소송은 시간도 오래 걸릴 뿐만 아니라 극심한 스트레스를 동반합니다. 따라서 보통 당사자 간 먼저 별거를 하고 이혼소송을 진행합니다. 그런데 가령 별거할 때는 아파트 값이 5억 원이었는데 2년여가 지나 재판이 끝날 무렵 아파트 값이 10억 원이 되었다면 과연 언제를 시점으로 아파트 값을 확정해 재산분할을 해야 하는지 애매해집니다. 이 아파트가 남편 명의 재산이고 아내가 50%의 기여도를 인정받아 나눠야 한다면 시세 기준에 따라 차이가 매우 커집니다. 단순히 계산해도 별거와 이혼 사이 5억 원의 시세차익이 발생했으므로 재산분할 금액도 시세 기준에 따라 2억 5000만 원 차이가 납니다. 남편이야 별거 이후에는 아내의 기여도가 없으니 당연히 별거 시 가격인 5억 원을 주장할 테고, 아내는 당연히 현재 가격인 10억 원을 주장할 것입니다. 아내로서는 결혼 중에 구입한 아파트이고 가격 상승은 자연스러운 것이어서 남편의 기여도 또한 없다는 이유를 들 것입니다.

대법원은 재판상 이혼을 전제로 한 재산분할은 이혼소송의 사실심 변론종결일을 기준으로 한다고 밝히고 있습니다.(대법원 2000. 5. 2. 2000스13) 아파트를 비롯한 부동산 재산도 이에 따라 사실심 변론종결일을 기준으로 가액을 평가하는 것이 원칙입니다. 따라서 집값이 폭등한 시점의 시세 기준으로 재산분할을 해야 할 가능성이 큽니다.

부동산뿐만 아니라 예금, 주식 등 금융재산의 가치도 계속해서 변합니다. 위 예시에서 별거 당시에는 남편 명의로 5억 원의 예금과 주식이 있었다고 가정해 보겠습니다. 이혼재판이 끝날 무렵 아내가 재산을 조회해 보니 잔금이 100만 원만 남아 있습니다. 재판이 진행되는 동안 남편이 예금을 찾고 주식도 팔아 현금을 빼돌렸던 것입니다. 50%의 기여도를 인정받은 아내에게 남편은 사실심 변론종결일을 기준으로 50만 원만 떼어 주겠다고 합니다. 이렇게 되면 아내의 입장에선 무척 억울해집니다.

여기서 법원은 금융재산은 부동산과 달리 사실심 변론종결일이 아닌 결혼생활이 파탄 난 시점 혹은 별거를 시작한 시점, 이혼소송을 제기한 시점 등을 기준으로 재산을 분할합니다. 금융재산은 언제든 은닉하거나 차명으로 빼돌리고 처분할 수 있기 때문에 당연한 태도라고 하겠습니다. 물론 법원의 입장이 이렇다 해도 이혼소송 및 재산분할 청구를 하기 전에 미리 가처분, 가압류 신청을 해 놓는 것이 안전합니다.

얼마나 기여했는가?

앞서 설명했듯, 재산분할은 부부가 그 재산의 형성, 유지, 관리, 증가에 얼마나 기여했는가에 따라 각자의 몫으로 분할됩니다. 즉 부부가 공동으로 노력해서 일군 재산이라고 해도 기여도는 조금씩 다를 수 있습니다.

바깥일은 하지 않았지만 가사노동으로 집안 경제에 보탬을 주었다면 당연히 기여도가 인정됩니다. 맞벌이로 일하지 않고 전업주부로 가사와 육아만 했어도 재산분할청구가 가능하다는 의미입니다.

또 혼인 기간, 나이, 미성년자인 자녀의 양육자 지정 여부 등을 고려해 비율을 다르게 정하기도 합니다. 예전에는 전업주부의 기여도가 30% 선에 머물렀는데 최근에는 40~50% 정도까지 인정하고 있습니다. 맞벌이 부부의 경우에는 각자의 수입으로 얼마나 재산을 형성했으며 또 지출로는 얼마나 쓰였는지에 따라 기여도가 달라집니다. 실무에서 맞벌이 부부는 거의 대부분 5:5의 비율로 재산을 분할합니다. 아내가 직장에서도 일하고 가사까지 도맡았다면 60% 이상 받는 경우도 있습니다.

배우자 일방의 적극적인 외조와 내조로 상대방이 의료인이나 법조인, 교수와 같이 고소득 전문직에 종사하게 되었지만 그 후 이혼하는 사례도 종종 있습니다. 이런 경우에는 배우자의 기여도를 더 높게 인정해야 한다는 목소리가 나올 수 있습니다만, 사실 아무리 고소득자라 하더라도 앞으로 발생할 소득을 특정하기가 어렵기 때문에 특별히 다른 방식으로 산정하기는 힘듭니다. 또 재산분할은 이혼소송 당시의 현재 재산을 기초로 산정하므로 미래소득까지 재산분할로 청구하기는 어렵습니다. 다만 배우자의 뒷바라지를 참작하여 위자료를 높게 책정하는 방법 등으로 문제를 해결할 수 있습니다. 이처럼 고생한 만큼 정당하게 보상받지 못하는 일이 생겨나기도 하니, 일방적 희생을 감수하기 전에 상대방이 그만큼 믿을 만한 사람인지를 먼저 판단하는 일이 필요합니다.

결혼 전 재산이나 부모가 증여한 재산도 나눠야 하나?

배우자가 결혼 전에 부모로부터 증여나 상속을 받은 재산 즉 특유재산도 분할의 대상이 되는지는 따져 봐야 합니다. 원칙적으로 배우자의 기여도가 없는 특유재산은 재산분할의 대상이 아닙니다. 그러나 재산을 받은 후 상당한 기간이 경과하고 그 재산에 대해서 유지 관리(예를 들어, 건물 청소나 세입자 관리 등)를 했다면 기여도를 인정받을 수 있습니다. 가령 시부모가 남편에게 건물을 증여한 경우에도 아내가 건물 청소나 관리를 잘하면 이혼 시 분할받을 수 있습니다. 실제로 재력가 시부모를 둔 20년차 며느리가 남편이 시부모로부터 증여받은 수십억 원대 건물을 인테리어를 바꿔 가면서까지 정성껏 관리하여 이혼 시 30% 정도의 기여도를 인정받은 사례가 있습니다.

재산분할약정의 효력

재산분할 역시 당사자 간 합의에 의해 정할 수 있고 합의가 안 될 때 법원이 나섭니다. 다만 혼인 중 재산분할을 포기하는 약정은 효력이 없습니다. 재산분할청구권은 이혼할 시점에 비로소 생기는 것이고, 혹여 상대방의 궁박한 상태를 이용하여 형평과 정의에 반하는 포기를 강요할 수 있기 때문입니다.

앞서 잠깐 언급했듯, 협의상 이혼을 하면서 재산분할약정을 했다가 후에 이혼신고 누락 등으로 이혼이 성립되지 않은 것을 확인하고는 다시 이혼소송을 제기하여, 기존의 재산분할약정과 다른 내용을 주장하는 일이 있습니다. 대법원은 "아직 이혼하지 않은 당사자가 장차 이혼할 것을 약정하면서 이를 전제로 재산분할을 협의하는 경우에는 특별한 사정이 없는 한 장차 당사자 사이에 협의상 이혼이 이루어질 것을 조건으로 하는 의사표시가 행해진 것이라 할 것이므로 그 협의 후 당사자가 약정한 대로 협의상 이혼이 이루어진 경우에 한해 그 협의의 효력이 발생하는 것이다."라며 입장을 밝혔습니다.(대법원 1995. 10. 12. 95다23156) 따라서 협의상 이혼이 이루어지지 않은 채로 혼인 상태가 지속되어 재판상 이혼이 이루어진 경우에는 그 협의는 조건의 불성취로 효력이 발생하지 않습니다. 즉 협의상 이혼 시 재산분할약정을 했더라도 경우에 따라 이혼소송을 통해 다시 재산분할을 받을 수 있습니다.

우리 당분간만
이혼합시다

　남편은 결혼 전부터 이런저런 일에 손을 많이 댔습니다. 워낙 사업가 기질이 넘쳐 나서 늘 눈 코 뜰 새 없이 바빴습니다. 여기저기서 사장님 소리는 듣지만 과연 실속이 있는 건지 한편으로는 불안했습니다. 그래도 아이 둘 낳고 키우는 데 큰 문제는 없었습니다.

　하지만 언젠가부터 불안한 예감은 점점 현실로 다가왔습니다. 이상한 곳으로부터 빚 독촉이 시작됐고 생활비는 빠듯해졌습니다. 남편이 집에 오지 않는 날들이 많아지는 바람에 일이 어떻게 돌아가는지 몰라 혼자 답답했습니다.

　그러던 중 어느 늦은 밤 남편이 초췌한 얼굴로 나타나서는 서류봉투 하나를 내밀었습니다. 이혼서류였습니다. 저는 어이없어 말문이 막혔습니다. 도대체 무엇 때문인지 따졌더니 남편은 진짜 이혼이 아니라 서류상 이혼이라며 씩 웃었습니다. 집이라도 지켜야 하니 아파트를 제 명의로 바꾸고 3년 정도만 떨어져 지내자고 했습니다. 아무리 그래도 이혼이라니, 말도 안 된다며 다른 방법을 찾아보자고 했습니다. 하지만 저의 간곡한 부탁은 통하지 않았고 남편은 우리 가족 모두 살 수 있는 묘안이라며 밀어붙였습니다. 하는 수 없이 남편만 믿고 이혼서류에 도장을 찍었습니다.

그 후 남들의 의심을 피하기 위해 남편은 회사 근처 오피스텔을 얻어 혼자 살았고, 가끔 주말에만 집에 들렀습니다. 혼자 제대로 끼니도 못 챙길 남편을 생각하니 마음이 짠하고 딱했습니다. 이혼은 형식적인 것이고 둘의 진짜 마음이 아니었기 때문에 아내로서의 역할을 계속하고 싶었습니다. 남편 몰래 오피스텔 주소를 알아내 갖가지 반찬을 챙겨 찾아갔습니다. 형편은 어렵지만 나름 깜짝 쇼라도 해서 남편을 기쁘게 해 주고 싶었기 때문입니다. 그런데 웬걸, 놀라 뒤로 자빠진 건 바로 저였습니다.

남편이 어느 젊은 여자와 있었던 겁니다. 자초지종을 물었더니 저 몰래 오랫동안 사귄 여자라고 했습니다. 남편은 어차피 저와는 이혼했으니 이 여자와 곧 결혼할 거라면서 뭐가 문제냐며 적반하장이었습니다. 사업 실패고 빚이고 뭐고 다 거짓말이었고, 오로지 저와 이혼하기 위해 모든 일을 꾸몄던 것입니다.

남편이 하도 괘씸해 도저히 그냥 내버려 둘 수 없습니다. 당장 위장이혼을 취소하고 남편과 내연녀 모두에게 위자료를 청구하고자 합니다. 법의 테두리 안에서 받을 수 있는 건 모두 받아 내고야 말겠습니다.

모두가 꼭 사랑해서 결혼하는 것이 아니듯 반드시 문제가 있어 이혼하는 것도 아닙니다. 이런저런 이유로 부부 본심과 달리 이혼을 가장하는 이른바 '위장이혼'이라는 것이 있습니다.

　위 사연은 남편이 내연녀와 혼인하기 위하여 아내와 이혼한 것으로 보입니다. 민법은 '유책주의' 입장을 따르기 때문에 불륜으로 유책배우자가 되면 이혼청구가 어렵습니다. 따라서 사업을 핑계로 이혼을 감행해 중혼을 피하려고 했던 것으로 추정할 수 있습니다.

　배우자에게 속아 협의상 이혼을 하게 된 때 취소할 수 있는지 여부는 구체적인 사정을 따져 봐야 합니다. 일반적인 결론부터 보자면, 이는 이론상으로는 가능한데 실제로는 어렵습니다. 일단 서류상으로만 이혼을 해도 법적으로는 유효합니다. 혼인은 당사자 간 진정한 의사가 없는 때는 당연히 무효입니다. 하지만 이혼은 진정한 의사가 없더라도 형식적 요건이 갖춰졌다면 원칙적으로는 유효하다는 것이 일반적인 입장입니다. 따라서 이미 남남이므로 가짜 이혼 후 상대방이 다른 연인을 만나더라도 고소하거나 손해배상을 청구하기는 어렵습니다.

　혼인을 취소하는 것도 어렵지만 이혼을 취소하는 일은 더 어렵습니다. 남편은 남편대로 내연녀는 내연녀대로 이혼 후 당당히 자유인의 상태에서 만났기 때문에 불륜이 아니라고 항변할 것입니다. 남편이 처음부터 여자가 있었고 속아서 이혼했다는 것을 모두 아내 쪽에서 입증해야 하는데, 아무것도 몰랐던 아내가 증거를 챙겼을 리가 없습니다.

한편 "사업 빚 때문에 서류상으로라도 이혼하자."라는 말 자체가 잘못되었다는 사실을 알아야 합니다. 아무리 남편의 빚이 많다고 해도 부부는 법적으로 별개의 인격체이므로 남편의 모든 빚을 아내가 대신 갚아야 할 책임은 원칙적으로 없습니다. 빚의 성격이 가사를 위한 채무이거나 아내가 연대보증을 선 경우가 아닌 이상 아내가 책임질 이유가 전혀 없습니다.

우리는 같은 편

요즘 위장이혼은 이혼의 한 형태로 자리 잡을 정도로 흔해졌습니다. 특히 이혼소송을 위해 부부가 함께 변호사 사무실을 찾는 경우에는 의심해 봐야 합니다. 협의이혼 상담은 그렇다 치더라도 이혼소송은 당사자 간 전쟁인데, 당사자들끼리 사이좋게 방문하는 모습이 무척 이상하게 보일 수밖에 없습니다. 시중에서는 위장이혼을 서류상 이혼이라고도 부르는데, 이처럼 웃으면서 전쟁을 치르는 이유가 여럿 있습니다.

우선 재산을 은닉하거나 배우자 명의를 빌어 재산을 지키려는 목적을 들 수 있습니다. 부부공동재산이 남편 명의로 되어 있는데 남편의 과다한 채무로 재산을 잃을 위기에 처했을 때, 이혼을 통해 아내에게 재산분할을 하는 수법이 일반적입니다. 아예 처음부터 값나가는 재산을 사업이나 빚과는 관계없는 배우자 명의로 구입하는 것도 같은 목적입니다.

종종 이혼하면서 전 재산을 한쪽 배우자에게 모두 이전하는 경우가 있습니다. 남편이 사업상 빚이 너무 많아 유일하게 남은 재산인 집을 일단 아내에게 재산분할 또는 위자료로 양도하는 것입니다. 재산분할과 위자료를 어떻게 지급할지는 부부가 자유롭게 합의할 수 있으며, 재판에서도 화해나 조정을 통해 재산이전 방법과 기여도를 자유롭게 정할 수 있기 때문에 가능한 일입니다.

위장이혼은 자칫 제3자의 권리와 이익을 침해할 수 있습니다. 남편이 빚을 갚지 않으려고 위장이혼을 통해 아내 명의로 모든 재산을 이전했다면 남편의 채권자는 낭패를 보게 됩니다. 이때는 사해행위 취소소송을 제기하여 아내 앞으로 이전된 재산 일부라도 확보해야 합니다. 대법원 역시 이혼에 있어서 재산분할이 상당하다고 할 수 없을 정도로 과대한 재산처분이라고 인정할 만한 특별한 사정이 있으면 이를 사해행위로 보아 채권자취소권의 대상이 될 수 있다고 봤습니다.(대법원 2000. 10. 10. 2000다27084) 이런 경우 취소되는 범위는 그 상당한 부분을 초과하는 부분에 한정됩니다.(대법원 2001. 3. 27. 2000다48104)

절세와 재테크?

요즘은 부동산 보유재산에 대한 세금부담이 높아지면서 세금회피 목적으로 위장이혼을 활용하기도 합니다. 이혼을 하면 1가구 2주택

중과세를 피할 수 있어 적게는 수천만 원에서 많게는 수억 원까지 절세(?)의 효과가 있다고 생각하는 사람들이 있습니다. 이혼을 통해 재산분할의 방식으로 재산을 이전하면 양도세나 증여세가 발생하지 않기 때문입니다. 원래 재산분할은 기여도에 따라 각자의 몫을 정당하게 되찾는 것이기 때문에 각종 세금이 면제됩니다. 그러나 이혼 시 재산분할에는 과세하지 않고 혼인을 유지하고 있는 부부간 증여 등에는 과세하면 헌법상 평등원칙에 반하는 면이 있습니다. 최소한 부부간 기여도에 맞춰 재산을 증여할 때만큼은 형평성 차원에서 세금 부담을 낮추거나 면제해 줘야 하지 않나 싶습니다.

한편 아파트 청약을 노리고 위장이혼을 하는 경우도 있습니다. 이혼하면 무주택자 신분이 되어 청약 당첨에서 높은 점수를 받을 수 있다는 점을 이용하는 것입니다. 실제 5년 동안 이혼과 재혼을 수차례 거듭하며 결국 로또라고 불리는 아파트에 당첨된 사례가 있습니다. 하지만 아파트 청약당첨 등 재산증식을 목적으로 위장이혼을 한다면 주택공급 질서교란 혐의로 처벌될 수 있습니다. 공급계약은 취소되고 당연히 향후 청약자격도 제한됩니다.

좀 어처구니가 없지만 자녀 교육과 진학 때문에 위장이혼을 하는 때도 있습니다. 이혼가정이나 한 부모가정 자녀 대상 특별전형에 지원할 수 있도록 만드는 것입니다. 하지만 이런 경우 위계를 이용하여 타인의 업무를 방해한 것에 해당하기 때문에 업무방해죄로 처벌될 수 있습니다. 대상 학교가 국공립인 경우 위계에 의한 공무집행방해죄에 해당됩니다. 부모와 브로커뿐만 아니라 자녀도 이를 알고 공모하면 함께 처벌될 수 있습니다. 몰랐다 해도 부정입학으로 대학 당국으로부터 입학취소 처분을 받게 될 것입니다.

아내 대역까지 세워 위장이혼?

여기 또 황당한 사례가 있습니다. 아내 몰래 내연녀가 생긴 남편이 이혼 명분을 찾았습니다. 아무리 생각해도 마땅치 않자 급기야 아내를 닮은 여성을 대역으로 세우고 각종 서류를 위조해 이혼절차를 진행했습니다. 아내가 우연한 기회에 서류를 떼어 보니 혼인관계증명서에 자신도 모르게 이혼이 되어 있었고, 다른 여자가 남편의 배우자로 기재되어 있다는 사실을 알게 되었습니다. 당장 남편을 추궁하자 남편은 있는 그대로 자백했습니다. 아내는 변호사 사무실을 찾아 남편을 고소하고 이혼취소소송을 제기하여 이혼을 없던 일로 만들었습니다.

그러자 혼인관계증명서에는 일시적으로나마 원래 아내와 두 번째 아내가 모두 배우자로 오르는 진기한 일이 벌어졌습니다. 두 부인 중에 누가 진짜 배우자가 되는 것일까요? 원래 아내는 중혼을 취소해 달라고 청구할 수 있고 두 번째 아내는 남편에게 이혼을 요구할 수 있습니다. 다만 중혼 취소나 이혼이 마무리되기 전에는 두 개의 혼인 모두 유효하게 됩니다. 그런데 원래 아내가 다시 이혼소송을 제기하여 진짜 이혼에 이르렀습니다. 어차피 이혼할 건데 왜 굳이 그 힘든 이혼취소소송을 제기하여 혼인관계를 회복하려고 했는지 물었습니다. 원래 아내는 "이것이 정의이니까요. 부당한 방법으로 나도 모르게 이혼을 당하고 싶지는 않았습니다. 이혼을 해도 제가 합니다!"라고 당당하게 답했습니다.

위장이혼의 위험성

앞서 위장이혼도 법적으로는 유효한 이혼이기 때문에 바로잡기가 쉽지 않다고 했지만, 방법이 전혀 없는 것은 아닙니다. 법원에 이혼취소소송을 제기하면 됩니다. 다만 속아서 위장이혼을 하게 되었다는 사실을 스스로 입증해야 하는 골치 아픈 문제가 남습니다.

위 사연에서 남편은 새롭게 혼인하기 위해 이혼을 종용했다고 볼 수 있습니다. 사업을 핑계 삼았지만 아내 입장에서 의심이 된다면 위장이혼에 합의하기 전에 합의서나 각서를 남겼어야 했습니다. 예컨대 "남편 홍길동과 아내 성춘향은 서류상 이혼에 동의합니다. 그러나 서로에 대한 정조를 지키며 이혼 후에도 다른 이성을 만나지 않고 재결합을 위해 노력하겠습니다."와 같이 준비해 두었다면 사정은 크게 달라집니다.

위장이혼 자체를 직접 처벌하는 명문의 규정은 없습니다. 서류가 완벽하다면 법적으로 이혼은 유효하고 무효로 되돌릴 수 없습니다. 빚쟁이들을 피하려고, 해외 이민을 떠나려고 또는 각종 급여와 수당 청구 등 경제적 목적을 달성하는 데 유리해서 이혼했어도 이혼의 의사가 없다고 보기는 힘듭니다.(대법원 1993. 6. 11. 93므171) 다시 말해 위장이혼도 나름 유효한 이혼입니다. 법적 효력도 정상적인 이혼과 마찬가지라 이혼이 결정되는 순간부터 남남이 됩니다.

그런데 아이러니하게도 위장이혼이 진짜 이혼으로 이어지는 경우가 많습니다. 위 사연은 아예 작정하고 나가서 살았지만, 실제로 부부간 떨어져 지내다 보면 서류상으로도 완전히 독립된 상태이기 때문에 이런저런 유혹에 빠지게 됩니다. 법적 구속력뿐만 아니라 마음의 구속력까지 사라져 버리니 쉽게 흔들립니다. 그러다가 각자 연인이 생겨 위장이혼이 그대로 현실이 되기도 하는 것입니다.

결혼 유지 가치가 고작 1억 원?

얼마 전에 이혼하고 싶다며 부부가 함께 찾아왔습니다. 다름 아닌 절세 목적으로 위장이혼을 추진하려던 부부였습니다. 얼마나 아끼려고 그러는지 물었더니 1억 원 정도라고 했습니다. 씁쓸한 기분으로 두 분의 결혼생활 가치가 정말 1억 원밖에 안 되는지 되물었습니다. 이번에는 부부가 말문이 막혀 아무 말도 하지 못했습니다.

앞서 언급했듯 위장이혼은 더 큰 부작용이 생길 수 있습니다. 요컨대 다른 특별한 이유가 없다면 지금 혼인 상태를 유지하며 다른 방법을 찾아보는 것이 낫습니다. 부부는 기쁠 때나 슬플 때나 서로 곁에 있어야 진정한 부부인 것입니다.

행운도 재산분할의
대상일까?

　꿈에 돌아가신 외할머니가 나타나 웃으며 숫자가 적힌 형형색색 복주머니를 제게 던졌습니다. 단번에 심상치 않은 꿈이라고 여겼고 그길로 뛰쳐나가 기억나는 숫자를 조합해 로또를 샀습니다. 그렇습니다. 저는 벼락 맞을 확률보다 낮다는 로또 1등에 당첨되어 30억 돈벼락을 맞은 사람입니다. 중소기업 만년 과장을 벗어나지 못해 살림이 팍팍했던 터라 아내의 바가지가 이만저만이 아니었는데, 인생역전의 기회가 찾아온 것입니다.

　당첨 소식을 제일 먼저 아내에게 알려야 마땅했으나 아내에게는 비밀로 하고 싶어졌습니다. 사람 마음 참 간사한 게 이참에 이혼하여 그동안의 설움을 모두 떨치며 새 인생을 살고 싶었습니다. 몰래 당첨금을 수령한 후 아내에게 당당히 이혼 요구를 했습니다. 지금 집값의 절반을 나눠 갖자는 제안에 아내도 흔쾌히 동의해서 서류를 준비하기 시작했습니다.

그런데 이혼 절차를 진행하던 중 아내가 우연히 로또 1등 당첨금이 입금된 제 비밀통장을 발견하게 되었습니다. 저는 난감했지만 어차피 이혼할 사이이니까 괜찮겠다 싶어 이실직고했습니다. 말이 끝나기가 무섭게 아내는 배신감 운운하며 눈에 불을 켜고 달려들었습니다. 1등 당첨금을 반으로 나눠야 한다는 얘기였습니다. 내가 꾼 꿈으로 내 돈 주고 산 로또가 1등에 당첨되었다면 당연히 내 돈 아닌가 싶어 어처구니가 없었습니다. 하지만 간혹 로또 1등 당첨이 비극으로 이어진 사건을 보고 들었던 터라 저 역시 슬슬 불안해지기 시작했습니다. 원래 합의한 대로 깔끔하게 이혼하고 당첨금은 온전히 지키고 싶은데, 그게 가능할까요?

로또 1등에 당첨된다면 가장 먼저 누구에게 알릴까요? 아마도 동고동락하는 가족 아닐까 싶은데, 가족 간 사이가 좋지 않다면 이것도 당연한 일은 아닌 듯합니다. 특히 부부 사이가 나쁜 경우라면 로또 1등 당첨이 독이 든 성배가 될 수 있습니다. 로또 1등에 당첨되면 제일 먼저 이혼부터 하겠다는 우스갯소리가 나돌기도 합니다.

부부 사이에는 가사를 비롯하여 모든 일이 투명하게 공유돼야 합니다. 로또 1등 당첨 사실도 마찬가지입니다. 이런저런 이유로 비밀로 했다가 나중에 밝혀지면 갈등은 폭발하고 다툼 끝에 혼인 파탄의 책임까지 물을 수 있습니다. 기어코 이혼하겠다면 그 목적을 떠나 먼저 로또 1등 당첨금도 배우자와 나눠야 하는지 살펴보고 판단해도 늦지 않을 것입니다.

재산분할 문제는 혼인기간 중 부부가 공동으로 노력해 형성한 재산을 대상으로 기여도를 나누기 때문에 구체적 사안에 따라 다를 수밖에 없습니다. 판례는 대개 금융재산은 물론 부동산, 동산, 퇴직금, 연금 등 거의 모든 재산을 대상으로 보고 기여도를 따집니다. 하지만 로또 1등 당첨금은 순전히 운의 작용으로 형성된 돈이므로, 배우자의 기여도를 인정할 여지가 없어 재산분할의 대상이 되지 않는다고 보는 것이 타당합니다.

그때는 그때, 지금은 지금

우리는 곧잘 로또 1등에 당첨되면 선뜻 얼마를 어떻게 나누겠다며 호언장담합니다. 가장 가깝고 아끼는 사람들과 행운을 나누는 일만큼 기쁜 일은 없을 것입니다. 하지만 대개 농반진반이라는 데 문제가 있습니다. 꿈에서나 일어날 법한 일이고 생시가 되면 사정은 달라집니다.

막역한 친구 둘이 술을 마시다가 누구든 로또 1등에 당첨되면 상대방에게 1억 원을 주자며 약속했습니다. 며칠 후 실제로 한 친구가 당첨되었고 이 소식을 들은 다른 친구가 찾아와 약속대로 1억 원을 달라고 했습니다. 그새 생각이 바뀐 친구는 당시엔 술 취해 농담한 거라며 그냥 술값으로 100만 원을 줬습니다. 이에 실망한 친구는 1억 원 지급소송을 제기했습니다. 과연 법원은 어떤 판결을 내릴까요?

실제로 이와 비슷한 사건이 일어났고 법원이 내린 판결이 존재합니다. 법원은 1억 원을 지급하기로 약속한 사실은 인정했습니다. 그런데 로또 구입 시기나 방법 등 구체적인 계약조건이 논의되지 않았다는 점을 지적했습니다. 함께 구입한 것도 아니고 각자 단독으로 구입했기 때문에, 당첨금 지급계약이 체결된 것으로 인정할 수 없다고 했습니다. 즉 친구끼리 술을 마시며 단순히 잡담한 것으로 보아 당첨금을 지급할 필요가 없다고 결론을 내린 것입니다.

친구끼리 돈 때문에 소송까지 벌이며 우정이 깨어진 안타까운 사건입니다. 판결에 비춰 보면, 당시 서로 좀 더 구체적으로 약속해서 서면으로 남기거나 누군가 복권 구입비용을 지급했다면 결과가 바뀔 수도 있었습니다.

친구에게 로또를 직접 사 주며 1등에 당첨되면 1억 원을 주고받자고 약속한 사건도 있습니다. 여기서 법원은 비록 말로 한 약속이지만 복권 당첨과 구체적인 금액 등이 정해져 둘 사이 당첨금 분배 약정은 유효하다고 봤습니다. 또 친구가 복권을 구입해 준 행위도 있었으므로 친구의 당첨에 대한 기여도를 인정했습니다.

두 사람이 매주 1만 원씩 갹출해 로또를 구입한 뒤 1등에 당첨된 사람은 당첨금의 10%를 상대방에게 지급한다는 약속도 유효하다는 판결이 있습니다. 둘이 로또를 구입하는 방법을 특정했고 일정 금액을 함께 부담했으며 지속적으로 구입한 점 등이 참작되었던 것입니다.

이혼하면서 아내가 남편에게 2억 원을 받고 더 이상 돈을 요구하지 않는다는 합의서를 작성했는데, 그 뒤 남편의 로또 1등 당첨 사실을 알게 되어 재산분할 및 위자료를 청구한 소송에서 '각하' 결정이 나오기도 했습니다. 각하란 소송요건을 구비하지 못한 부적법한 소송 제기에 내려지는 판단으로, 본안심리를 할 것도 없이 원고 패소판결을 하는 것입니다. 일반적으로 원고의 주장과 청구가 이유 없으면 '기각' 판결을 하는데, 특이하게도 이 사건에서는 각하 판결을 내렸습니다. 법원은 일단 부부간 합의에 반하여 소송을 제기했기 때문에 소송 자체가 부적법하다고 본 것입니다. 또 설령 합의서를 작성하지 않았다 해도 로또 1등 당첨금은 행운에 의해 우연히 취득한 재산이라는 점에서 재산분할의 기초재산에 포함되지 않는다고 했습니다. 이 사건에서 아내는 자신의 돈으로 로또를 사고 직접 번호를 기입했다고 주장했는데, 이것이 모두 사실이라고 해도 당첨금 분할 권리를 갖는다는 논리는 받아들이기 어렵다고 봤습니다.

어떤 계약이든 유효하게 성립하려면 청약과 승낙의 구체적인 내용이 있어야 합니다. 이를 뒷받침하기 위해 문서, 녹음, 증인 등 증거가 필요합니다. 누구든 말로 한 약속은 뒤집으면 그만이기 때문입니다. 약속의 법적 효력을 담보하기 위해서는 반드시 서면으로 작성해야 한다는 점을 잊지 말아야 합니다.

행운의 기여도

로또 1등 당첨금이 재산분할의 대상인지 쟁점이 된 사건이 있었습니다. 당시 남편이 22억 원이라는 어마어마한 돈을 받았는데, 갑자기 부부 사이가 나빠져 이혼소송에 이르렀습니다. 아내는 당첨금 역시 재산분할의 대상이라며 그 절반을 요구했습니다. 평소 남편이 당첨되면 반을 주겠다고 약속했고, 로또 역시 공동재산으로 구입했다고 주장했습니다. 이 사건에서 법원은 로또 1등 당첨금은 혼인관계 중 공동으로 형성한 재산이 아니라고 판시했습니다. 남편의 행운으로 형성된 특유재산이기 때문에 재산분할의 대상이 아니라는 것입니다.

앞서 언급했듯, 이혼 시 재산분할을 인정받으려면 재산의 형성, 증가, 유지에 기여한 점이 있어야 합니다. 가령 혼인 중 아내가 내조를 열심히 하면서 남편이 직장생활로 번 돈으로 집을 골랐고 마침 집값까지 올랐다면 아내의 기여도가 있는 것입니다. 반면 장기간 떨어져 살다가 이혼소송을 제기한 경우 별거 후 배우자 일방이 취득한 재산은 별거 전 쌍방이 협력하여 형성한 재산이 아니므로 재산분할의 대상이 안 됩니다. 이 역시 부부 공동의 노력과 관계없는 재산이라는 게 법원의 입장입니다. 배우자 일방의 사업소득 역시 구체적인 형평성을 고려해 기여도를 인정하기 때문에 반드시 반반이 되는 것도 아닙니다.

로또의 경우 보통 자신의 용돈으로 구입하고 희박한 확률에도 행운이 작용하여 당첨된 것이므로 특별히 배우자의 기여도는 없다고 봐야 합니다. 하지만 그 행운을 공동운명체인 배우자와 나눌 필요가 없다면 너무 냉정하게 보이고 배우자는 무척 억울할 것입니다. 재산분할은 재산의 기여도에 따라 각자의 정당한 몫을 나누는 청산의 성격이 강하지만, 이혼 후 배우자에 대한 부양의 성격도 무시할 수 없습니다. 당첨금에 대한 기여도를 전혀 인정하지 않는 것보다는 일부분이라도 인정하는 것 타당합니다.

비극의 시작, 인생 역전

로또 1등에 당첨된 기분은 물론 당사자만 압니다. 그 순간만큼은 세상을 다 가진 듯이 좋아서 날뛸 수밖에 없지 않을까 그저 추측해 봅니다. 하지만 이런 어마어마한 행운에도 불구하고 그 후 가정이 파괴되고 심지어 신용불량자가 되거나 범죄인이 되는 일 적지 않게 일어나고 있습니다.

어느 50대 후반 남자는 이혼 후 일용직 일을 하며 살고 있었습니다. 그러던 중 로또 1등에 당첨됐는데 그 액수가 무려 40억 원이었습니다. 당첨 직후 연로하신 어머니 거취 문제를 상의하고자 형제들을 찾아갔고, 이때 당첨 사실을 가족 모두에게 알렸습니다. 하지만 여동생들이 갑자기 당첨금을 나누자는 요구를 하여 남성은 당황했습니다. 집에서 도망치듯 나와 우선 아파트 두 채를 구입했는데, 여동생들이 예고도 없이 들이닥쳤습니다. 문이 잠겨 있자 열쇠업자를 불러 억지로 열고 "당첨금을 나눠 주지 않으면 오빠의 딸이 고등학생 시절 아이를 낳은 사실을 폭로하겠다."며 협박까지 했습니다. 가족 간 불화는 걷잡을 수 없이 커졌고, 심지어 노모가 시청 앞에서 "아들을 고발합니다."라는 피켓을 들고 시위하는 일도 벌어졌습니다.

남성은 더 이상 참지 못하고 여동생들을 형사고소하게 되었습니다. 법원은 협박죄 등을 적용해 징역 1년에 집행유예 3년을 각각 선고했습니다. 협박을 도운 매제에게는 사건에 직접적으로 관여한 데다 범행을 부인하는 등 죄질이 매우 불량하다며 징역 8개월의 실형을 선고했습니다.

존재 자체가 행운

"부부는 로또다." 시중에 떠도는 말입니다. 결혼은 로또 1등 당첨만큼 큰 복이라는 의미로 오해하기 십상입니다. 원래 속뜻은 부부는 잘 안 맞아서, 평생 맞지 않아서 로또라는 우스갯소리입니다.

유구한 생명 진화의 역사 속에 지금의 내가 있습니다. 로또 1등 당첨 확률과는 견줄 수 없는 가능성과 험난한 여정을 거쳐 지금 이 자리에 있는 것입니다. 어느 TED 강연에서 황당한 질문이 나왔습니다. "로또 1등에 당첨되는 것과 사고로 하반신 마비가 되는 것 중 어느 것이 행복하고 어느 것이 불행할까요?" 너무나 어리석은 질문으로 보입니다. 특히 미국 로또 1등 당첨금은 우리나라의 수십 배라서 수백억 원, 수천억 원에 달합니다. 이 금액에 당첨되는 사람과 사고로 하반신 마비가 된 사람의 행복과 불행을 비교한다는 것 자체가 말이 되지 않습니다.

그런데 놀라운 일이 발생했습니다. 실제로 각각의 상황에 처한 두 사람을 1년 동안 지켜봤더니 그들이 느끼는 행복감이 사건 전과 비숫한 수준이 되었습니다. 로또 1등 당첨자는 그 순간에는 엄청난 기쁨과 행복감을 느꼈지만 시간이 지날수록 점차 줄어들어 당첨되기 전 행복도로 돌아갔습니다. 마치 새 자동차를 구입하면 몇 달은 기분이 좋다가도 그 이후에는 시들해지는 것과 같은 기분이었다고 합니다. 사고로 하반신 마비가 된 환자는 사고 직후 절망에 가까운 불행을 느꼈지만 시간이 지나면서 사고를 당하기 전의 행복도로 돌아갔습니다. 로또 1등에 당첨되면 엄청난 행복이 찾아올 거라고 기대하지만 순간의 쾌락일 뿐 지속적인 행복을 보장하지는 못한다는 이야기입니다. 우리 신체가 항상성에 의해 건강을 유지하듯이 행복도 일정 수준의 항상성이 있나 봅니다. 좋은 일이나 나쁜 일이나 시간이 지나면 모두 이전의 수준으로 돌아가는 경향이 있으니 말입니다.

대박을 기대하며 로또를 사지만 기대를 충족시키지 못하면 우울감에 빠질 수 있습니다. 또 벼락행운이 찾아온다고 하더라도 행복은 오래가지 못하고 금세 사라질 것입니다. 오히려 더 큰 자극과 쾌락을 추구하여 인생을 낭비할 수 있습니다.

요즘에는 작지만 확실한 행복이라는 뜻인 '소확행'이 유행합니다. 사람들이 점차 일상에서 발견하는 소소하지만 지속적인 행복을 바라고 있습니다. 인생의 행복 기대치를 너무 크게 잡으면 그만큼 실망도 크고 허황된 꿈을 좇느라 시간과 기회를 낭비하게 됩니다. 건강한 신체를 바탕으로 사랑하고 감사하는 마음으로 즐겁게 일할 수 있는 직장이 있다면 로또 1등에 버금가는 복 아닐까요?

빛도 사이좋게
공평하게

　지방공무원 임용시험에 합격해 일하던 중 사업관계로 구청에 들락날락하던 지금의 남편을 만났습니다. 당시 남편은 어찌나 넉살 좋게 저를 향해 구애하던지, 구청 전체에 소문이 돌아서 창피해 얼굴을 들고 다니지 못할 정도였습니다. 그렇게 오랜 연애 끝에 결혼을 했습니다. 남편의 사업이 부침을 거듭했지만, 제가 뒷받침하며 나름 안정적으로 가정을 꾸려 나갔습니다.

　그러던 어느 날 남편은 급하게 사업자금이 필요하니 제 명의로 3억 원을 대출받아 달라며 통사정했습니다. 각종 사업채무 때문에 남편 명의로는 이미 대출이 힘든 상황이라 제게 손을 내밀게 된 것이었습니다. 회사도 살고 가정도 살려면 그 돈이 반드시 필요하다며 남편은 눈물을 보이며 애원했습니다.

저는 원래 경제관념이 워낙 보수적이기 때문에 그 큰돈을 어떻게 구할지 막막했습니다. 게다가 남에게 빚지는 것은 죽기보다 싫을 정도로 자존심이 강합니다. 하지만 남편의 부탁을 들어주기로 했고 마침내 은행과 지인을 통해 3억 원을 빌렸습니다.

처음에 남편은 너무나 고마워하며 회사 일에 매진하는 듯 보였습니다. 잦아진 외박과 출장도 어서 빚을 갚기 위해 열심히 뛰기 때문이라고 믿었습니다. 그런데 주변에서 제가 조달한 돈의 일부만 회사를 위해 쓰이고, 나머지는 고가 외제차를 구입하고 도박과 취미생활로 사용한다는 이상한 소리가 들려왔습니다. 어처구니없었지만 이왕 남편을 믿고 빚까지 냈으니, 끝까지 믿어 보자며 오기로 버텼습니다.

역시 제가 너무 미련했던 걸까요. 남편의 회사는 끝내 부도가 났고 남편의 과소비와 외유도 모두 사실로 드러났습니다. 남편에게 강한 배신감을 느껴 곧바로 이혼을 결심하게 됐는데요, 아직 갚지 못한 3억 원의 빚이 가장 마음에 걸립니다. 남편이 괘씸해서라도 이혼하며 이 빚 전부를 남편에게 떠넘기고 싶은 게 솔직한 심정입니다. 과연 이 빚은 누가 갚아야 하는 건가요?

부부간 배우자를 위해 자신의 명의로 대신 대출을 받아 주는 경우가 종종 있습니다. 거액의 급전이 필요한데 배우자 명의로 대출이 어려울 때 보통 명의를 빌려주고는 합니다. 금융기관도 실제 대출금을 누가 사용하는지는 잘 따지지 않고 명의자의 신용이나 담보만 보고 대출해 줍니다. 그러다 보니 이혼이나 별거 등 부부 사이가 나빠졌을 때 그 대출금을 누가 갚아야 하는지를 두고 다툼이 발생합니다.

빚밖에 남지 않은 상황에서 이혼할 경우 그 빚은 어떻게 될지 궁금할 것입니다. 원칙적으로 이혼 시 재산분할의 대상은 적극재산(특정인의 예금, 토지, 가옥 등 금전적 가치가 있는 재산의 총체)뿐만 아니라 소극재산(특정인의 자산의 한 부분이 되어 있는 부채)도 포함됩니다. 즉 집 구입 담보대출, 생활비를 위한 카드대금과 같이 부부 공동재산 형성에 수반하여 부담한 채무는 모두 해당됩니다. 다만 일방의 단순 개인채무인 경우에는 분할의 대상이 아니고, 그대로 명의자가 책임지게 됩니다.

재산분할의 과정을 간략하게 요약하자면, 우선 양 당사자가 가진 재산을 확인하고 그 가액을 확정한 뒤 적극재산에서 소극재산을 공제하여 순재산을 확정합니다. 그 후 양 당사자의 기여도를 따져 재산분할 비율을 정하고 그 비율대로 재산을 나눕니다. 따라서 공제 후 남는 재산이 없다면 상대방에게 재산분할을 청구할 수 없습니다. 위 사연의 경우 우선 남편 때문에 부담하게 된 빚의 성격을 살펴볼 필요가 있습니다.

빚만 남았는데도 나눌까요?

예를 들어 10억 원의 아파트를 소유하고 있는데 대출이 4억 원이 껴 있다면 남은 6억 원이 재산분할의 대상이고 6억 원에서 각자의 기여도가 5:5라면 3억 원씩 분할합니다. 그런데 만약 신용대출, 담보 대출 등 채무가 15억 원에 이른다면 채무초과가 발생합니다. 이때는 재산 없이 고스란히 빚만 남게 되어 채무가 누구의 명의든 이혼할 때 재산분할 청구를 할 수 없게 됩니다. 이것이 판례 입장이었던 터라 결국 명의자가 모든 채무를 책임져야 했습니다.

그런데 재산보다 빚이 많을 때도 재산분할을 할 수 있다는 대법원 판결이 나왔습니다. 경제력 없는 남편을 위해 약 3억 원의 채무를 자신의 명의로 부담한 아내가 이혼과 함께 빚도 나눠 달라고 주장한 사건입니다. 대법원은 "이혼 당사자 각자가 보유한 적극재산에서 소극재산을 공제하여 재산상태를 따져 본 결과 소극재산의 총액이 적극재산의 총액을 초과하여 재산분할을 한 결과가 결국 채무의 분담을 정하는 것이 되는 경우에도 그 채무의 성질, 채권자와의 관계, 물적 담보의 존부 등 일체의 사정을 참작하여 이를 분담하게 하는 것이 적합하다고 인정된다."(대법원 2013. 6. 20. 2010므4071)며 기존 판례를 변경했습니다. 즉 남편이 아내 명의 채무에 대하여도 재산분할로 일정 부분 책임져야 한다는 것입니다.

기존의 판례는 채무의 분할이 법리적으로 어렵다는 이유만으로 채무에 대한 재산분할을 인정하지 않았는데, 그 결과 배우자를 위해 대출을 받아 준 사람이 희생양이 되는 문제점이 발생했습니다. 실제로 돈을 사용한 사람은 남편인데 남편의 부탁으로 대출을 받은 아내가 단지 자신의 명의로 대출을 받았다는 이유로 고스란히 빚을 떠안게 되는 것은 심히 부당하고 정의에 반합니다. 따라서 위 변경된 대법원 판결은 부부의 실질적 평등을 지향한 결과로 평가할 수 있어 큰 의미가 있습니다.

비슷한 사례가 또 있습니다. 남편이 독단적으로 무리하게 모텔을 인수하면서 큰 손실을 보게 되었습니다. 부부 사이가 나빠져 별거를 했고 남편은 신용불량자가 되어 생활비 한 푼 보태지 못했습니다. 이에 아내는 이혼소송을 제기했고 당시 재산을 계산해 보니 빚만 5억 원이 남았습니다. 이때 재산분할로 남편 명의 채무를 아내가 떠안아야 하는지가 쟁점이었지만 법원은 아내의 손을 들어 주며 책임을 지우지 않았습니다. 남편이 파탄의 원인을 제공했고 아내가 자녀 양육까지 맡고 있는 상황에서 남편의 빚을 나누게 되면 채무초과가 될 수 있는 만큼, 채무를 분담하지 않는 것이 타당하다는 취지에서 내려진 결론입니다.

비록 일반 가정법원 판례이지만 앞서 소개한 대법원 판례의 기본 취지를 따르면서도 구체적인 타당성을 고려했던 것으로 보입니다. 결국 남편이 바라던 아내와의 빚 분할은 끝내 이루어지지 못하고 아내에게 위자료까지 지급해야 하는 처지가 되었습니다. 채무도 분할한다는 기본 원칙을 고수했다면 아내에게 가혹한 부담이 넘어갈 뻔했는데, 아내의 재산 상태와 채무 부담 경위를 꼼꼼히 살펴 내린 현명한 판단이었습니다.

빚의 성격을 따져 볼 것

부부는 가족공동체를 유지하는 데 필요한 일상가사를 서로 대리할 수 있습니다.(대법원 1966. 7. 19. 66다863) 예컨대 의식주 구입이나 교육, 의료 등 생활에 필수불가결한 활동 모두가 일상가사입니다. 실제로 거주하려고 분양받은 아파트 대금을 배우자 일방이 빌린 것도 일상가사로 인정됩니다.(대법원 1999. 3. 9. 98다46877) 이처럼 부부는 각자 가사대리권이 있지만 그에 따른 비용 등은 공동으로 책임져야 합니다. 민법은 이를 '일상가사채무'라고 하는데, 부부가 혼인의 효과로서 일상가사에 관하여 제3자에게 대하여 부담하는 채무를 말합니다. 일상가사채무와 같이 공동재산 형성과 유지에 수반하여 부담한 채무는 이혼 시 재산분할의 대상이 됩니다.

그와 관련된 법률은 살펴보면 다음과 같습니다.

민법 제827조(부부간의 가사대리권)

① 부부는 일상의 가사에 관하여 서로 대리권이 있다.
② 전 항의 대리권에 가한 제한은 선의의 제3자에게 대항하지 못한다.

민법 제832조(가사로 인한 채무의 연대책임)

부부의 일방이 일상의 가사에 관하여 제3자와 법률행위를 한 때에는 다른 일방은 이로 인한 채무에 대하여 연대책임이 있다. 그러나 이미 제3자에 대하여 다른 일방의 책임 없음을 명시한 때에는 그러하지 아니하다.

몇 해 전 어느 유명 방송인의 배우자가 일상가사와 관계없는 투기 등 목적으로 큰 빚을 졌고, 그 방송인은 '도의적 책임'만 졌다는 기사를 본 적이 있습니다. 이처럼 가사를 위한 돈이 아니라면 배우자라도 법적으로 책임을 지지 않는 것이 원칙입니다.

배우자가 도박을 하거나 사업, 주식 투자 등으로 큰 빚을 진 경우에도 마찬가지입니다. 특히 배우자의 도박 빚은 다른 배우자가 갚지 않아도 된다는 사실을 반드시 기억해 둘 필요가 있습니다.

사업상 부담한 채무는 약간 애매한데, 앞서 소개한 판례를 참고해 보면 배우자 일방이 독단적으로 결정한 무리한 사업 빚은 해당 배우자가 책임져야 합니다. 하지만 정상적인 사업으로 공동재산의 형성과 유지에 수반하여 발생한 채무일 경우에는 배우자가 일부를 부담할 수 있습니다.

주식, 비트코인 투자도 마찬가지입니다. 최근에 주식, 비트코인 투자 열풍이 무섭습니다. 보통 주식 투자는 위험하다는 인식이 있었지만 점점 더 많은 사람들이 주식 투자에 참여하면서 정상적인 투자라는 인식이 강해지고 있습니다. 과거에는 주식 투자 손실에 대해 투자자 본인의 책임만 물었습니다. 하지만 주식 투자도 가정 공동재산을 형성하고 유지하는 데 수반되는 건전한 경제활동으로 인정된다면 수익과 손실 모두 부부 공동의 책임이고, 재산분할의 대상이 될수 있습니다. 다만 배우자의 동의 없이 독단적으로 무리한 주식 투자를 일삼다가 손실을 보면 여전히 본인 책임으로 봐야 합니다.

부부가 상대방을 믿고 채무까지 부담했는데 이혼할 때 재산을 받기는커녕 채무를 갚아야 한다면 무척 억울할 것입니다. 채무가 부부의 공동책임이 되는지 혹은 재산분할의 대상이 되는지 여부는 일상 가사를 위한 적절한 소비인지 아니면 이 범위를 넘어선 낭비인지에 따라서 달라집니다. 또 가족을 위해서 사용했는지 아니면 개인을 위해 일방적으로 사용한 것인지도 밝혀서 분담의 타당성을 따져야 합니다.

아무리 배우자가 대출을 받아 달라고 애원해도 냉정하고 신중하게 판단해야 합니다. 부득이 대출을 받아야 할 때는 책임 소재를 밝히는 각서를 받는 게 좋습니다. 형편이 어려울 때 서로 돕는 것은 부부의 당연한 의무이자 도리입니다. 하지만 이미 파탄이 난 상태에서 무리하게 상대방을 위해 경제적 부담을 지는 일은 삼가야 합니다.

재산분할이 효과적으로 이루어지려면 상대방 배우자의 재산을 잘 파악하고 있어야 합니다. 소송 진행 전 배우자 명의로 되어 있는 각종 부동산, 예금, 보험, 주식, 자동차 등 나중에 재산분할의 대상이 될 수 있는 재산 목록을 미리 확보해 둬야 합니다. 만약 배우자의 재산을 알 수 없다면 법원을 통해 다음과 같은 방법을 활용하면 됩니다.

재산명시신청

재산명시신청이 있으면 가정법원은 상대방 배우자에게 재산상태를 구체적으로 밝힌 재산목록을 제출하도록 명령을 내립니다. 명령을 받은 당사자가 정당한 사유 없이 거부하거나 거짓 재산목록을 제출하면 과태료를 부과합니다.

재산조회신청

재산명시명령에 응하지 않는 경우 신청할 수 있습니다. 또 제출한 목록만으로 사건 해결이 곤란한 경우에도 신청할 수 있습니다. 신청서에 상대방의 재산이 있을 만한 기관을 체크하면 되고 기관별 비용은 별도로 발생합니다.

사실조회신청

사실조회란 공공기관, 공무소, 회사 등 단체를 대상으로 업무와 관련된 특정사항에 대한 조사를 촉탁해 증거를 수집하는 절차를 말합니다.

금융거래정보, 과세정보 등 제출명령

예금, 주식, 보험 등 상대방이 계좌를 개설하였을 가능성이 있는 금융기관에 금융거래정보 제출명령신청을 해서 잔금, 거래내역 등을 볼 수 있습니다.

부부 공동명의,
당연하지 않을까?

　한창 결혼 준비에 여념이 없는 30대 여성입니다. 신랑은 10여 년 꾸준히 직장생활을 하면서 모은 돈과 부모님의 도움을 받아 신혼집이 될 아파트를 점찍었습니다. 저도 신혼집에 기여를 해야겠다는 생각에 그동안 모은 결혼자금 중 일부를 인테리어 비용으로 쓰기로 마음먹었습니다. 요즘은 인테리어 견적도 만만치 않은 시대라 생각보다 부담이 컸습니다.

　결혼식을 앞두고 둘이 힘을 합쳐 꽤나 근사한 신혼집을 마련한다는 자긍심에 애정이 더 깊어졌습니다. 그런데 신랑은 당연하다는 듯이 아파트를 본인 단독소유로 처리하려고 합니다. 어차피 결혼할 사이인데 공동명의를 하면 더 좋지 않을까 싶어 얘기했더니 신랑은 펄쩍 뛰었습니다. 본인 지분이 훨씬 많은데 어떻게 공동명의로 하느냐며 오히려 저를 나무랐습니다. 순간 너무 서운해 울분이 터져 나왔고, 이렇게 신의가 없는데 결혼하면 뭐하나 싶어 모든 것을 돌려놓고 싶었습니다.

몇 차례 실랑이 끝에 오기가 생겨 아파트를 공동명의로 하지 않으면 결혼하지 않겠다고 엄포를 놓았습니다. 결혼하면서 이렇게 자기고집 부리는 걸 보면 왠지 이혼 역시 자기 마음대로 쉽게 할 듯해 불안해졌고, 그렇다면 더더욱 모든 재산을 공동명의로 처리해 놓는 게 유리하지 않을까 싶어 머리를 굴리기 시작했습니다. 결혼식을 목전에 두고 너무 최악의 상황을 가정하여 고민하는 듯싶지만, 일이 벌어지기 전에 미리미리 대처하는 게 현명할 듯합니다. 부부 사이는 언젠가 사랑이 식어 서로를 외면할 때가 온다 해도 부동산은 시간이 갈수록 쑥쑥 가치가 오를 테니까요. 역시 가장 큰 재산인 신혼집만큼은 공동명의로 처리하는 것이 여러모로 좋겠지요?

부부재산 제도로는 부부별산제, 부부공유제, 관리공동제 등이 있지만, 민법은 부부라 할지라도 각자의 재산은 스스로 관리하고 사용하며 처분하는 '부부별산제'를 취하고 있습니다. 과거에는 남편이 처의 재산을 일방적으로 관리하고 수익하며 처분권까지 가지는 관리공동제를 취했지만 남녀불평등 문제가 제기되어 폐기되었습니다.

민법 제830조(특유재산과 귀속불명재산)

① 부부의 일방이 혼인 전부터 가진 고유재산과 혼인 중 자기의 명의로
취득한 재산은 그 특유재산으로 한다.
② 부부의 누구에게 속한 것인지 분명하지 아니한 재산은 부부의 공유로
추정한다.

민법 제831조(특유재산의 관리 등)

부부는 그 특유재산을 각자 관리, 사용, 수익한다.

위의 법률처럼 부부는 각자 혼인 전부터 가진 고유재산을 계속 자기 명의로 유지할 수 있고, 또 혼인 중에 자기 명의로 취득한 특유재산을 가질 수 있습니다. 이런 부부별산제하에서는 부부가 서로 딴 주머니를 찰 수 있어서 소유 명의자가 재산을 담보로 맡기거나 팔아버려도 어쩔 수 없습니다. 또 부부는 각자 수입을 어떻게 관리할지 부동산 명의는 누구 이름으로 할지 등 재산관계를 미리 약정할 수 있습니다. 다만 재산분할청구권은 이혼으로 비로소 발생하므로, 이에 대한 포기 각서 등은 아예 무효입니다.

이처럼 부부간 재산과 관련한 문제는 공동체적 요소와 함께 독립적인 요소가 병존하고 있음을 알 수 있습니다.

부부 공동명의의 장점

부부간 재산을 공동명의로 소유하면, 부동산을 매매하거나 담보로 대출을 받는 등 법률행위를 할 때 부부 모두의 동의가 필요해 절차가 번거로워집니다. 의견이 일치되지 않으면 오히려 갈등과 분쟁이 발생할 수 있고, 심지어 공유물분할소송까지 제기될 수 있어 고민하지 않을 수 없습니다. 그럼에도 여러모로 이로울 때가 많습니다.

우선, 배우자 일방이 재산을 임의로 처분하거나 담보를 설정하는 행위 등을 막을 수 있습니다. 공동소유이기 때문에 지분권자의 동의는 필수입니다. 금융기관도 실무상 부부 공동명의로 되어 있는 부동산을 담보로 대출을 승인할 때는 반드시 공동명의자의 서면 동의를 받도록 하고 있습니다. 이처럼 배우자 일방의 독단적 재산권 행사를 견제할 뿐만 아니라 이혼 시 재산분할 회피를 위한 은닉까지 막을 수 있습니다. 또 재산분할 대상으로 인정받기도 수월합니다.

여기서 재산분할 시 세금과 관련하여 별도로 참조해 둘 사항이 있습니다. 재산분할로 취득한 재산은 일반적인 증여, 양도에 의한 이전과는 달리 증여세와 양도세 등 각종 세금이 면제됩니다. 공유관계의 청산 즉 원래 몫을 나눈다는 점에서 세금 면제는 타당합니다.

같은 논리로 부부간 이혼에 따른 재산분할이 아닌 다른 이유로 재산을 나눌 때도 증여세나 양도세를 부과해서는 안 됩니다. 이혼하는 부부와 결혼생활을 건실하게 이어 나가는 부부 사이의 형평성이 맞지 않고, 세금 문제로 위장이혼이 기승할 부작용이 나타날 수 있기 때문입니다.

집만큼은 되도록 공동명의로

일반적으로 결혼을 준비하면서 일방이 집, 다른 일방은 혼수를 맡습니다. 그런데 만에 하나 이혼하게 되면 그 시점에 집값은 상승해 있고 혼수는 가치가 떨어져 있을 가능성이 큽니다. 이런 상태에서 원상회복으로 정리되면 어느 일방은 불리해집니다.

집을 공동명의로 소유하면 이혼 시에도 여러모로 유리합니다. 앞서 잠시 언급했듯 재산분할 시 이미 부부 합의하에 공동명의로 해놓았기 때문에 공동으로 형성한 재산으로 볼 가능성이 커집니다. 한편 배우자 일방이 재산분할의 대상이 되어야 할 재산을 은닉하면 상대방은 속수무책으로 당할 수 있습니다. 이혼판결을 받고도 집행불능이 되면 닭 쫓던 개 지붕 쳐다보는 꼴이 됩니다. 공동명의라면 이런 일을 미리 방지할 수 있는 것입니다. 그래서 요즘은 아예 아파트나 상가건물 등 재산가치가 큰 재산은 부부 합의하에 미리 공동명의로 처리하는 경우가 늘고 있습니다.

물론 신혼부부는 현실적인 어려움이 있습니다. 기여도가 없는 상태에서 결혼할 때부터 무조건 공동명의로 해 달라고 요구하는 것은 무리입니다. 아무런 기여가 없어 지나친 욕심으로 비춰질 수 있습니다. 당당히 공동명의를 요구하려면 집값의 절반을 직접 부담하거나 그 액수에 상당해서 기여할 수 있는 방법을 찾아야 합니다. 결혼생활이 최소 10년 이상 되었고 그동안 각자 내조나 외조를 통해 가정을 유지하는 데 기여했다면, 그때는 공동명의 요구가 형평에 맞아 비교적 수월하게 받아들여질 것입니다.

사실혼의 경우 상대방이 사망을 하면 재산을 한 푼도 상속받지 못합니다. 사실혼은 애초 서류상으로 존재하지 않기 때문입니다. 그러므로 사실혼은 더더욱 미리 재산을 공동명의로 해 둬야 합니다. 그래야 상속은 받지 못한다 해도 등기된 지분만큼은 자기 재산으로 유지할 수 있습니다.

부부간 실질적 평등

민법은 부부별산제를 취하고 있지만 부부간 재산은 웬만하면 공동명의로 하는 것이 실질적 평등을 실현하는 길입니다. 애초부터 모든 부동산은 부부 공동명의로 소유한다는 원칙을 삼거나 여의치 않다면 부동산 종류별로 서로 나누는 것도 좋은 방법입니다. 혼인생활 중에도 틈틈이 각자 기여도에 따라 소유지분을 높이거나 낮추며 재설정하는 것이 바람직합니다. 단독소유로 되어 있는 재산은 이혼할 때도 길고 힘든 싸움만 초래합니다.

재산과 관련하여 부부간 일방의 주장만 관철한다면 그 자체가 파탄에 이르는 원인이 될 수 있습니다. 부부가 함께 노력해 형성한 재산은 부부간 실질적인 평등을 실현하는 중요한 도구가 된다는 점을 명심해, 되도록 공동명의로 처리해야 합니다.

우리가 잘 몰랐던
이혼의 경제학

암호화폐 회사 임원인 선배 귀띔에 비트코인에 손을 대기 시작했습니다. 처음에는 가상공간에서 거래되는 정체불명의 대상으로 돈을 불린다는 것이 투자가 아니라 투기이지 싶어 꺼렸습니다. 하지만 언론에서 연일 비트코인 열풍을 보도했습니다. 저도 당시 아파트 장만을 위해 동분서주하던 때라 마음이 조급해졌습니다. 그래서 독학으로 투자분석법을 익혀 월급에서 일정 액수를 적립식으로 투자했습니다. 운 좋게 가격이 떨어질 때 사고 올라갈 때 팔다 보니 재미가 쏠쏠했고, 연일 폭등하던 때도 있었습니다. 비트코인은 그야말로 '21세기의 금'이구나 무릎을 칠 수밖에 없었습니다.

자신감이 붙자 마이너스 통장을 개설하고 아파트 장만을 위해 따로 모아 뒀던 목돈을 빼내 투자 원금을 대폭 늘렸습니다. 거의 '올인'에 가까웠던 것입니다. 그때부터 비트코인 가격과 제 생활은 동시에 나락으로 떨어졌습니다. 거액의 투자 손실로 빚더미에 앉게 되었습니다. 불안과 우울감이 찾아왔고 무엇보다 상대적 박탈감을 참기 힘들었습니다.

이른바 '비트코인 블루'에 시달리면서 저를 더 절망에 빠뜨린 것은 바로 아내였습니다. 안 그래도 힘들어 죽겠는데 이혼서류를 들고 와서는 당장 도장을 찍으라고 목소리를 높였습니다. 저를 아예 비트코인 상습 투기꾼으로 몰며 함께 살 수 없다고 엄포를 놓았습니다.

하지만 제가 비트코인에 빠졌던 것은 결코 저 혼자 잘살겠다는 욕심 때문이 아니었습니다. 당당히 우리 식구 편히 쉴 수 있는 보금자리를 마련하려고 했던 것인데 아내는 제 마음을 이해하지 못했습니다. 만약 투자에 성공해서 일확천금을 갖다 바쳤으면 아내가 이렇게 나오지는 않았을 것입니다.

이제는 모든 것이 원망스럽습니다. 하지만 이혼만은 하고 싶지 않습니다. 제 스스로 비트코인은 이혼사유가 되지 않는다고 믿습니다. 지금은 비록 폐인처럼 살지만 재기할 것입니다. 아내도 그걸 믿어 줬으면 좋겠습니다.

투자의 세계에는 희열과 절망, 애환이 묻어 있기 마련입니다. 투자 실패가 가져오는 후폭풍은 대단히 파괴적입니다. 특히 가정의 평화에 위협이 될 수 있다는 점이 가장 큰 문제입니다.

요즘엔 주식, 암호화폐 등에 거액을 투자한 후 탕진해 배우자의 원망과 이혼 요구를 받는 사람이 늘고 있습니다. 꼭 손실을 보지 않더라도 배우자의 상습적 도박 성향을 도저히 이해할 수 없고 불안해서 이혼상담을 받으러 오기도 합니다.

그러나 도박도 아닌데 주식이나 암호화폐에 투자했거나 또 손실이 생겼다고 해서 바로 이혼사유가 되기는 힘듭니다. 돈을 많이 벌면 이혼 얘기를 않고 돈을 잃으면 이혼 얘기를 꺼낸다는 것 자체가 불합리합니다. 자본주의 사회에서 합법적 투자는 개인의 자유와 책임에 따라 얼마든지 실행할 수 있습니다.

하지만 정도가 심한 경우, 배우자 몰래 유일한 재산인 집을 팔거나 담보대출을 받고 시댁이나 처가까지 손을 벌려 무리하게 일을 벌이면 갈등의 골이 깊어질 수밖에 없습니다. 실패에 따른 상실감으로 만에 하나 배우자에게 물리적 폭력까지 가한다면 충분히 파탄의 원인이 됩니다.

그야말로 광풍이다

아침에 눈 뜨면 신조어가 생겨나는 요즘 '빚투' '영끌'이라는 신조어 역시 광풍처럼 회자되고 있습니다. 너도나도 부동산, 주식에 빚과 영혼까지 끌어 모아 투자하는 시대입니다. 몇 년 전 투기와 투자 사이 세간의 주목을 받았던 암호화폐 역시 상승하며 부활하고 있습니다.

암호화폐는 일정한 정보 형태로 실물 없이 가상공간에서만 거래

되는 전자화폐의 일종입니다. 강력한 보안을 유지하며 거래를 기록할 수 있는 블록체인 기술을 기반으로 탄생했습니다. 비트코인이 그 대표격이죠. 특히 요즘에는 20~30대 젊은이들이 열광하며 암호화폐 투자에 푹 빠져 있습니다. 부동산은 너무 비싸서 엄두가 나지 않고 디지털에 익숙하다 보니 주식보다는 암호화폐가 더 매력적으로 보이는 겁니다.

혹자는 열심히 직장생활을 하거나 사업을 해서 정직하게 돈을 벌어야지 왜 도박과 비슷한 한탕주의에 빠져 있느냐고 비난하기도 합니다. 우리가 국민소득이 높아지고 선진국 반열에 오르고 있다지만 젊은이들은 이곳을 '헬조선'이라고 표현합니다. 취업해서 자립하기는 어렵고 주변은 온통 부동산 투기 등 불로소득 얘기뿐이고, 얼마나 현실이 암담하고 힘들면 지옥이라는 표현까지 쓰겠습니까? 취업을 한다고 해도 월급만으로는 절대 집을 살 수 없어 연애도 결혼도 언감생심입니다. 집값은 폭등하고 각종 규제는 여전하니 부모에게 물려받지 못하면 거의 불가능합니다. 너도나도 대박을 꿈꾸는 세태에서 정상적인 생각을 하기 어렵습니다.

이혼상담을 하다 보면 재산분할 때문에 어쩔 수 없이 부부의 재산 형성 과정을 묻게 됩니다. 재력가 대부분은 부동산 투자(투기)를 잘해서 지금의 부를 이룬 경우가 많습니다. 이 과정을 통해 적게는 2~3배 많게는 10배 이상 부를 축적한 사람들도 있습니다. 부동산 가격이 폭등해서 큰돈을 번다는 것은 불로소득과 다르지 않습니다. 이를 옆에서 지켜보는 사람들은 엄청난 박탈감을 느끼고 근로의욕마저 떨어질 수밖에 없습니다.

비트코인도 재산분할 대상인가?

이따금 이혼소송을 의뢰하면서 소송비용을 비트코인으로 지급하 겠다는 의뢰인이 있습니다. 그만큼 암호화폐가 대중화되고 있다는 방 증입니다. 과연 암호화폐의 황금시대가 올지 계속 지켜볼 일입니다.

무리하게 암호화폐에 투자했다가 부부간 갈등이 생겨 이혼에 이 르렀다 해도 암호화폐는 여전히 논쟁거리를 남깁니다. 재산분할을 위해 배우자의 재산을 조회해 보니 남은 것은 암호화폐뿐이라면 무 척 당황스러울 것입니다. 결혼 후 공동으로 형성한 재산은 모두 재산 분할의 대상이 된다지만 과연 비트코인과 같은 암호화폐도 그 대상 이 될까요?

암호화폐는 개당 수천 만 원에 거래되는 것이 있을 정도로 분명 재 산적인 가치가 있습니다. 따라서 이론적으로는 재산분할의 대상이 됩니다. 문제는 아직 실무에서 다룬 예가 많지 않다는 것입니다. 법 령 또한 미비한 상태라 재산분할뿐만 아니라 상속이나 파산 때도 논 란은 불가피합니다.

암호화폐를 대상으로 재산분할을 청구하고 싶은데 아무리 조회해 도 어디에 얼마가 있는지 정확히 알 수가 없습니다. 부동산이나 계 좌, 주식처럼 법원이나 금융기관 등 관련 기관에 조회 요청을 해도 소용이 없습니다. 이처럼 재산분할 대상 특정도 어렵고 가격 결정은 더욱 어렵습니다. 매시간 가격이 바뀌고 또 그 변동폭이 워낙 심해 당사자의 이해관계 역시 극단적으로 달라집니다.

설령 재산분할 판결을 받았다고 하더라도 그 집행이 어렵다는 문제가 있습니다. 배우자가 암호화폐를 은닉하기 전에 가압류 등 절차로 재산을 보전해야 하지만 이것조차 쉽지 않습니다. 암호화폐는 공시되지 않고 물리적 실체가 없어 특정하기 어렵기 때문입니다. 먼저 암호화폐 거래소를 알아야 하고, 특정이 되면 암호화폐도 재산분할 대상으로 할 수 있고 집행도 가능할 수 있습니다.

부부간 부양의무를 상기하라

각종 통계에 따르면 이혼사유 1위로 여전히 '성격 차이'가 가장 큰 비중을 차지합니다. 그다음이 '경제'입니다. 1990년대 초반만 하더라도 전체 이혼사유 중 경제 문제가 차지하는 비중이 높지 않았지만, IMF 외환위기 이후 최근 코로나19 사태까지 경제 문제가 계속 증가하고 있습니다. 사실 그 자체로 단독 이혼사유가 된다기보다는 대개 다른 문제의 발단으로 작용하기 때문에 경제 문제는 위험합니다. 위 사연처럼 과도한 투자로 재산을 탕진한 경우 그동안 축적돼 온 갈등이 한 번에 폭발할 수 있습니다. 경제 문제가 이혼의 도화선이 되는 일은 비일비재합니다.

부부는 서로 부양의무가 있어 부양료 즉 생활비를 지급할 의무가 있습니다. 남편이 밖에서 일하고 아내가 집에서 살림을 한다면 남편은 최선을 다해서 경제활동을 해야 하고, 아내와 자녀들에게 생활비, 양육비를 지급할 의무가 있습니다. 그렇다고 백수가 되거나 사업에 실패했다고 바로 이혼사유가 되는 것은 아닙니다. 지금 처한 경제 상황을 숨기지 말고 투명하게 공개하여 부부간 함께 협의해 나가는 지혜를 갖춰야 합니다. '운명 공동체'라는 말은 곧 '경제 공동체'라는 뜻입니다.

한 가정의 경제는 절제도 필요하지만 쓸 때는 써야 조화를 이룰 수 있습니다. 수입의 모두를 아내에게 맡겼지만 아내가 매달 쥐꼬리만큼만 용돈을 줘서 팍팍하게 살던 남편이 있었습니다. 그런데 아내가 자신의 병원비와 약값조차 아끼자 더 이상 참지 못하고 분노가 폭발해 이혼소송을 제기했습니다. 법원은 아내가 경제권을 전적으로 행사하면서 배려가 부족했음을 지적했고 남편도 관계 개선을 위해 노력하지 않았다며 부부의 이혼을 인정했습니다.

남편이 자신의 과도한 취미(유흥, 골프, 자동차 구입 등)생활을 즐기기 위해 자신의 수입을 절반으로 속여 아내에게 지급한 사례도 있습니다. 아내가 이를 알고 남편에게 항의하자 "내가 번 돈 내 마음대로 쓴다는데 네가 무슨 상관이냐."며 그나마 주던 생활비마저 중단하여 아내가 이혼을 청구했습니다. 남편이 자신의 가족(시댁)에게만 돈을 지원해 주려고 아내에게 수입을 속이고 비자금을 만들어 조금씩 재산을 옮겼고, 이 사실이 아내에게 발각되어 이혼에 이른 사례도 있습니다.

요즘은 현금으로 생활비를 주고받는 대신 배우자 명의의 카드를 쓰는 경우가 많습니다. 간편하고 좋은데 소비 내역이 바로바로 명의자에게 문자로 전송되다 보니 하루에도 몇 번씩 스트레스가 쌓이고 의심하는 일까지 생깁니다. 가계부처럼 나름 과소비를 방지한다는 차원에서 그렇게 확인한다지만 정보가 너무 투명하게 노출되다 보니 오히려 부부간 감정싸움을 촉발합니다.

합리적인 절제와 조화

대박을 꿈꾸며 허황되고 무모한 투기로 손실을 보거나 사기 피해를 당하고 이혼까지 당하는 경우가 종종 발생합니다. 자신의 모든 재산과 시간을 투기로 '올인' 하는 상황이 참으로 안타깝고 씁쓸합니다. 누구나 성실하고 정직하게 일해서 부자가 될 수 있다면 얼마나 행복할까요? 부모로부터 막대한 부를 물려받거나 투기로 갑자기 부자가 된 사람이 동경의 대상이 되어서는 안 됩니다. 불굴의 의지와 피땀으로 자수성가하는 사람이 존경받는 사회가 건강합니다.

'희망'을 말하기가 겸연쩍을 정도로 많은 사람들이 경제적으로 힘들다고 합니다. 코로나19는 그 바닥을 생생히 보여 준 기폭제가 되었습니다. 어려운 시기일수록 경제만큼은 그 무엇보다 합리적인 절제와 조화가 필요합니다. 특히 이런저런 사정으로 이혼한다고 해도 합리적인 재산분할을 통해 경제적 약자가 다시 설 수 있는 기반을 마련해 줘야 한다는 인식의 전환이 필요합니다. 또 수입이 없는 배우자가 양육권자로 지정되면 양육비를 대폭 상향해 현실적으로 대처할 수 있도록 배려해야 합니다.

손에 먼저 넣는 사람이 임자

이혼을 결심하고는 먼저 집안에 있는 값비싼 물건부터 챙기는 사람이 있습니다. 부동산은 등기가 있고 자동차는 등록증이 있고 통장에는 예금주가 있습니다. 하지만 고가의 다른 물건이나 현금은 주인이 누구인지 표시가 없으므로 사실상 먼저 챙기는 사람이 임자입니다. 나중에 상대방이 소유권을 입증하지 못하면 실질적으로 손에 쥐고 있는 사람이 주인이 될 가능성이 높습니다.

실제로 사업가 남편이 비자금 5억 원을 현금으로 금고에 보관해 두다가 아내가 그 돈을 몽땅 차지해 버린 사건이 있었습니다. 형법상 친족상도례 규정이 적용되어 처벌되지 않았습니다. 다만 배우자의 현금카드 등을 허락 없이 가져가 돈을 인출하면 은행이 피해자가 되므로 절도죄로 처벌받을 수 있습니다. 또 이혼 후 상대방 동의 없이 집에 들어가거나 물건을 가져오면 주거침입죄나 절도죄가 성립될 수 있으니 주의해야 합니다.

지난 2018년 5월 21일 '부부의 날'을 맞아 '부부평등법' 제정을 위한 입법청원서를 국회에 제출했습니다.

　현행 민법은 부부의 재산관계를 별산제로 규정하고 있어서, 자신의 명의로 취득한 재산은 그의 단독재산으로 보고, 명의자가 그 재산을 단독으로 처분하거나 사용해도 다른 배우자가 이를 제지할 방법이 없습니다. 또 부부 일방 명의로 된 재산을 당사자의 의사와 관계없이 재산을 분할받으려면 반드시 이혼을 해야만 합니다. 한편 사실혼 배우자는 오랜 기간 재산 형성의 기여도가 있어도 법적으로 상속권이 없습니다.

　현행 민법은 부부 사이 형식적인 재산 명의자만 중요시하는 측면이 있습니다. 이는 혼인기간 중 그들의 밀접한 관계를 헤아리지 않기에 부부평등을 실현하지 못한다는 문제점이 있습니다.

이에 대한 해결책으로써 입법청원안은 혼인 중 취득한 재산을 부부의 공동재산으로 보고, 공동재산은 이혼과 상관없이 혼인 중에도 배우자 각자 기여도에 따라 재산권을 행사할 수 있도록 함으로써 실질적인 평등을 보장하고, 사실혼 중 배우자의 사망 시 상속권과 재산분할청구권을 인정하는 내용을 골자로 삼고 있습니다.

현행 민법은 이혼 시에만 재산분할을 인정하므로 이혼이 되지 않은 혼인이나 별거 중에는 재산분할을 받을 수 없고, 재산을 받기 위해서는 부득이 이혼을 해야만 합니다. 서로 재산에 종속돼 불평등하고 불행한 결혼생활을 이어 갈 수밖에 없는 부부들이 적지 않은 것입니다.

실제로 우리나라는 유책주의 이혼제도 때문에 결혼생활이 이미 파탄에 이르렀음에도, 상대방의 잘못을 입증할 증거가 부족해 이혼이 기각되는 경우가 꽤 있습니다. 특히 재력가인 부부 일방이 재산분할을 해 주지 않기 위해 이혼을 거부하는 일까지 일어나는 현실입니다. 이런 경우 개인의 행복추구권 침해 논란으로까지 이어질 수 있어, 그간 다른 선진국들처럼 이혼에서 파탄주의를 인정해 달라는 목소리가 높았던 게 사실입니다.

사실혼에도 법률혼과 다를 바 없는 부부간 협업과 신의성실 관계가 있었음에도 불구하고 상속권을 인정받지 못하는 안타까운 사례가 많았습니다. 가령 수십 년 간에 걸쳐 가업을 영위해 재산을 함께 일궜어도 사실혼 배우자가 급작스럽게 사망한 경우 나머지 배우자는 상속인에 포함되지 않습니다. 결혼과 가족 유형이 다채로워지고 있는 이 시대에 사실혼이라는 이유만으로 기본적인 권리를 박탈할 수 없음은 자명합니다.

이처럼 '부부평등법'을 신설하여 개인의 행복 추구와 부부의 실질적 평등을 보장함으로써, 보다 행복한 결혼생활을 영위하도록 뒷받침하자는 데 이견이 없을 것으로 믿습니다.

부부평등법 입법청원 원문

부부평등법

제1조(목적)

이 법은 대한민국 헌법의 양성평등과 부부평등 이념을 실현하기 위한 사항을 규정함으로써 부부간 실질적인 평등과 경제적인 평등을 보장하는 것을 목적으로 한다.

제2조(부부의 권리)

① 부부는 배우자와 그 가족으로부터 평등하게 대우받을 권리가 있다.

② 부부는 경제적으로 평등할 권리가 있다.

제3조(부부의 의무)

① 부부는 서로 평등하게 대우해야 한다.

② 부부는 경제적으로 평등하고 공평하게 대우해야 할 의무가 있다.

제4조(부부의 재산)

① 부부가 혼인 중 취득한 재산은 부부 일방의 명의로 취득한 경우에도 부부의 공유로 추정한다.

② 부부의 일방이 혼인 전부터 가진 고유재산은 특유재산으로 한다. 다만 혼인생활이 상당기간 지속되고 그 재산의 증가나 유지, 관리에 다른 배우자의 기여도가 있는 경우 부부 공동재산으로 추정한다.

③ 부부의 일방이 자신의 부모나 제3자로부터 증여, 상속받은 재산은 그의 특유재산으로 한다. 다만 혼인생활이 상당기간 지속되고 그 재산의 증가나 유지, 관리에 다른 배우자의 기여도가 있는 경우 부부 공동재산으로 추정한다.

④ 그 재산이 특유재산인지 공동재산인지 협의가 되지 않는 경우에는 가정법원이 당사자의 청구에 의하여 결정한다.

제5조(혼인 중 재산분할청구권)

① 혼인한 자의 일방은 이혼이 성립되지 않더라도 다른 일방에 대하여 재산분할을 청구할 수 있다.

② 제1항의 재산분할에 관하여 협의가 되지 아니하거나 협의할 수 없는 때에는 가정법원이 당사자의 청구에 의하여 당사자 쌍방의 협력으로 이룩한 재산의 액수 기타 사정을 참작하여 기여도에 따라 분할의 액수와 방법을 정한다.

제6조(사실혼의 재산분할청구권)

① 혼인신고를 하지 않은 사실상의 혼인을 한 자도 제5조의 재산분할을 청구할 수 있다.

② 제1항의 재산분할에 관하여 협의가 되지 아니하거나 협의할 수 없는 때에는 가정법원이 당사자의 청구에 의하여 당사자 쌍방의 협력으로 이룩한 재산의 액수 기타 사정을 참작하여 기여도에 따라 분할의 액수와 방법을 정한다.

제7조(배우자 사망의 경우 재산분할청구권)

① 위 제5조, 제6조의 재산분할청구권은 배우자가 사망한 경우에도 행사할 수 있다.

② 제1항의 재산분할에 관하여 협의가 되지 아니하거나 협의할 수 없는 때에는 가정법원이 당사자의 청구에 의하여 당사자 쌍방의 협력으로 이룩한 재산의 액수 기타 사정을 참작하여 기여도에 따라 분할의 액수와 방법을 정한다.

제8조(민법과의 관계)

이 법은 민법보다 우선적인 효력을 가진다. 이 법에 정하지 않은 사항은 민법 규정에 따른다.

제정 취지 및 주요 내용

우리나라는 부부별산제를 취하고 있으므로 혼인 중 취득한 재산은 부부의 기여도를 따지지 않고 명의자 단독소유로 보고, 명의자가 자유롭게 처분하거나 대출을 받거나 사용할 수 있습니다. 그런데 실제로는 혼인 이후 취득한 재산은 대부분 다른 배우자가 맞벌이를 해서 직접적으로 기여하거나 가사활동 내조 등 간접적으로 기여해서 형성하거나 유지된 것입니다. 명의자라고 해서 일방적으로 자신의 소유로 하고 마음대로 처분을 하고 상대방에게 재산분할을 하지 않는 것은 부당합니다. 그러므로 혼인 중 취득한 재산은 부부공동재산으로 추정해야 합니다.

부부 중 단독명의자가 부동산을 처분하거나 대출을 받는 등 재산에 중대한 변경을 가할 경우 배우자의 동의를 받게 해야 한다는 내용의 법안이 이미 발의되어 있지만, 이런 제도는 최소한의 안전장치일 뿐입니다. 여기서 더 나아가 혼인 중 취득한 모든 재산을 부부공동명의로 추정하고 언제든지 분할할 수 있도록 해야 합니다.

우리나라는 사회적인 체면이나 자녀들 때문에 이혼하고 싶어도 차마 못 하고 참고 사는 부부들이 아주 많습니다. 부부간 재산이 일방 단독명의로 되어 있는 경우가 상당수인 상황에서 상대방이 자발적으로 재산을 증여하지 않는 이상 이혼 말고는 재산을 나눌 방법이 없습니다. 재산을 받으려고 부득이 이혼소송을 제기하는 일을 막기위해서라도 재산분할청구 요건을 보다 폭넓게 인정할 필요가 있습니다.

혹자는 부부 사이가 좋고 이혼하지도 않는데 굳이 재산분할을 할 필요가 있는지 반론할 수 있습니다. 부부 사이가 좋고 상대방도 굳이 재산을 받기를 원하지 않는 경우는 당연히 이 제도를 이용할 필요가 없습니다. 그러나 부부 사이가 좋더라도 재산을 공평하게 분배하기를 원하는 부부도 상당수 있을 것이고, 또 이 제도가 생기면 자연스럽게 재산분할을 요구하거나 법의 취지에 따라 재산을 증여하는 순기능이 작용할 수 있습니다. 굳이 이혼하지 않고 별거만 할 경우에도 재산분할을 받을 수 있다면 불필요한 이혼을 줄일 수도 있습니다.

만약 부부 사이가 좋지 않은 경우엔 더욱 이 제도가 필요합니다. 사이가 나쁘면 명의자로부터 자발적으로 재산을 증여받기가 더 어렵기 때문입니다. 그러므로 부부 사이가 악화되거나 졸혼 등으로 별거하는 경우, 이혼이 기각돼 재산분할을 받지 못하는 경우, 그리고 배우자가 사망할 경우, 특히 재산분할청구권을 인정할 필요가 있습니다.

재산분할청구권을 인정하는 취지는 부부가 혼인 이후 공동으로 재산을 형성하거나 재산이 증가되거나 유지, 관리된 재산에 대해 각자의 기여도에 따라 분할하자는 것입니다. 즉 부부가 각자 기여한 재산에 대하여 원래 자신의 몫을 정당하게 찾는 것입니다. 그런데 현행 민법은 반드시 이혼이 성립할 때만 재산분할청구권을 인정하고 그이외 상황에서는 인정하지 않습니다. 이는 헌법상 평등원칙에 반하고, 원래 배우자의 기여도에 따라 인정되는 재산분할제도의 취지에도 반합니다.

이 법은 이혼을 원하지 않지만 재산분할을 공평하게 받기를 원하는 부부들을 위한 제도입니다. 부부 사이가 좋은 경우는 물론 부부사이가 파탄되었거나 별거를 하거나 졸혼을 하는 부부들도 재산분할을 받을 수 있습니다. 이와 같은 상황에서도 똑같이 배우자의 정당한 몫에 대한 재산분할청구권을 인정해야만 실질적인 남녀평등, 부부평등원칙을 실현할 수 있습니다.

입법청원 핵심내용

1. 부부가 혼인 중에 취득한 재산은 부부의 공동재산으로 보아야 합니다. (현행법: 부부 일방 명의자의 단독재산으로 명의자 임의대로 처분 가능)

2. 이혼을 하지 않아도 재산분할을 청구할 수 있어야 합니다. (현행법: 협의이혼이나 이혼소송을 전제로만 재산분할 가능)

3. 사실혼 배우자도 평등하게 재산을 상속, 분할받을 수 있어야 합니다. (현행법: 사실혼 배우자는 상속을 받을 수 없음)

이혼, 새로운 출발을 축하합니다!

인간은 모두 행복하기를 바랍니다. 학생이 열심히 공부하고 직장인이 힘들게 일하고 남녀가 사랑하고 결혼하고 헌신적으로 자녀를 키우는 일들 모두 행복하기 위해서입니다. 그런데 간혹 더 큰 행복을 바라며 맺은 부부의 연이 불행으로 이어지기도 해 안타깝습니다.

어감마저 썩 좋지 않게 느껴지는 '파경(破鏡)'은 '깨어진 거울'이라는 뜻으로 부부의 이별이나 이혼을 뜻하는 말입니다. 여기서 '파경'은 배우자를 비추는 마음속 거울이 깨어져 배우자가 왜곡되어 보인다는 뜻으로도 읽힙니다. 마음속 거울이 깨어졌으니 아무리 배우자의 실상을 비춰 보려고 해도 자꾸만 실패합니다.

이왕 깨어진 거울이니 아예 새로운 거울을 마련하여 마음속 '틀'을 바꿔 보는 것도 필요합니다. 잘못된 선택과 불행한 과거를 후회해봤자 본인만 더 힘듭니다. 버릴 것은 버리고 받아들일 것은 받아들여

현재를 인정하고 미래를 기약하자는 것입니다. 부부처럼 가까운 사이일수록 더 존중하고 배려해야 합니다. 그러기 위해서는 서로의 정체성을 인정하며 그 차이를 존중하는 훈련을 해야 합니다. 꽃길은 찾아가는 것이 아니라 지금 여기에서부터 하나하나 만들어 가는 것입니다.

어쩌면 우리는 남의 불행에나 관심이 있지 남의 행복에는 그다지 관심이 없을지 모릅니다. 사람들은 유명 연예인이든 가까운 지인이든 남의 이혼에 대해 무척 큰 관심을 갖습니다. 결혼할 때 축하했던 마음은 다 어디로 사라졌는지 남의 불행을 보며 자신은 안도하려고 합니다.

이혼은 부부간 벌어지는 지극히 사적인 일이어서 다른 사람들이 이래라저래라 간섭할 권리는 없습니다. 차라리 이혼이 행복한 결말이 되면 사람들의 부당한 관심과 간섭에서 벗어날 수 있을지 모릅니다. 오히려 부러움의 대상이 되고 축하를 받을 수도 있습니다. 그러자면 먼저 이혼에 대한 무지와 환상을 경계해야 합니다. 뜨거운 감정이 아니라 차가운 이성으로 이혼을 결정해야 합니다.

이혼을 고려할 만큼 힘든 상황이라는 점은 충분히 이해합니다. 하지만 최종 결정에 앞서 먼저 전문가 상담을 생각해 봐야 합니다. 배우자에 대한 오해와 편견은 한순간의 실수로 생기지 않습니다. 그만큼 지속적으로 반복되었기 때문에 쌓이고 쌓여 폭발하는 것입니다. 지금 당장 눈에 보이는 이유만으로 이혼을 선택해선 안 됩니다. 이혼이라는 말이 아무 때나 입 밖으로 튀어나와서도 안 됩니다. 먼저 지난날과 속마음까지 다시 한 번 속속 들여다보려는 노력이 필요합니다. 싸웠다고 바로 이혼할 것이 아니라 일단 잘 싸울 생각부터 하자는 것입니다.

설령 그렇게 바라던 이혼이 성사되었다고 해도 마냥 좋아해선 안 됩니다. 당사자 모두 상처와 증오의 감정이 최소한으로 남아야 성공한 이혼이라고 할 수 있기 때문입니다. 이제는 부부가 갈라서면 바로 남남, 원수가 되는 시대는 지났습니다. 이혼하더라도 지인으로서 충분히 서로의 삶에 도움을 주는 방향으로 관계를 만들어 가야 합니다.

이혼전문변호사라는 직업 때문에 무척 힘들고 지쳤던 때가 있었습니다. 의뢰인의 딱하고 원통한 사정을 들을 때마다 함께 고통스러웠습니다. 솔직히 다른 분야로 전향할까도 많이 생각했습니다. 하지만 쉽게 포기할 수 없었습니다. 고통받던 의뢰인이 차마 하지 못한 가슴속 사연을 털어놓으며 위로를 받았고, 한없이 복잡하게 얽힌 사건을 깔끔하게 해결해 내면 손을 맞잡고 함께 기뻐했습니다. 그때마다 그동안 지치고 힘들었던 감정은 온데간데없이 사라졌고 카타르시스를 느꼈으며 보람으로 충만했습니다.

지금껏 그랬듯 앞으로도 계속 많은 사람들에게 행복과 위로를 주는 사람이 되고자 합니다.

당신은 행복해지려고 이혼을 결심했다

1판 1쇄 찍음 2021년 8월 31일
1판 1쇄 펴냄 2021년 9월 8일

지은이 | 이인철
발행인 | 박근섭
책임편집 | 강성봉
펴낸곳 | ㈜민음인

출판등록 | 2009. 10. 8 (제2009-000273호)
주소 | 135-887 서울 강남구 신사동 506 강남출판문화센터 5층
전화 | **영업부** 515-2000 **편집부** 3446-8774 **팩시밀리** 515-2007
홈페이지 | minumin.minumsa.com

도서 파본 등의 이유로 반송이 필요할 경우에는 구매처에서 교환하시고
출판사 교환이 필요할 경우에는 아래 주소로 반송 사유를 적어 도서와 함께 보내주세요.
06027 서울 강남구 도산대로 1길 62 강남출판문화센터 6층 민음인 마케팅부

㈜민음인은 민음사 출판 그룹의 자회사입니다.